Auslegen. Ästhetische Praxis als Praxis des Auslegens in Bildern und des Auslegens von Bildern

Gunter Otto/Maria Otto

Auslegen

Ästhetische Erziehung als Praxis des Auslegens in Bildern und des Auslegens von Bildern

bei Friedrich in Velber

CIP-Kurztitelaufnahme der Deutschen Bibliothek

Otto, Gunter ...:
Auslegen. Ästhetische Erziehung als Praxis
des Auslegens in Bildern und des Auslegens von Bildern.
Gunter Otto/Maria Otto
Seelze: Friedrich 1987
ISBN 3-617-32239-5 (Hardcover)
ISBN 3-617-32240-9 (Paperback)

Lektorat und Herstellung: Jürgen Hans
Gestaltung und Satz: NOVUPRINT, 3000 Hannover 1
Lithos: W. Bohm Reprotechnik, 1000 Berlin 61
Druck: Th. Schäfer, 3000 Hannover 1

VORWORT

Das Buch ist das Ergebnis vieler Vorarbeiten und zahlreicher Diskussionen, Gespräche und Versuche. Allen, die an diesem Prozeß teilgenommen haben, danken wir.

Wir beginnen mit einer Orientierungs- und Lesehilfe:

o In Kapitel 1 – 4 führen wir in das Problemfeld ein (Kapitel 1) und entwickeln Verfahren des Auslegens schrittweise (Kapitel 2 und 3). An Harald Duwes Bild «Sonntagnachmittag» zeigen wir die Dimensionen eines Auslegungsprozesses (Kapitel 4).

o In den Kapiteln 5 – 9 machen wir einen zweiten Durchgang durch unser Problemfeld.

An Prozessen des Sammelns (Kapitel 5), des Bildermachens und seiner Verfahren (Kapitel 6 und 8), des Rekonstruierens von Bildherstellungsprozessen (Kapitel 7) und des Umgestaltens von Bildern für Bilder (Kapitel 9), an zentralen Auslegungsschritten also, belegen wir das Zusammenwirken von Machen und Denken in Beispielen unter anderem von Peter Ackermann, Francis Bacon, Alex Colville, Alberto Giacometti, George Grosz, Jean Ipousteguy, Horst Janssen, Käthe Kollwitz, Edouard Manet, Giorgio Morandi, Mathias Prechtl, Arnulf Rainer, Mathias Schwarz, Saul Steinberg, Klaus Vogelgesang, Ben Willikens – und von Schülerinnen und Schülern.

Wir wechseln dabei drei Ebenen kontinuierlich: Bilder machen als Auslegungsprozeß, Bilder verstehen als Auslegungsprozeß, Unterricht über Bilder als Auslegungsprozeß.

o Im 10. Kapitel entfalten wir ein Theoriestück als Beitrag zur Begründung, warum ästhetische Erziehung notwendig ist.

Der umfangreiche Anmerkungsteil soll helfen, Herkunft und Kontext unserer Argumentation zu erkennen – ohne das Lesen zu erschweren, vor allem aber am Problem der ästhetischen Erziehung innerhalb und außerhalb der Schule weiterzuarbeiten.

Schließlich danken wir dem Friedrich-Verlag für sein Engagement in die ästhetische Erziehung.

Hamburg, November 1986

Gunter Otto
Maria Otto

Auslegen. Ästhetische Erziehung als Praxis des Auslegens in Bildern und des Auslegens von Bildern

KAPITEL 1

PROBLEMSTELLUNG

Einseitige Akzentuierungen in der Geschichte der Ästhetischen Erziehung

Zur Methode des Buches

Zum Bildverständnis

Zum Auslegungsbegriff

Grundlage der Auslegungsprozeduren: Wahrnehmen

- Bilder machen
- Über Bilder sprechen
- Bilder sammeln

Ziel der Auslegungsprozeduren: Verstehen

Der didaktische Blick

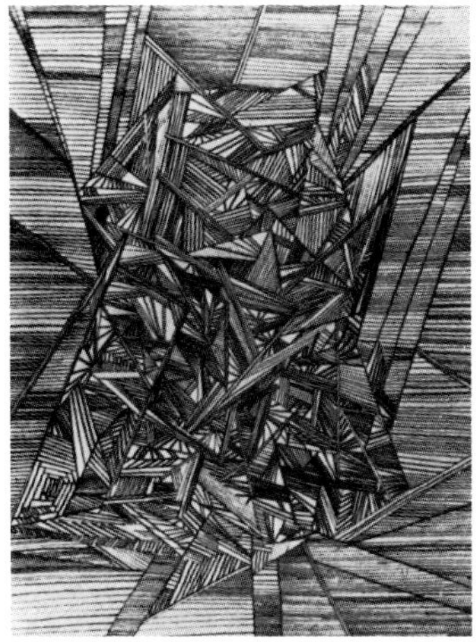

Heißgeliebt
und kalt
getrunken
Deutschlands meistgetrunkener Klarer.
Nur in der grünen Vierkantflasche.
Über 160 Jahre im Familienbesitz.
seit 1806

KAPITEL 1: PROBLEMSTELLUNG

Der produktive Umgang mit Bildern ist das Problem, das in diesem Buch bearbeitet werden soll. Die Weisen des Umgangs werden Auslegung genannt. Unter Auslegung werden Prozesse des Bildermachens und Prozesse des Bilderverstehens zusammengesehen. Sehen, sprechen, sammeln, machen und verstehen werden als Prozeduren der Auslegung eingeführt. Das Verhalten im Auslegungsprozeß nennen wir ästhetisches Verhalten.

Begreift man Auslegen als lehrbar und als Lernprozeß, entsteht einerseits die Frage nach dem Ort, an dem man Bilder auslegen und in Bildern auslegen lernen kann, und andererseits die Frage, ob es überhaupt Lernprozesse gibt, die ohne die Auslegung von Bildern und in Bildern auskommen, ohne visuelle Materialien, ohne Abbilder, Sinnbilder, Vorstellungen und Imaginationen. In der vorliegenden Arbeit wird die Frage auf den Spezialfall eingegrenzt. Es geht um jene Formen der Auslegung, die man einer im weitesten Sinne zu verstehenden ästhetischen Erziehung zuzuordnen hat – jenem traditionsbeladenen alten, aber heute sträflich vernachlässigten Feld der Allgemeinen Bildung, sei es in Schulen, der Jugend- und Sozialarbeit oder der Erwachsenenbildung; freilich geht es damit auch um jenes Unterrichtsfach, das in seiner eigenen Geschichte immer wieder durch Reduktionen des komplexen Auslegungsprozesses charakterisiert ist. Von solchen fachgeschichtlichen Reduktionen soll im Sinne einer Folie, vor der wir heute argumentieren, zunächst die Rede sein.

(1) Fach- und Problemgeschichte

Einseitige Akzentsetzungen in der Geschichte der Ästhetischen Erziehung

Abb. 1,2

Am Jahrhundertanfang führt die Analogisierung von Kind und Künstler, von kindlicher und künstlerischer Produktion, führt die Orientierung des Unterrichts an schöpferischen Kräften zur Rede von «Kinderkunst», und konsequent folgt auf der Ebene der Theoriebildung aus der Annahme des «schöpferischen Kindes», dessen Genius nur freigesetzt, nicht aber «vermittelt» werden kann, die Tendenz, Unterricht und Anleitung eher auszuschalten als zu fördern oder über ihre Besonderheit nachzudenken.

(2) Hartlaub

Hinzu kommt eine spezielle Aufmerksamkeit für das, was wir heute ästhetische Praxis nennen, also für die Prozesse des (sowohl als durch Entwicklung determiniert als auch als spontan angenommenen) Malens, Zeichnens, Formens und Bauens. Das ist als Gegenzug zur «Lernschule» des 19. Jahrhunderts wohl verständlich. Aber «Praxis» wurde weniger als Auslegung der subjektiv erfahrenen Welt, sondern eher als Realisierung einer spezifisch kindlichen «Eigenwelt» verstanden, als entwicklungsbedingter Ausdruck. Das Auslegen von Bildern war dem, trotz Alfred Lichtwarks Bestrebungen, allenfalls nachgeordnet.

(3) Kompensation

Verschärft wird die Situation durch die in der Kunsterziehungsbewegung entstehende Auffassung, daß solche ästhetischen Aktivitäten das Gegengewicht zur «verkopften» Schule darstellen sollten: ästhetische Praxis, Pflege kindlicher Ausdruckstätigkeit als *Kompensation* für intellektuelle Anforderungen der Institution. Mit der Kompensationsthese war die Rangfolge zwischen begrifflichem Lernen und dem dagegen anrennenden ästhetischen Verhalten festgeschrieben. Eindeutigkeit faszinierte mehr als Vieldeutigkeit.

(4) NS-Kunsterziehung

Während der Zeit des Nationalsozialismus schlägt der Kompensationsgedanke in den 30er und 40er Jahren in massiven Antiintellektualismus um, die ideologisch überhöhte Kunst liefert die Themen für die ästhetische Praxis: zunächst Familie und Brauchtum, Landvolk und Bauernschaft, sodann Vaterland und Heldentum. Auslegung wurde zur Produktion erwünschter Bilder von verordneten Idealen.

Diese stark emotional durchtränkte Position hatte besonders nach dem Ende des 2. Weltkrieges zum Vorrang einer sich unpolitisch wähnenden Musischen Erziehung geführt und das Fach in eine Krise geführt: Dem nicht Unterrichtbaren, nicht Meßbaren, eher anlagemäßig Bedingten wurde in einer Schule, die – besonders in der Rekonstruktionsphase der Bundesrepublik – nicht zuletzt aus ökonomischen Gründen an der «Optimierung» des Lernens interessiert war, vielleicht interessiert sein mußte, die Existenzberechtigung bestritten. Im Zuge einer sich empirisch und realistisch verstehenden Pädagogik der 50er und 60er Jahre setzte nun eine Argumentation ein, die die Unterscheidung von Kindermalerei, Schülerarbeiten und Künstlerkunst forderte, die also für die Produkte der Kinder und die Ergebnisse des Unterrichts den Kunstcharakter bestritt und deren Abhängigkeit von unterrichtlichen Maßnahmen, von durchdachten Aufgabenstellungen und geplantem Unterricht betonte. Gegenstand des Unterrichtes wurden ab Ende der 50er Jahre die zuvor eher vernachlässigten Verfahren, Prinzipien und Methoden jener Produktion, an deren Ende die Kunst stehen kann, aber nicht muß. Der Bezug auf Kunst entsteht eher auf der Prozeßebene, nicht mehr nur auf der Produktebene.

Abb. 3,4

(6) Musische Erziehung

Abb. 5,6,7,8,9,10

(7) Otto, G.; Pfennig

Abb. 1 aus: Kuhlmann, Neue Wege des Zeichenunterrichts (1902), Alte und neue Methode

Abb. 2 aus: Dreiack, Ein Weg zum zeitgemäßen Zeichenunterricht (1927)

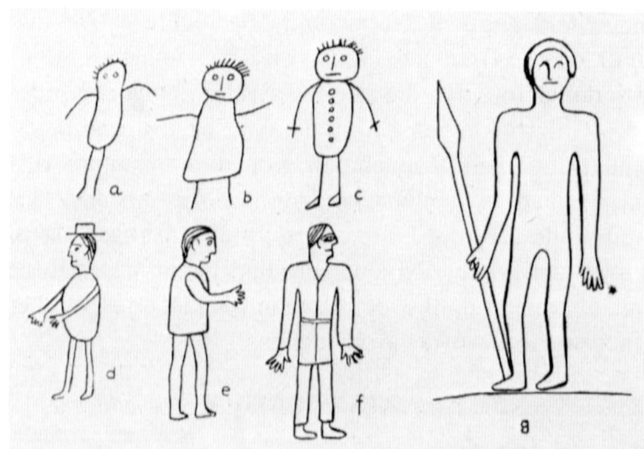

Abb. 3: Titel bei Betzler: «Fackelzug» (11/12 Jahre), Abb. 4: Entwicklung der Menschenbilder; beide Abb. aus: Betzler, Neue Kunsterziehung (1949) Für den in einem verschwommenen Konzept angelegten Konflikt zwischen den «heilenden Kräften der Kunst», dem Insistieren auf der stufenmäßigen Entfaltung eines anlagebedingten zeichnerischen Verhaltens und den Ausdruckskräften, -wünschen der Kinder gab es nur einen Ausweg: der Entwicklungsplan wird zur zeichnerischen Norm erklärt. Alle Kinderzeichnungen sehen mehr oder weniger gleich aus, was altersgemäß ist, kann in Büchern nachgeschlagen werden.

(5) Betzler 1949

Während im Anschluß an die Kunsterziehungsbewegung (mindestens in den Programmschriften) und im Kontext der Musischen Erziehung nach 1945 das unterrichtliche Moment unterentwickelt war, ist es Anfang der 60er Jahre eher dominant, um den Nachweis zu erbringen, Kunst sei ein Fach «wie jedes andere». Zugunsten einer generellen «Objektivierungstendenz» wurde die konstitutiv subjektive Problematik des Auslegens vernachlässigt. Nicht zufällig ist die Praxis des Interpretierens, Betrachtens und Beschreibens von Bildern bis weit in die 60er Jahre hinein defizitär. Das gilt noch heute vielerorts für die allgemeinbildende Schule. Es gibt zahllose Haupt- und Realschüler, aber auch Abiturienten, die während ihrer ganzen Schulzeit nicht ein einziges Mal mit dem Anspruch von Bildern ernstlich konfrontiert worden sind, die niemals ein Bild ausgelegt haben, die ihre Auslegungsbewegungen nie mit denen anderer verglichen haben.

(8) Visuelle Kommunikation

Das Gegenüber von Kunst und Unterricht als eine zu wenig legitimierte Form der «Erziehung zur Kunst» wird ab Anfang der 70er Jahre mit dem Programmwort «formaler Kunstunterricht» bestritten. Aufgabe des Unterrichts sei es, so hieß es nun, die *Wirkungen* der Kunst zu *analysieren* – nicht ihre Werthaltigkeit, ihre Struktur oder die Verfahren ihrer Herstellung zu unterrichten. Die aufgrund des jeweils herrschenden Systems interessengeleitete Wirkung sei zu *destruieren*, Kunst als Medium von Information, Manipulation und Kommunikation sei zu *relativieren* angesichts der faktischen Dominanz der Massenmedien.

Abb. 11

Diese Position war ihrerseits einer Reihe von Irrtümern aufgesessen: Die utopische und aufklärerische Funktion von Kunst war übersehen, das

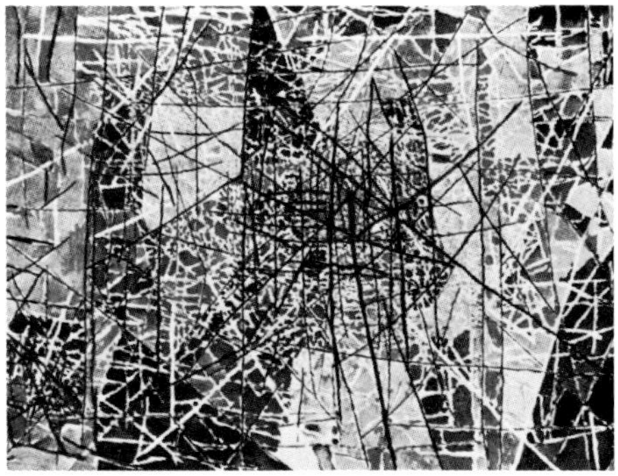

Abb. 5: Junge, 15 J., Federzeichnung; Abb. 6: Junge, 12 J., Kreide und Deckfarbe; Abb. 7: Junge, 15 J., Kreide
Abb. 5-7 aus: Pfennig, Bildende Kunst der Gegenwart. Analyse und Methode (1959)

Pfennigs Konzept *beruhte auf der Isolierung von Gestaltungsprinzipien, deren konstitutive Bedeutung für die Kunst des ausgehenden 19. und 20. Jahrhunderts er belegt hatte; so z.B. dynamisches Gleichgewicht, Durchdringung und Transparenz, Autonomie der Ausdrucksmittel. Die Isolierung der Gestaltungsprinzipien erlaubte deren planmäßige Lehre. Auf einer ganz anderen Ebene als in der Kunsterziehungsbewegung war eine Nähe zwischen künstlerischem Prozeß und Schülerarbeiten hergestellt worden.*

Abb. 8: Mädchen, 1. Schj., Beobachtung und Ausdruck, Sachbezug und Expressivität, motorisches Kritzeln und Darstellungsabsicht;
Abb. 9: Junge, 10. Schj., gegossen und gedruckt;
Abb. 10: Junge, 1. Schj., Motorik und Ausdruck, affektive Beteiligung
Abb. 8-10 aus: Otto, G., Kunst als Prozeß im Unterricht 1969

Ottos Konzept *von 1964 orientierte sich für das Schulkindalter an dem Verhältnis des Menschen zur Welt und für das Jugendalter am Bezugssystem Kunst. Im Schulkindalter ist das Malen und Zeichnen ein Erkunden, Entdecken von Welt, seiner selbst und des Verhältnisses, das der Zeichnende zur Welt hat oder findet; im Jugendalter sind die drei Wege des Materialbezuges, des Experimentierens und des Montierens, die als Verfahrensweisen der zeitgenössischen Kunst in Analysen erhoben worden sind, zugleich die Verfahren der Lernenden.*

«emanzipatorische Potential» der Massenmedien war überschätzt worden; so richtig der Hinweis auf den ökonomischen Zusammenhang war, in dem auch Kunst mit ihren Intentionen, ihrem Warencharakter und ihren Distributionssystemen stehe, hatte er doch vergessen lassen, daß sozioökonomische Analysen allein das Spezifische ästhetischer Objekte verfehlen. An die Stelle der Auslegung traten verkürzte Gesellschaftsanalysen.

(9) Medienoptimismus und Kunstanalyse

Faßt man – mit dem Mut zur Vergröberung – die Entwicklung der ca. 70 Jahre vom Kunsterziehertag (1902) bis zur Visuellen Kommunikation zusammen, lassen sich eine Reihe von strukturellen Merkmalen und Tendenzen herausheben:

o Auslegung kommt der Sache nach immer vor. Sie geschieht am häufigsten in der Form der ästhetischen Praxis, also im Sinne des Auslegens der Welt in Bildern, in der «Visuellen Kommunikation» vor allem in der Form sozio-ökonomischer Analysen. Lediglich in zwei Konzepten der 60er und 70er Jahre wird das Ineinander des Bildermachens und des Bilderverstehens thematisch: bei *Pfennig* und *G. Otto*. Freilich gibt es auch da Verengungen. Bei *Pfennig* erscheint die ästhetische Praxis im Lichte der von ihm in der Analyse gewonnenen Gestaltungsprinzipien, und bei *G. Otto* ist die Orientierung an Strukturmerkmalen der zeitgenössischen Kunst auch nicht zu übersehen.

(10) Pfennig, *Abb. 5, 6, 7*
(11) Otto, G., *Abb. 8, 9, 10*
(12) Otto, G.

o Über die Dominanz der ästhetischen Praxis hinaus werden die Auslegungsprozesse mit unterschiedlichen Intentionen während des gesamten Zeitraums durch jeweils vorherrschende didaktische Konzepte eingeengt: Ästhetische Praxis als Auslegung ist entweder vorgegebenen Plänen kindlicher Entwicklung verpflichtet (z.B. *Betzler*), oder sie orientiert sich an formalen Merkmalen des Kunstvorrats (z.B. *Pfennig*, *Otto,G.*), oder sie favorisiert die Fragen nach den sozio-historischen Kontexten (z.B. Visuelle Kommunikation).

Abb. 3, 4

Abb. 11

o Falls Theorie der Praxis helfen kann, sehen wir im gegenwärtigen Forschungsstand verschiedener Wissenschaften gute Ansätze für ein erweitertes, produktives, Handlung und Reflexion verbindendes, insgesamt auf Erkenntnis verpflichtetes Auslegungsverständnis. *Bätschmann* klagt das *Bild* – nicht den Bildinhalt – als Kern des eigentlichen Auslegungsprozesses ein; er schließt die materiale und formale Seite der Bildproduktion hier ausdrücklich mit ein. *Herding* klärt das Verhältnis zwischen der Intensität der Bildwahrnehmung einerseits und der Notwendigkeit der Kontextbefragung andererseits mit einem lapidaren Satz: Schließlich sei die Analyse soziohistorischer Kontexte und Zusammenhänge immer dann gefragt, wenn der dem Bilde intensiv zugewandte Wahrnehmungsprozeß allein nicht mehr weiterkomme. Wolfgang *Legler* plädiert nach sorgfältiger Analyse der von den Fachdidaktiken in der Vergangenheit gesetzten Schwerpunkte für eine Erweiterung des Lernbegriffes, der von den Chancen ausgeht, die der ästhetische Lernbereich insgesamt biete. Ihm geht es um die Sicherung der Einheit von «Machen» und «Denken» in der ästhetischen Erziehung innerhalb einer zunehmend und einseitig kognitiv orientierten Schule. Dabei setzt er einerseits die Prozesse der Wissensvermittlung in ihr Recht ein, «in der Analyse ästhetischer Objekte (sind) Phänomene auf den Begriff zu bringen, sind kritische Fragen zu stellen, sind Lernprozesse in besonderem Maße auf Kommunikation (auch im Medium der Sprache) verwiesen.» Andererseits reklamiert er als unverzichtbare Momente eines erweiterten Lernbegriffs das «genaue Hinsehen und konzentrierte Abarbeiten» am jeweiligen Gegenstand des mimetischen Zeich-

(13) Bätschmann

(14) Herding

(15) Legler

(16) ebd.

nens, das Bearbeiten vorfindbaren (Bild-)Materials, bei seiner Veränderung als «Umgestaltung» ..., das lustbetonte sinnlich-körperliche Empfinden, das nicht nur Vorschulkinder beim großflächigen Malen (Fingerfarben), beim Kneten mit feuchtem Ton oder auch nur beim «Matschen» mit nassem Sand haben, ...». Bilder anschauen, überlegen und aufschreiben, vergleichen, suchen, sammeln, bauen etc. nimmt er als Formen des Machens und Denkens in der Ästhetischen Erziehung, auf deren wechselseitigen Beziehungszusammenhang nicht ohne Verlust verzichtet werden kann. «Allseitige Persönlichkeitsentwicklung ist nur im Prozeß vielfältiger Tätigkeit möglich». (17) Lompscher

Und heute?

Mitte der 80er Jahre schätzen wir den Diskussionsstand in der Ästhetischen Erziehung als dem Lernbereich, innerhalb dessen wir nachdrücklich für die Fundierung und die Pflege von Auslegungsprozessen eintreten wollen, so ein:

○ Die Reduktion des Kunstanteils im Curriculum und die Relativierung von Kunst als Unterrichtsinhalt weichen kontinuierlich einer immer differenzierter werdenden Befragung eines nicht mehr näher eingegrenzten Bildvorrats, nach seiner Funktion im Leben von Menschen, Gruppen und Gesellschaften; an die Stelle eines auf «hohe» und «niedere» Kunst reduzier- (18) Offener Kunstbegriff

Abb. 11: Dornkaat-Werbung, aus: Ehmer 1971, S. 171

(18) Offener Kunstbegriff

ten Kunstbegriffs tritt ein offenes Verständnis der «Bildwelten», tritt eher die Annahme außerordentlicher Komplexität; Vieldeutigkeit ist kein Nachteil mehr, sondern eine Chance.

(19) Offener Unterricht

o Nach der wechselvollen Geschichte aus Vernachlässigung von unterrichtlichen Strukturen einerseits und didaktischer Überformung – Curriculumtheorie, Lernzielorientierung, Neuer Sozialisationstyp etc. – andererseits hat das Votum für die bewußte Inszenierung *offener* Lernsituationen in der Schule, im Museum, in der Erwachsenenbildung berechtigte Chancen.

(20) Entdeckendes Lernen

(21) Offene Medien

o Die Relation von Kunst und Unterricht kann heute durch eine Reihe analoger, mindestens ähnlicher Merkmale der aufeinander verwiesenen Partner gekennzeichnet werden. Einem *offenen* Kunstbegriff korrespondiert ein tendenziell selbst-, mindestens mitbestimmter Prozeß entdeckenden Lernens. Der auslegungsdürftigen Vieldeutigkeit ästhetischer Objekte entspricht das Angebot *offener* Medien. Auf die Herausforderung der Ästhetischen Erziehung durch die aktuelle Flut der Bilder und der Bildsorten antwortet ein Curriculum, in dem die Beziehung der Subjekte zu den Bildern und der Verweisungscharakter der Bildsorten untereinander wichtiger sind als ein «Bilderkanon».

o Ästhetische Erziehung entsteht aus der Teilhabe an den Fragen und Antworten, Sehnsüchten und Ängsten, Antizipationen und Erinnerungen heute lebender Menschen einerseits und aus der Erarbeitung spezifischer Verfahren zur Auslegung, Visualisierung, Vermittlung und Kommunikation von individuellen und gesellschaftlichen Problemen und Situationen andererseits. Dazu gehört auch die Thematisierung von Fragen und Antworten, Sehnsüchten und Ängsten, Antizipationen und Erinnerungen von Menschen und Gesellschaften anderer Zeiten und Regionen.

Auslegen von Bildern und Auslegen in Bildern werden als Erkenntnisprozesse eigener Art vorgestellt, in denen Menschen sich selbst, andere und die Welt, in der wir leben, sei es vergewissernd, überschreitend oder kritisch in Erfahrung bringen und reflektieren können.

Zur Methode des Buches

(22) Deskription und theoretische Äquivalente

Wir wollen Beispiele und eine theoretische Grundlegung für die Vorgänge des Auslegens von Bildern und in Bildern vorstellen. Das geschieht weder in systematischer, noch in curricularer Absicht – sondern an den Phänomenen, am Prozeß orientiert.

Beispiele sollen Zugriffe und Vorgehensweisen verdeutlichen, die theoretischer Begründung bedürfen und theoretisch begründbar sind. Informationen über theoretische Prämissen finden sich in knapper – und wie wir hoffen allgemeinverständlicher – Form im Text und detaillierter, auf Grundlagenliteratur verweisend, im Anmerkungsteil des Bandes II.

(23) Fachübergreifende Ästhetische Erziehung

Auch wenn wir uns vor allem auf den Lernbereich Ästhetische Erziehung begrenzen, meinen wir ein weites Feld: Insonderheit geraten dabei diejenigen Unterrichtsfächer in den Blick, die sich seit je auf Herstellungs- und Verstehensprozesse beziehen, also der Literatur-, Musik-, Kunstunterricht, das Darstellende Spiel und die Bewegungserziehung. Das sollte auch dann im Blick bleiben, wenn unsere Beispiele vorwiegend aus dem visuellen Bereich stammen. Ebenso meint die Rede von Bildern immer den gesamten Bereich der Bildproduktion, der Plastik und der Architektur, der «äußeren» Bilder also – aber ebenso den der «inneren» Bilder.

(24) vgl. 'Bildbegriff'

Unser Interesse ist, in der Beschreibung von Auslegungspraxis gleichzeitig einen Prozeß des Theoretisierens offenzulegen, der geeignet ist, Praxis zu begründen und auszugestalten. Die Wahl der Theoriestücke entscheidet sich bei solchem Vorgehen an ihrer Erklärungs- und Gestaltungsmächtigkeit. Eine solche Theoretisierungsbemühung bleibt notwendiger- und erwünschtermaßen immer offen und des Weiterdenkens bedürftig.

Die Beispiele, von denen wir ausgehen, stammen aus der Praxis des Bildermachens innerhalb und außerhalb von Unterricht. Sie sollen zeigen, was Auslegen heißen kann, wie man, aber durchaus auch *von wem* man Auslegen lernen kann. Die «Dokumente aus dem Unterricht» sind keine «Stundenentwürfe», sondern Ausschnitte aus Auslegungsprozessen, die wir zum größeren Teil aus der Literatur – in der Regel aus der Zeitschrift *Kunst + Unterricht* – übernehmen. Das hat den Vorteil, daß wir uns auf eine vorhandene und nicht auf eine für unsere Argumentation präparierte Praxis beziehen können.

Erst im 10. Kapitel resümieren wir, was übergreifend als *ästhetisches Verhalten* verstanden werden soll. Dem entspricht, daß wir auch in den Einzelabschnitten, wo immer es geht, Fachtermini erst dann einführen, wenn zuvor diejenige Praxis, die sie bezeichnen, verdeutlicht worden ist.

Natürlich haben wir Theoriepaten und Kronzeugen der Argumentation, auf die wir uns stützen. Sie sollen mindestens in Auswahl hier zuvor genannt werden. Dazu ist eine Vorbemerkung notwendig, die die Auswahl erklärt.

Wir halten nach wie vor Paul *Heimann* für den wichtigsten Denker, wenn es um didaktische Strukturen von Unterricht, auch offenem Unterricht geht. Wir sehen darüber hinaus in der phänomenologisch orientierten Pädagogik einen für die Ästhetische Erziehung besonders aussichtsreichen Anknüpfungspunkt. Wir jagen in der Kunstgeschichte nicht dem Verfasser der allein seligmachenden und auf alles anwendbaren Interpretationsmethode nach, sondern glauben, daß Eklektizismus, Methodenpluralität und -kombination für den Didaktiker kein Makel sind. Wir halten den Ansatz des Entdeckenden Lernens für präzisierbar und ausbaufähig. Wir folgen implizit einer Auffassung von Unterricht, bei der das Nachdenken über das Lernen und das Lehren bei den Phänomenen, den fachlichen Besonderheiten, den Eigentümlichkeiten des Gegenstandsbereichs anfängt und von da aus nach den didaktisch verallgemeinerbaren Zügen weiterfragt. Wir halten einen weiteren Schritt in der Diskussion für notwendig: Die Bearbeitung der Bruchstellen zwischen den «konstanten Strukturmerkmalen» (Heimann 1962) und den «fachlichen Besonderheiten» von Unterricht, die Vermittlung zwischen lehr- und lerntheoretischen Positionen einerseits und fachspezifischen Ansprüchen andererseits.

(25) Phänomenologie und Didaktik

(26) Mehrperspektivität und Methodenpluralität

Auf folgende Autoren stützen wir uns häufig:
– auf *Jerome Bruner, Paul Heimann* und *Wolfang Schulz*, wenn es um Lehren und Lernen geht; (27) (28) (29)
– auf *Käte Meyer-Drawe*, wenn es um den Versuch geht, den Lernbegriff zu erweitern, kindliches und ästhetisches Verhalten zu vermitteln; (30)
– auf *Maurice Merleau-Ponty* und *Alfred Schütz, Thomas Luckmann*, wenn es um die Grundlegung von Wahrnehmung und Verhalten geht; (31) (32)
– auf *Oskar Bätschmann*, wenn es um die Fundierung eines Bildverständnisses geht, innerhalb dessen die Spezifik der ästhetischen Verwirklichung, der Realisierung mit Hilfe ästhetischer Verfahren ebenso wichtig sind wie die Bilder. (33)

Bild ⟨n.3⟩ **1** *figürliche Darstellung auf einer Fläche* (Öl~, Licht~) *oder plastisch* (Stand~); lebende ~er *Darstellung von kleinen, unbewegten Szenen (die erraten werden müssen) durch eine Gruppe von Personen;* ein B. von jmdm. machen *jmdn. fotografieren;* er macht gute ~er *er fotografiert gut;* sie ist ein B. von einem Mädchen ⟨ugs.⟩ *sie ist ein besonders schönes Mädchen* **2** *Anblick;* ein herrliches B. bot sich uns; es war ein B. des Jammers **3** *Vorstellung;* nach deiner Beschreibung kann ich mir ein gutes B., kann ich mir kein B. von ihm, von der Stadt machen; ich bin im ~e *ich weiß Bescheid, ich kann es mir vorstellen;* jmdn. ins B. setzen *jmdn. über etwas aufklären, unterrichten* **4** *anschaulicher Ausdruck;* in ~ern sprechen; ein B. als Vergleich gebrauchen **5** *Abschnitt eines Bühnenwerks;* ein Spiel in fünf ~ern

Bild|agen|tur ⟨f.10⟩ *Unternehmen, das Bildmaterial beschafft, vertreibt und ausleiht*

Bild|auf|nah|me|röh|re ⟨f.11⟩ *Elektronenröhre, die ein optisches Bild in eine Folge elektrischer Signale umwandelt*

Bild|band ⟨m.2⟩ *Buch mit vielen Bildern und erläuterndem Text*

bil|den ⟨V.2, hat gebildet⟩ **I** ⟨mit Akk.⟩ **1** etwas b. **a** *erzeugen, hervorbringen, schaffen;* eine Regierung, einen Ausschuß b.; ein Wort (neu) b.; der Baum bildet Blätter, Nadeln **b** *formen, herstellen;* eine Figur (aus Stein, Ton) b.; wir bildeten einen Kreis, eine Reihe, eine Gruppe; zu dem Wort „Licht" kann man zwei Pluralformen b. **c** *sein;* der Markt bildet meist den Mittelpunkt einer Stadt; die Beschäftigung mit Kunst und Musik bildet einen Ausgleich für seine Berufsarbeit **2** jmdn. b. *jmdm. Bildung, Kenntnisse, Erkenntnisse vermitteln;* Jugendliche (geistig) b. **II** ⟨o.Obj.⟩ *Kenntnisse, Erkenntnisse, Erfahrungen vermitteln;* Reisen bildet; ~de Bücher, Filme **III** ⟨mit Dat. (sich) und Akk.⟩ sich etwas b. *sich etwas erarbeiten, durch Nachdenken erlangen;* sich eine Meinung b.; sich ein Urteil über etwas oder jmdn. b. **IV** ⟨refl.⟩ sich b. **1** *entstehen;* hier hat sich eine Pfütze gebildet; an dieser Stelle bildet sich Hornhaut, neues Gewebe **2** *sich Kenntnisse, Erkenntnisse aneignen;* sich geistig b.

Bil|der|bo|gen ⟨m.7⟩ *Druckblatt mit einer Bilderfolge oder Bildergeschichte (mit den dazugehörigen Texten);* Münchner B.

Bil|der|buch ⟨n.4⟩ *Buch mit Bildern und (wenig) erzählendem Text (für Kinder)*

Bil|der|buch... ⟨in Zus.⟩ *wie im Bilderbuch, ideal, besonders schön,* z.B. ein Bilderbuchwetter, eine Bilderbuchlandschaft, ein Bilderbuchtor ⟨Fußb.⟩

Bil|der|rät|sel ⟨n.5⟩ *Rätsel, bei dem aus Bildern und Zeichen Wörter oder ein Satz gebildet werden müssen;* Syn. *Rebus*

bil|der|reich ⟨Adj.⟩ **1** *reich an Bildern;* ein ~es Buch **2** ⟨meist übertr.⟩ *reich an bildlichen, anschaulichen Ausdrücken;* er hat eine ~e Sprache

Bil|der|schrift ⟨f.10⟩ *Schrift, die ein Wort, einen Satz oder einen Sachverhalt durch ein bildliches Zeichen wiedergibt (z.B. die Hieroglyphen, die chinesische Schrift, die Gaunerzinken);* Syn. *Piktographie;* vgl. *Lautschrift, Silbenschrift*

Bil|der|sturm ⟨m.2⟩ *Zerstörung von Heiligenbildern (bes. im 8. Jahrhundert und in der Reformation);* Syn. *Ikonoklasmus*

Bil|der|stür|mer ⟨m.5⟩ **1** *Teilnehmer am Bildersturm;* Syn. *Ikonoklast* **2** ⟨auch übertr.⟩ *jmd., der gegen überkommene, aber noch vertretbare Anschauungen kämpft*

Bild|flä|che ⟨f.11⟩ **1** *Fläche eines Bildes* **2** *Fläche, die ein fotografisches oder projiziertes Bild einnimmt;* auf der B. erscheinen ⟨übertr.⟩ *plötzlich erscheinen, plötzlich auftreten, kommen;* von der B. verschwinden ⟨übertr.⟩

Bild|fre|quenz ⟨f.10; Filmtechnik⟩ *Zahl der in der Sekunde erzeugten Bilder*

Bild|funk ⟨m., -(e)s, nur Sg.⟩ → *Bildtelegraphie*

Bild|guß ⟨m., -gus|ses, nur Sg.⟩ *Herstellung von Bildwerken durch Abgießen in eine negative Hohlform*

bild|haft ⟨Adj.⟩ *in der Art eines Bildes, anschaulich;* ~e Ausdrucksweise

Bild|hau|er ⟨m.5⟩ *Künstler, der Bildwerke (bes. in Stein) herstellt*

Bild|haue|rei ⟨f., -, nur Sg.⟩ → *Bildhauerkunst*

Bild|hau|er|kunst ⟨f., -, nur Sg.⟩ *Gestaltung plastischer Bildwerke;* Syn. *Bildnerei, Bildhauerei*

bild|hübsch ⟨Adj., o.Steig.⟩ *sehr hübsch,* ⟨eigtl.⟩ *hübsch wie ein Bild, ebenmäßig und hübsch;* ein ~es Mädchen

Bild|kon|ser|ve ⟨f.11; ugs.⟩ *gespeichertes Bildmaterial (für das Fernsehen)*

Bild|kraft ⟨f., -, nur Sg.⟩ *Anschaulichkeit, Kraft der bildlichen Darstellungsweise;* die B. seiner Sprache; er hat eine Sprache von außerordentlicher B.

bild|kräf|tig ⟨Adj.⟩ *voller Bildkraft, sehr anschaulich*

bild|lich ⟨Adj.⟩ *mit Hilfe eines Bildes, durch ein Bild;* ~e Darstellung eines Menschen, eines Gegenstandes; ~er Ausdruck *Ausdruck, der mit Hilfe eines Bildes etwas sagt;* vgl. *Metapher;* das war nur b. gesprochen, nur b. gemeint *das war übertrieben ausgedrückt, nicht wörtlich gemeint*

Bild|ma|te|ri|al ⟨n., -s, -li|en⟩ *aus Bildern bestehendes Material, Vorrat, Anzahl von Bildern;* in dem Buch ist reiches B. verarbeitet worden

Bild|mi|schung ⟨f.10; Fernsehen⟩ *Mischung von Bildern, die von verschiedenen Fernsehkameras gleichzeitig angeboten werden (zur Erzeugung von optischen Effekten)*

Bild|ner ⟨m.5⟩ **1** *jmd., der etwas im Bild darstellt* (Licht~) **2** ⟨geh.⟩ *Bildhauer;* der B. mächtiger Statuen **3** *Sache, die etwas bildet (z.B. Säure)*

Bild|ne|rei ⟨f., -, nur Sg.⟩ → *Bildhauerkunst*

Bild|nis ⟨n.1⟩ *bildliche Darstellung eines Menschen;* Syn. *Porträt*

Bild|plat|te ⟨f.11⟩ *einer Schallplatte ähnlicher Informationsspeicher für Videosignale von Fernsehbildern*

Bild|re|dak|ti|on ⟨f.10⟩ *Abteilung eines Verlages, einer Zeitung oder Zeitschrift, die für die Beschaffung und Verarbeitung von Bildmaterial sorgt*

Bild|röh|re ⟨f.11⟩ *den Erfordernissen der Fernsehbildwiedergabe angepaßte Braunsche Röhre*

bild|sam ⟨Adj.⟩ *so beschaffen, daß man es bilden, formen kann;* ~es Material; ein ~er Charakter **Bild|sam|keit** ⟨f., -, nur Sg.⟩

Bild|schirm ⟨m.1⟩ *Ansichtsfläche einer Bildröhre*

Bild|schirm|zei|tung ⟨f.10; ugs.⟩ *Übermittlung von Text und graphischen Darstellungen auf ein Fernsehgerät*

Bild|schnit|zer ⟨m.5⟩ *Künstler, der Figuren in Holz (auch Elfenbein) schnitzt*

Bild|schnit|ze|rei ⟨f., -, nur Sg.⟩ *Kunst, Figuren in Holz (auch Elfenbein) zu schnitzen*

bild|schön ⟨Adj., o.Steig.⟩ *sehr schön,* ⟨eigtl.⟩ *schön wie ein Bild, ebenmäßig und schön*

Bild|stel|le ⟨f.11⟩ *Firma oder Abteilung eines Unternehmens (z.B. Verlages), die Bildmaterial sammelt, aufbewahrt und ausleiht oder verkauft*

Bild|stock ⟨m.2⟩ **1** ⟨bayr.-österr.⟩ *auf einem Pfeiler oder Sockel stehendes Kruzifix oder Heiligenbild* **2** *Druckstock für eine Abbildung*

Bild|te|le|gra|phie ⟨f., -, nur Sg.⟩ *Übermittlung von Bildern und Schriftzeichen auf elektrischem Wege (z.B. Telex);* Syn. *Bildfunk*

Bild|tep|pich ⟨m.1⟩ *Wandteppich mit figürlichen Darstellungen*

Bil|dung ⟨f.10⟩ **1** *das Bilden, Hervorbringen, Schaffen;* B. einer neuen Regierung; B. von Gruppen, Vereinen **2** *das Sichbilden, Entstehen;* B. von neuem Körpergewebe **3** *Form, Gestalt;* die ebenmäßige B. ihres Gesichts, ihrer Hände; in den ~en der Wolken Figuren sehen **4** ⟨nur Sg.⟩ *Sichaneignen oder Vermittlung von Kenntnissen, Erkenntnissen, Erfahrungen;* geistige B.; ich muß etwas für meine B. tun; B. durch Lesen, Reisen **5** ⟨nur Sg.⟩ *mit Urteilsvermögen, Geschmack verbundene Gesamtheit von Kenntnissen, Erkenntnissen, Erfahrungen;* sich B. aneignen; B. haben; das zu wissen, gehört zur B. **6** ⟨nur Sg.⟩ *Takt und Güte* (Herzens~), *freundliches, gutes Benehmen;* er hat keine B.

bil|dungs|fä|hig ⟨Adj.⟩ *fähig zur geistigen Bildung*

Bil|dungs|ge|we|be ⟨n., -s, nur Sg.; Bot.⟩ *teilungsfähiges Gewebe;* Syn. *Meristem*

bil|dungs|hung|rig ⟨Adj.⟩ *bestrebt, sich Bildung (5) anzueignen*

Bil|dungs|lücke ⟨-k|k-; f.11⟩ *Fehlen von Kenntnissen innerhalb der Bildung (4);* eine B. schließen; diesen Schriftsteller nicht zu kennen ist eine B.

Bil|dungs|rei|se ⟨f.11⟩ *Reise zum Zweck der Bildung (4)*

Bil|dungs|ro|man ⟨m.1⟩ *Roman, in dem die geistige und charakterliche Bildung (Entwicklung) eines Menschen geschildert wird*

Bil|dungs|ur|laub ⟨m., -(e)s, nur Sg.⟩ *bezahlter Urlaub zum Zweck der Berufsfortbildung (für Arbeitnehmer)*

Bild|ver|stär|ker ⟨m.5⟩ → *Bildwandler*

Bild|wand|ler ⟨m.5⟩ *Elektronenröhre zur Umwandlung eines optischen Bildes in ein Bild auf dem Leuchtschirm einer Sichtröhre;* Syn. *Bildverstärker*

Bild|wer|bung ⟨f., -, nur Sg.⟩ *Werbung durch Bilder, z.B. durch Plakate, Kino und Fernsehen*

Bild|werk ⟨n.1⟩ *plastisch oder halbplastisch gestaltetes Bild, Werk der Bildhauerkunst*

bild|wirk|sam ⟨Adj.⟩ *Bildwirkung habend;* dieses Motiv ist nicht b., ist sehr b.

Bild|wir|kung ⟨f., -, nur Sg.⟩ *Wirkung, die von einem Bild, von Bildern ausgeht, Wirkung durch die Art, wie ein Bild gestaltet ist;* der Film ist von großer B., hat eine große B.

Bild|wör|ter|buch ⟨n.4⟩ *Wörterbuch, in dem Gegenstände, Personen, Tiere, Pflanzen durch Bilder erklärt werden*

Zum Bildverständnis

In einem auf den Alltagsbedarf ausgelegten Wörterbuch der Deutschen Sprache werden außer dem Begriff *Bild* weitere 57 Komposita aufgeführt (siehe Kasten linke Seite).

(34) Hermann/Leidering/Hellerer

Das Zitat macht klar, welche Rolle das Bild in unserem Denken und Sprechen spielt, aber auch, von welcher Vielfalt von Bildern wir umgeben sind:

- vom Tafelbild im Museum bis zum Maueranschrieb und zum Graffiti,
- vom Altarbild bis zur Warenverpackung und zum Modejournal,
- vom Poster bis zum Fotomagazin und zur Andenkenpostkarte,
- vom Urlaubsfoto bis zum Film und zum Kabelfernsehen,
- vom Wohnzimmerbild bis zum Pornomagazin und zum Paßbild,
- vom Denkmal bis zum Grabengel und zur Nippesfigur,
- von der Landkarte bis zum Diagramm und zu Pictogrammen hin.

(35) Bildsorten

Abb. 12: Foto aus 'zuhause' 9/86, S. 11
Abb. 13: V. v. Gogh, Das Schlafzimmer, 1888
Abb. 14: A. Menzel, Das Balkonzimmer, 1845
Die Spannweite des Bildvorrats dokumentiert sich nicht nur in der Gegensätzlichkeit von Museumskunst und trivialer Kunst, von Hochkunst und Alltagsmedien, sondern auch innerhalb der Kategorien.

Bilder – Bildtafeln, Standbilder, Sinnbilder oder «Lehr»-Bilder – beziehen sich auf die Welt, in der wir leben, in der wir handeln, die wir uns wünschen, von der wir träumen. Bilder sind Medien der Aufklärung, der Erkenntnis und der Information, des Genusses, aber auch der Herrschaft und der Manipulation.

(36) Polyvalenz

Bilder machen fröhlich und traurig, nachdenklich und andächtig, neugierig und klug – aber auch dumm.

Bilder sind nützlich. Bilder wollen stören. Bilder können helfen: sich zu erinnern, sich etwas vorzustellen, auf etwas aufmerksam zu machen, können helfen, sich zu orientieren, etwas zu entdecken oder zu verstecken.

(37) Das Ästhetische als Moment aller Lernprozesse

Bilder werden geliebt, verehrt, zerstört, verboten.

Bilder werden gehandelt, verschenkt und versteigert, gesammelt und gepflegt.

Bilder werden gemacht.

(38) INSEA Kongreß 1987

Wer Bilder macht, legt die Welt aus, die Welt, in der er handelt, er legt sein Verhältnis zu der Welt aus, in der er lebt. Seine Welt ist die psychische Welt, die soziale Welt, die kulturelle Welt, die gesellschaftliche Welt. Seine Welt ist die Gegenwart, die er erfährt und die Vergangenheit, die ihn einholt. Und die Bilder, die einer macht, sind abhängig von den Medien, die zur Bildproduktion gewählt werden können. Wer das Fernsehen und seine Möglichkeiten der Herstellung und Verteilung von Bildern in der Hand hat, weiß, was er hat.

Viel häufiger, als wir selber Bilder machen, sind wir mit Bildern konfrontiert, stürmen Bilder auf uns ein, werden wir durch Bilder herausgefordert. Bilder machen ist die eine Form, Bilder verstehen die andere Seite des Auslegungsprozesses. Beides ist Produktion.

Wie sollen die Bildungseinrichtungen – die Schulen, die Museen, die Volkshochschulkurse – auf die Vielfalt der Bildsorten reagieren? Ist das Kult-Bild wichtiger als das Gesellschafts-Portrait oder beides weniger wichtig als die Tabakwerbung auf Postern? Muß der Zusammenstoß verschiedener Bildwelten als Konkurrenz oder als Alternative oder unter dem Gesichtspunkt des wechselseitigen Verweises erörtert und erfahren werden?

Bilder präsentieren und repräsentieren Lebensweisen und Lebensformen. Bilder auslegen oder Welt in Bildern auslegen heißt, die Welt der Bilder mit der eigenen Lebenswelt verbinden, mit Erfahrungen, mit Erinnerungen und mit Handlungen. Daraus folgt die Vielfalt der Auslegungen.

Abb. 15

Theodor *Schulze* hat, provoziert durch Hans *Baldung Griens* Holzschnitt «Der verhexte Stallknecht» in überzeugender Form formuliert, was mit dem Begriff «Bild» verbunden sein kann: Bild «meint nicht nur die äußerlich wahrnehmbaren von Künstlern oder mit Hilfe technischer Geräte produzierten Bilder, Zeichnungen, Gemälde, Statuen, Drucke, Fotografien oder Computergraphiken –, auch nicht die optischen Wahrnehmungen, sondern die inneren Bilder, die Vorstellungen, die wir in uns erzeugen, insbesondere von Allgemeinbegriffen wie Vaterland, Freiheit, Zukunft, Glück, Selbst oder Tod. Ich meine mit «Bild» auch nicht nur den aus dem Zeitfluß ausgegrenzten und auf eine Fläche oder einen Stein gebannten Augenblick, die statische Struktur eines Bildes, sondern ebenso seinen dynamischen Gehalt. Ich schließe ein die Handlungen und Handlungsräume, die Szenen und Geschichten, auf die die im Bild fixierten Gesten, Gegenstände und Figuren hinweisen – also auch Schauspiel, Oper und Film – und «Denken in Bildern» meint weder allein das bloße Nachden-

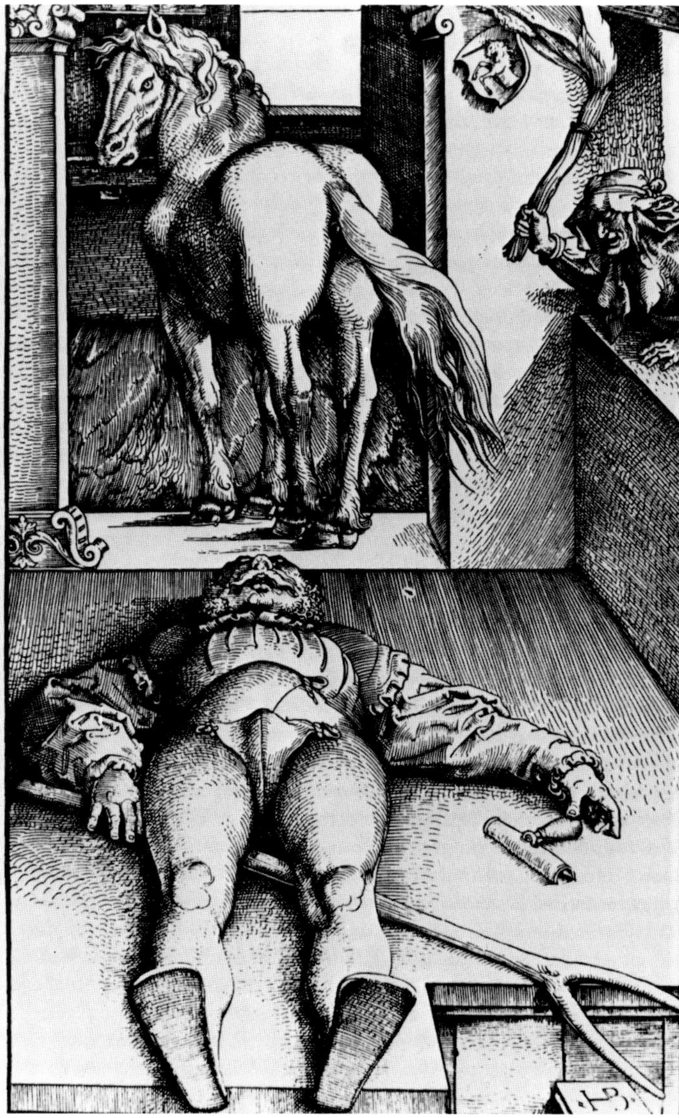

Abb. 15: Hans Baldung Grien, Der verhexte Stallknecht, 1544

ken und Reden über Bilder – Bildbeschreibung, Bildbetrachtung, kunsthistorischer Essay –, noch allein das Verfertigen von Bildern und Bildgeschichten – Aneignung von Mal-, Zeichen-, Druck- und Fototechniken, Umgang mit bildnerischen Mitteln, schöpferisches Gestalten –, sondern die Wechselwirkung von Produktion, Rezeption und Reflexion, von Atelier, Ausstellung und Kritik. Es meint die Frage, die aus einem Bild hervortritt und die Antwort, die in ein anderes Bild zurückkehrt, indem sie die Gestalt des Bildes abwandelt, ergänzt oder widerlegt – also das, was man einen «Diskurs in Bildern» nennen könnte.

Was wird in einem solchen Diskurs verhandelt? Selbsterkenntnis vermittelt durch Objektdarstellung, Inneres gespiegelt in einem Äußeren, Eigenes als Fremdes – das, was wir sind oder zu sein meinen, vorgeben, wünschen, fürchten, in dem, wie wir uns äußern, darstellen, in Szene setzen, wie wir die Dinge unserer Umwelt sehen und gestalten. Die Einstellung ist über eine weite Strecke ähnlich der der Wissenschaften: dieselbe Neugier, die distanzierende Beobachtung, der voyeuristische Blick, die detaillierte Wahrnehmung der Oberfläche und der Wunsch, sie zu durchbrechen, zu zerstören, um herauszufinden, was dahintersteckt. Nicht von ungefähr teilen die Maler der Renaissance mit den Medizinern der gleichen Zeit das Interesse an der Sektion des menschlichen Körpers. Aber der Blick geht in eine andere Richtung: Er sucht unter der Oberfläche der Körper nicht deren Gesetzmäßigkeit, sondern das eigene Wesen. Auch hier sind Subjekt und Objekt zunächst geschieden, aber doch so, daß das Objekt das Subjekt spiegelt und damit den Blick zurücklenkt ...»

(39) Schulze

Zum Auslegungsbegriff

Die nachfolgenden Abschnitte über Auslegung und Auslegungsprozeduren führen Begriffe und Sichtweisen ein, die wir in den nächsten Kapiteln zur Geltung bringen wollen. Es geht hier darum, eine Vorverständigung zwischen Schreibern und Lesern zu schaffen, die die Lektüre erleichtern soll. Überschneidungen und Wiederholungen sind beabsichtigt.

(40) Bild und Begriff

Seit je legen Menschen die Welt in Bildern aus. Ebenso lange legen Menschen Bilder aus, Bilder von realen oder vorgestellten Welten, in denen andere gelebt haben oder leben, in denen sie selbst leben oder leben wollen.

(41) Schleiermacher

Der hier gemeinte Vorgang, der auf Bilder wie auf Texte bezogen werden kann, wird Interpretation oder Auslegung genannt. Wir greifen auf den älteren der beiden Begriffe zurück.

(42) Verdunkelung des Auslegungsprozesses

Für den eingangs beschriebenen doppelsinnigen Vorgang, von dem nicht immer gesehen wird, daß er sowohl für das Machen wie das Verstehen von Bildern gilt, werden zahlreiche Theorien oder Begriffe bemüht. Häufig wurde dabei geheimnisvoll verunklärt oder unangemessen auf Teilaspekte reduziert, was im Angesicht der Vielgestaltigkeit von Welt und Bild einerseits als Machwerk verstanden werden und andererseits in seiner

(43) Kunstpsychologie

Abb. 16: G. Seurat, Ein Sonntagnachmittag auf der Ile de la Grande Jatte, 1885

Komplexität belassen bleiben muß. Geheimnisvoll verschleiern z.B. alle Auffassungen von einem schöpferischen Genius bis hin zu dem trivial gewordenen Musenkuß den realen Vorgang des Bildermachens. Umgekehrt müssen für den Vorgang des Auslegens von Bildern eine Reihe von Reduktionsversuchen zurückgewiesen werden; das sind z.B. alle diejenigen Theorien, die das Bildverstehen auf die Analyse von Strukturmerkmalen reduzieren oder die – in ganz anderer Richtung – das Verstehen auf den Nachvollzug *einer* als «richtig» oder als «gesichert» geltenden Interpretation beschränken wollen. Die einen lassen das Bildermachen im Dunkeln, die anderen versuchen, punktuell Licht, aber eben nur punktuelles Licht ins Auslegen zu bringen.

(44) Bildproduktion

(45) Strukturanalysen

(46) Bätschmann

Wie einfach nimmt sich dagegen aus, wenn *Pablo Picasso* einem Gesprächspartner mitteilt, er liebe Grünewalds Isenheimer Altar und habe versucht, das Bild zu interpretieren. «Aber, sowie ich anfange zu zeichnen, wird etwas ganz anderes daraus». Unter der Hand erhalten wir den Hinweis, daß Interpretation nicht nur im Medium der Sprache geschieht, sondern ebenso im Zeichnen, im Malen.

(47) Brassai

(48) Belting u.a.

Der Gefahr der Vergeheimnissung der Werkentstehung und der Reduktion des Werkverstehens wollen wir mit Hilfe des Horizontes entgegenarbeiten, den der Begriff Auslegung aufspannt.

Das läßt sich leichter vom Verstehen als vom Bildermachen her erklären, hat aber für beides Konsequenzen. Gegenstand der Auslegung ist das Bild, nicht nur das Dargestellte oder die Bedeutung des Dargestellten oder die Struktur, der formale Aufbau. Bilder, Bauten, Plastiken – Dramen, Filme und Literaturen nicht anders – sind Werke, die unter historischen Bedingungen als Produkte von Arbeit entstanden sind. Sie werden jeweils unter historischen Bedingungen wahrgenommen

(49) gegen Sedlmayr

(50) Herding

Macht man sich den Vorgang des Verstehens in dieser Weise klar, so wird der Prozeß des Bildermachens, also der Auslegung der Welt in Bildern, auch faßbar. Bilder sind als Produkte von Arbeit, als Darstellung gebunden an Prozesse der Bearbeitung von Material nach Regeln und Verfahren. Bildermachen und Bilder verstehen sind historische Kategorien.

(51) Wahrnehmung und Aufklärung

Abb. 17: Badeszene an der Isar (Foto: K. Egginger)

Grundlage der Auslegungsprozeduren: Wahrnehmen

(52) Auslegung ist eine Handlung. Das Auslegungshandeln geschieht in ver-
(53) schiedenen Formen, die wir Prozeduren nennen wollen.

(54) Drei Prozeduren ziehen sich durch die Praxis hindurch, die dieses Buch beschreibt: *machen*, *sprechen*, *sammeln*.

Auf einer anderen Ebene liegen: *wahrnehmen* und *verstehen*. Wahrnehmen übergreift die Prozeduren Machen, Sprechen und Sammeln, ja diese sind Medien der Wahrnehmung von Welten und Bildern. Deswegen muß *vor* der Beschreibung der Prozeduren von Wahrnehmung gehandelt werden. Im Akt des Verstehens laufen umgekehrt Machen, Sprechen, Sammeln ineinander. Verstehen ist der Focus, auf den sich der, der Bilder macht, über sie spricht oder Bilder sammelt, hinzubewegt. Deswegen wird *nach* dem Durchgang durch die Prozeduren vom Verstehen die Rede sein.

Wahrnehmung

Naheliegenderweise soll hier weder eine eigene Wahrnehmungstheorie geboten, noch ein systematisches Referat des gegenwärtigen Forschungsstandes versucht werden. Eingeführt wird lediglich ein theoretisch fundier-
(55) ter Wahrnehmungsbegriff, der als Grundlage für die Prozeduren des Auslegens ergiebig und mit demjenigen Theoriehorizont verträglich ist, in dem wir unsere Argumente vortragen. Dieser Wahrnehmungsbegriff muß anschlußfähig sein für Lern- und Auslegungsprozesse, und er muß kompatibel sein mit den Theorieanleihen, die wir im 10. Kapitel für die Entfaltung unseres Verständnisses von ästhetischem Verhalten machen, also mit phänomenologischen Denktraditionen. Um dies nicht aus dem Auge zu verlieren, stellen wir an den Eingang unserer Erörterung über Wahrneh-
(56) mung eine Auffassung von *Husserl*, die *Waldenfels* im Zusammenhang mit Ausführungen zur Alltagserkenntnis in Erinnerung gerufen hat: Für *Husserl* ist Wahrnehmung der «Urmodus der Erkenntnis». Wahrnehmung ist nicht Wahrnehmung «einer fertigen Ordnung», sondern Ordnung und Rationalität entstehen «in der Erfahrung» und wandeln sich. Im Wahrnehmungsprozeß werde, ungeachtet aller Verschiedenheiten, ein allgemein zugänglicher und identischer Grundbestand in Erfahrung gebracht. Dabei glichen die verschiedenen Auffassungen der Wahrnehmenden «Perspekti-
(57) ven, in denen dasselbe Objekt auf verschiedene Weise ansichtig wird». Mit dieser Auffassung von Wahrnehmung und ihrer Funktion im Erkenntnisprozeß wollen wir einige Hinweise aus der Wahrnehmungstheorie vermitteln, um unsere Prozeduren Sprechen, Sammeln und Machen grundzulegen.

Wir gehen dabei einen kleinen Umweg über Alltagsbeispiele.

Merken, sehen und begreifen

Im Berliner Dialekt gibt es die schöne Wendung «Der merkt och ja nischt». Das Gegenteil von so einem ist der «Merker», der merkt noch, wo «nischt zu merken is'». Merken steht hier für sehen, hören, verstehen, sagen; aber auch dafür, daß etwas mit etwas zu tun hat. Im Englischen steht to see häufig für verstehen. «Do you see» oder in der abgekürzten Rede «You see?» heißt: «...hast Du verstanden?» Bei Begreifen im Deutschen ist es ähnlich. In beiden Fällen steht ein Begriff mit komplexerem sinnlichen Gehalt für eine kognitive Operation.

In unseren drei Beispielen sind allemal Worte, die Sinnestätigkeiten bezeichnen, mit Hinweisen auf kognitive Prozesse austauschbar. Man könnte auch für beide der vertauschten Seiten immer *wahrnehmen* einsetzen. Der nimmt nichts wahr, hast Du wahrgenommen, was ich mit dem meine, was ich gesagt habe?

Ein auf eine konkrete Handlungssituation bezogenes Beispiel macht das Gemeinte noch klarer: ... von zwei Rauchern am Tisch zieht der eine immer wieder den Aschenbecher so nah an sich heran, daß der andere ihn nicht erreichen kann ...; er *merkt* nicht, daß der andere Raucher den Aschenbecher mehrfach in die Mitte des Tisches zurückstellt, er *nimmt nicht wahr*, daß der andere auch raucht, er *nimmt nur sich wahr*. Er sieht die Situation nicht, in der *er sich* befindet. Er versteht die *Beziehungen* nicht. Er *begreift* nicht.

Eine erste knappe Bestimmung von *Leontjew*, Wahrnehmung sei Auf- (58) Leontjew
nahme und Verarbeitung von Information läßt sich also schon jetzt differenzieren. Wahrnehmung ist auf Realitäten bezogen; Wahrnehmung verweist in der Regel auf soziale Zusammenhänge: auf Zu- oder Abwendung, auf Verständnis für das Bedürfnis oder die andersartigen Vorstellungen eines Mitmenschen, eines Partners; Wahrnehmung konstituiert, Nichtwahrnehmung zerstört soziale Zusammenhänge; Wahrnehmung wird erst durch Sprache sozial; solange der erste zum zweiten Raucher nichts sagt, verändert er offenkundig die Situation nicht, bleibt er der allein Betroffene, es sei denn, er *handelte*.

Wahrnehmung ist also, so läßt sich Leontjews Formulierung anreichern, Aufnahme und Verarbeitung von Information; dieser Prozeß tendiert zur Einbeziehung mehrerer Sinnesbereiche, ist sprachabhängig, realitätsbezogen, offen für Handlungen und sozial gebunden.

Unser Beispiel macht auch klar, daß die soziale Komponente im Wahrnehmungsprozeß einerseits individuell bedingt ist – der andere Gesprächspartner könnte Nichtraucher sein – andererseits keineswegs nur aus individuellen Bedürfnissen erklärbar ist. Der Kampf um den Aschenbecher setzt z.B. die Konvention voraus, die Asche nicht auf die Erde zu schnippen. Das Beispiel ist an eine rekonstruierbare gesellschaftliche Situation (Konvention) gebunden.

Natürlich kann man dagegen einwenden, daß wir die Gesellschaft hier verhältnismäßig trivial ins Spiel bringen. Das mag sein. Aber Wahrnehmung bezieht sich mindestens auch auf triviale Situationen, in denen sich eher die Mikro- als die Makrostrukturen unseres gesellschaftlichen Verfaßtseins auswirken. Im Verhalten der Raucher kann ich kaum den Grundwiderspruch von Kapital und Arbeit wahrnehmen, aber ich kann möglicherweise von den wahrnehmbaren sozialen Mikrostrukturen auf größere gesellschaftliche Kontexte und Konventionen schließen.

Dieser von uns hier vorgestellte, auf Realität bezogene, sprachverbundene, handlungsbezogene, sozial und gesellschaftlich vermittelte Wahrnehmungsbegriff steht jenen gegenüber, die Wahrnehmungsprozesse entweder auf Netzhautereignisse reduzieren oder nach den Gesetzen der Wahr- (59) Metzger
nehmung suchen. Unser *funktional* orientierter Wahrnehmungsbegriff unterscheidet sich von jenen *formal* orientierten. (60) Graumann

Wendet man dieses Wahrnehmungsverständnis nun auf Bilder an, so ist zunächst auf die Fülle der Wahrnehmungsereignisse zu verweisen, mit denen man rechnen muß, ja darf, wenn einer ein Bild «sieht». Bilder*machen* wird mithin zur Handlungskonsequenz voraufgegangener Wahrnehmungen und löst zugleich neue Wahrnehmungsprozesse im sozialen Zusammenhang aus. Bilder*sammeln* ist eine Vermittlungshandlung zwischen Bilder sehen und «merken», nämlich, womit was zu tun hat, welche Alternativen es gibt, was dazugehört oder entgegengesetzt ist.

(61) Kattenstroth

Schließlich ist auf den Zusammenhang zwischen Wahrnehmen und Lernen über die Selbstverständlichkeit hinaus zu verweisen, daß es ohne Wahrnehmung gar keine Lernprozesse gibt. Von den Psychologen kann man lernen, Lernen und Wahrnehmung wirkten in beiden Richtungen aufeinander. Einerseits gebe es Veränderungen des Wahrnehmungsverhaltens durch Erfahrung, andererseits bestimme die Art des Wahrnehmens das Lernen.

(62) Bergius

Dieser funktionalen These stimmen wir natürlich zu, weil sie die Wahrnehmung in einen breiten Verhaltenskontext einbettet und als bedürfnisorientierte, instrumentale Tätigkeit, als Handlung erforscht. Untersucht werden keine Reiz-Reaktions-Variablen, sondern Prozesse der sozialen Interaktion und «Subjekt-Variablen» wie Motivation und Einstellung.

Bildermachen

Von Bildern wird häufiger gesagt, sie würden geschaffen, Maler seien Schöpfer. Abgesehen davon, daß das alles sehr anspruchsvoll klingt, scheint uns das deutsche Wort «machen» nicht nur selbstverständlicher, sondern auch den hinreichenden Bedeutungsumfang zu haben. Der Wortgebrauch «Stückeschreiber» oder «Filmemacher» liegt auf derselben Ebene, und Musikmachen ist seit langem geläufig.

In einer älteren Quelle wird mit Sorgfalt hergeleitet und aufgezeigt, was «machen» ist:

(63) Passow

ποιέω, f. ήσω, *machen*, *thun*, von Hom. an allg. u. zwar 1) wie das deutsche *machen*, eine *schaffende* Thätigkeit, eine Wirkung und deren bleibendes in die Sinne fallendes Erzeugniss bezeichnend; dah. 1) ein Ding, eine Arbeit, ein Werk *herstellen*, *verfertigen*, *zu Stande bringen*, *hervorbringen*, zunächst von jeder äusserlichen Thätigkeit, die sich in Hervorbringung irgend eines in die Sinne fallenden Products kund gibt, von Handwerkern u. Künstlern, von Hom. an allg.

... Häuser, Wohnungen ***bauen*** ... eine Schrift ***abfassen***... überhaupt ***hervorbringen*** ... es regnen ***lassen*** ... ***erdichten, ersinnen*** ... einen Zustand, ein Verhältnis ***bewirken, verursachen, erregen, bereiten, bewerkstelligen, veranstalten, zu Wege bringen ... handeln, verrichten,*** die subjective Wirksamkeit bezeichnend, daher auch den Begriff einer fortgesetzten Thätigkeit oder Handlung enthaltend... ***bewirken,*** daß etwas geschieht .. seine Bundesgenossen muthig ***machen*** ... einem Sterblichen eine Göttin zur Gattin ***geben*** ...

ποίησις, εως, ἡ, (ποιέω) *das Machen*, Hervorbringen, Bilden, Schaffen, Verfertigen

Vom Machen zu reden, hat in unserem Zusammenhang noch einen anderen Bezugspunkt. Im weitesten haben die Gegenstände und die Prozesse, um die es in diesem Buch geht, etwas mit Wahrnehmung und mit Lernen zu tun. Machen ist indessen der *Bezugspunkt*, auf den sich auch die Hauptthemen der Psychologen – nämlich Wahrnehmung, Entwicklung und Lernen – beziehen. Und ausgerechnet das Machen ist, wie ein Psychologe feststellt, ein vernachlässigtes Problem der Psychologie, trotz seiner Allgegenwärtigkeit: «Wir machen Wissenschaft oder Musik. Wir machen große Augen. Andere machen uns zu schaffen. Wir machen uns nichts daraus, machen uns aber Gedanken, vielleicht sogar Vorwürfe. Wenn nichts zu machen ist, machen die einen sich aus dem Staube, die andern Schluß. Sie macht ihm erst schöne Augen, dann Avancen. Er macht ihr den Hof, dann vermacht er sich an ihr und macht ihr ein Kind ...». (64) Graumann (65) Graumann

Die Rede vom Bilder*machen* will den Prozeß in den Alltag zurückholen und ihm seine Selbstverständlichkeit wiedergeben.

Über Bilder Sprechen (66) Husserl

Mit sprechen ist «über Bilder sprechen», «über Bilder machen sprechen» gemeint.

Obwohl im ästhetischen Bereich – also z.B. beim Spiel, beim Malen, beim Theaterspielen – oft schon Sprache, mindestens sprachliche Verständigung, unentbehrlich ist, wird doch dem Handeln, der Praxis viel häufiger das Wort geredet. Viel häufiger bemühen sich Autoren darum, Anteile bildnerischer Praxis als Medium der Erkenntnis von Bildern zu sichern. Nicht zuletzt auch, weil viele Schüler so schwer zum Reden zu bringen sind. Wir bestreiten solche Argumente nicht. Indessen bleibt auch das auf Wahrnehmung und auf Handeln bezogene Sprechen mit Worten ein zentraler Aspekt der Auslegung. (67) Grünewald

«Wir müssen Worte finden und suchen für die in den (Gestaltungs-)-Prinzipien inhärent wirkende Dialektik von Gewinn und Verlust, von gleichzeitigem Anstreben und Verzichten. Was hat der Künstler mit dem Ensemble seiner Formentscheidungen erreicht, negiert, verletzt, provoziert, worauf verzichtet, angespielt, sich bezogen». (68) Berger

Vielleicht sollte man gleich zwei Mißverständnisse zurückweisen, gegen die wir unser Votum für Sprache und die gern aufgegriffene Erläuterung von Roland Berger schützen möchten: Natürlich soll Sprache solche sein, mit der der Betrachter identisch ist, soll erfahrungsgesättigt sein, soll rückgebunden an Praxis – und nicht nur «ästhetische Praxis» – sein; natürlich ist die bei Berger bezeichnete «Dialektik von Gewinn und Verlust», für die er Worte sucht, eine Kategorie, die auf das Bildkonzept als Ganzes zielt, also auf die Form-Inhalt-Relation, auf die Bildstruktur und die Bedeutung, die gestaltet wird. Und gerade weil hier so viel zusammenschießt, ist es wohl so, daß selbst da, wo im Prozeß der Bildanalyse gemalt und gezeichnet wird, am Ende doch wieder der Wunsch steht, der Mitschülerin, dem Mitschüler zu sagen, was man herausgefunden hat, zu fragen, ob er dasselbe wahrgenommen hat, auszusprechen, wie man deutet, was man sieht, oder auch, was man nicht einordnen, sich nicht erklären kann.

Weil wir von der Subjektivität der Betrachter und ihren Interessen ausgehen wollen, werden sie sich legitimerweise vor Bildern oft Unterschiedliches zu sagen haben. Sprechen lernen ist dabei der Weg, um hinter das Bild und die subjektive Bedingtheit der Rezeption zu kommen. Bei solchem Sprechen müssen zunächst auch naive Rede und vormethodische Reaktionen erlaubt sein, damit man einsehen kann, daß es weiterhilft, zu sam-

Lobende, anpreisende, kostbarmachende Äußerungen über Bilder

Chagall: *‹Das Liebespaar von Paris›: «Nur 10 Exemplare lieferbar»*

Reinnard Brandner: *‹Feueratlantis›: «reiner Handabzug des Künstlers»*

Kaiko Moti: *Arbeiten, «die es kaum gibt und sehr zu empfehlen sind»*

Erwin A. Schinzel: *‹Im Sommerwind›: «Skulpturen, die in Geschlossenheit und Ausstrahlung Maßstäbe setzen»*
«wohl eine der schönsten Kleinbronzen auf dem Kunstmarkt mit baldiger Wertsteigerung»

Ernst Fuchs: *‹Das Mädchen mit dem Einhorn›: «Ein ‹Fuchs› sollte in ihrer Sammlung nicht fehlen!»*

Michel Delacroix: *«Viele Werke wurden schon in Kunstbüchern veröffentlicht.»*
«In USA kosten seine Arbeiten bereits mehr als DM 2000,—.»

Salvador Dali: *«Weltweit erzielen seine Werke die höchsten Auktionspreise, die jemals für einen lebenden Maler gezahlt wurden»*
‹Das Urteil des Paris›: «die wohl bedeutendste Arbeit zu den Themen der Mythologie»
«vergriffen — nur noch wenige E. A.-Exemplare aus dem Bestand des Künstlers»
«alte, sehr gesuchte Dali-Werke, die weltweit sohl nur noch bei ARTES zu finden sind»
E. A.-Abzüge: «Diese Künstlerexemplare werden auf Auktionen oft höher bewertet als die numerierte Auflage.»

Gero Trauth: *«Wer sich in Trauths Bildwelt vertieft, gleitet in eine zeitlose Aura, um sich heiter und beschwingt für einen Moment der Entspannung unserer grauen Umwelt zu entziehen.»*

‹Verschollene Gärten›: «ausgefallener Kunstband» «viele farbige Abbildungen» «handsigniert»

Françoise Debert: *«oft mit den traumhaften Erzählungen Chagalls verglichen»*
«strahlen ihren eigenständigen Stil voller Poesie aus.»

Camille Hilaire: *«klare, kräftige Farben, die sich gegenseitig zur vollen Leuchtkraft steigern.»*
«impressionistische Bildgestaltung»

Marc Chagall: *‹Sonne und rotes Pferd›: «eine sehr schöne und preisgünstige Original-Farblithographie»*
«Voll dichterischer Poesie und mit unvergleichbarer Leuchtkraft der Farben strahlen seine Werke eine Welt voll Güte, Schönheit und traumhaften Erzählungen aus.»
‹Les fleurs sur Saint Jeannet›: «Eine Arbeit, die sicherlich auch bald ein Mehrfaches kostet. Ihre Chance, diesen wunderbaren Chagall günstig zu erwerben — greifen Sie zu.»

Ivan Stefanek: *«Sein Werk sprüht von heiterer Farbigkeit und wird Sie erfreuen.»*

Tony Agostini: *«Seine Werke sind selten und zählen zu den gesuchten in Frankreich.»*
‹Coupe noir›: «Eine schöne Arbeit, die von kontrastreicher Farbharmonie lebt.»
«Außergewöhnliche Raumschmuck»

Antonio Rivera: *«Seine Spezialität — romantische Landschaften fern von Hektik, die Natur in reiner Schönheit zeigend.»*

Ulla Scholl: *‹Ewiger Frühling›: «ihre schönste Kleinplastik in klassischer Technik»*
«Reine Handarbeit, in eine Weltauflage von 999 Exemplaren.»

Quelle: Broschüre des ARTES-Studio-Galerien, ARTES, Berlin 1982

(69) K+U 77/1983, S.11

meln, zu befragen, zu untersuchen, zu erinnern, entdecken und zu verknüpfen – und sich gegenseitig zu befragen.

(70) vgl. Kasten oben

Von alledem ist das vielerorts beobachtbare, leicht zu belegende, diffuse, ungenaue Reden über Bilder zu unterscheiden, das wider besseres Wissen oder in ganz spezifischer «außerästhetischer» Absicht geschieht, bewußt unmethodisch bleibt und weder an Wahrnehmung gebunden, noch durch Methode gesteuert, sondern nur von Meinung und – in unseren Beispielen – insbesondere ökonomischen Interessen bestimmt ist.

(71) Belege

Es kommt uns nicht darauf an, die traditionellen Erkenntniswege der Ästhetischen Erziehung, wie z.B. den handelnden Umgang, das Experiment oder die an sinnlichen Stoff gebundene Tätigkeit außer Kraft zu setzen, sondern im Repertoire der Erkenntniswege der Sprache ihr Recht zu geben, das sie in diesem Fach umso eher reklamieren kann, wenn sie stets an Wahrnehmung und Handeln zurückgebunden bleibt.

Bilder Sammeln

Sammeln als Prozedur des Auslegens könnte überraschen. Sammeln heißt, einen Auswahlgesichtspunkt wichtig machen, heißt, isolieren, vergleichen, gegenüberstellen und unterscheiden. Wer sammelt, durchpflügt und bestellt ein Feld, auch ein Problemfeld, auch ein Arsenal von Bildern. Wer sammelt, überschreitet Grenzen, weil seine Kriterien, sein suchender Blick wichtiger werden als die Grenzen, die wir zwischen den Bildsorten aufrichten. Sammeln heißt immer auch suchen. Und man kann nicht sammeln, ohne immer genauer hinzusehen, einzuordnen, zu systematisieren. Sammeln wollen wir als den Anfang des Forschens vorstellen. Sammeln schafft Zusammenhänge, kann Herkünfte aufdecken.

(72) Sammeln

(73) Alltagspraxis

Sammeln hat zweierlei Funktion: Es legt die Richtung möglicher Auslegungen fest, und es hilft, Auslegungsrichtungen zu finden.

Für die didaktische Praxis eröffnet die Tätigkeit des Sammelns u.a. Assoziationsräume, in denen und in die hinein ausgelegt werden kann; sie verbindet das auszulegende Objekt mit inhaltlichen, historischen, subjektiven oder regionalen Kontexten. Sammeln und seine Ergebnisse lassen oft erst die Möglichkeit oder die Notwendigkeit von Auslegung erkennen.

Beim Sammeln wird auf die wechselseitige Erschließung des Materials und auf die Entstehung von Aufmerksamkeitsrichtungen durch das Material vertraut.

Sammeln geschieht je nach dem Grad der Reflexion im Vorfeld von Forschung.

Ziel der Auslegungsprozeduren: Verstehen

Bildverstehen hängt von der Klärung dessen ab, was ein Bild ist (vgl. S. 18) und was verstehen heißen soll. Ein Bild auslegen ist ein Verstehensprozeß.

(74) Dimensionen des Verstehens

Aus der Tatsache, daß ganz verschiedenes als Bild bezeichnet werden kann – z.B. ein Altarbild mit der Auferstehung Christi und eine Osterkarte, ein Gefallenendenkmal und eine Pieta, *Rembrandts* letztes Familienbild und das von *Carl Begas*, *Van Goghs* gelbes Zimmer und das Balkonzimmer von *Menzel* – folgt schon, daß das Verstehen sich nicht nur auf den Bildinhalt, sondern auf das *Bild* beziehen muß, auf die Art und Weise, wie Themen- oder Gegenstandszusammenhänge mit ästhetischen Mitteln Bild geworden sind. *Bätschmann* erklärt diese Forderung gut: Man solle das Bild, also z.B. ein Landschaftsbild, nicht wie ein Fenster in der Museumswand wahrnehmen, sondern – in einer Wendung von *Maurice Denis* – der Betrachter solle sich bewußt halten, daß ein Gemälde – bevor es ein Schlachtroß, eine nackte Frau oder irgendeine Anekdote ist – wesentlich eine ebene Oberfläche ist, bedeckt mit Farben in einer bestimmten Anordnung». Das ist das eine wichtige Moment des Verstehensprozesses.

(75) Bätschmann

(76) Bätschmann; Otto, G.

Auf ein anderes, wesentliches Moment, das durch das verstehende Subjekt vor dem Bild gegeben ist, macht neben vielen anderen in einer neuen Arbeit *Günter Regel* aufmerksam. Das eine sei, die Formen, die Bildsprache in ihrem «visuell-anschaulichen Reichtum als Ganzes» zu erfassen; daß sich bei der geistigen Auseinandersetzung mit dem Kunstwerk das *Subjekt* selbst entdecke, sei das andere. Im Verstehensprozeß wertet der Betrachter nicht nur, stimmt zu oder macht Vorbehalte geltend, sondern es tritt auch zutage, «wie sich diese Aussage über die Welt ... zu meinen eigenen Erfahrungen und Ansichten verhält; inwiefern das Werk mich etwas an-

(77) Gombrich

(78) Regel

(79) Regel

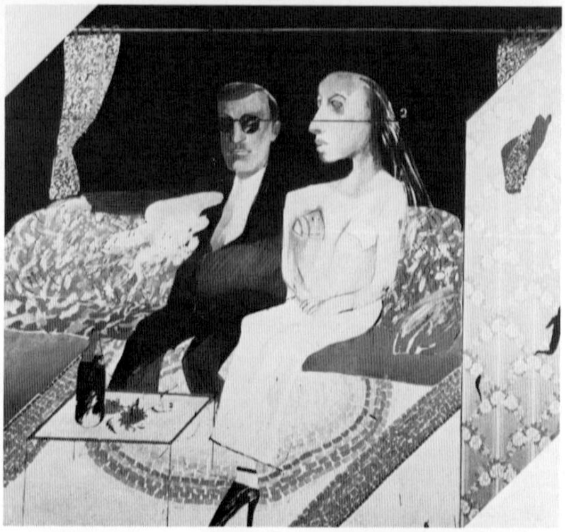

Sofabilder sammeln – ausgehend von Otto Dix: Elternbild

Erste Reihe: Blue, Robert: Netty Page in Bandage; Dix, Otto: Elternbild II, 1924; aus: Stern 3O/1986; aus: ZEIT-Magazin Nr 33/1984;
Zweite Reihe: Grings, R.: Paar auf Sofa, 1969; Hockney, David: Die zweite Hochzeit, 1963; Balet, Jan: A-moll;
Dritte Zeile: Fritz und Gisela, aus: Das Deutsche Wohnzimmer, 198o; Janosch; Ben Oyne: aus Kunstforum III/1986

Sofabilder sammeln – ausgehend von Otto Dix: Elternbild

Erste Reihe: Bilder zum Anschauungsunterricht, Mitte 19.Jh.; Roberto Granata: Salon; dto; Kanowitz: The Collectors Wall, 1971;
Zweite Reihe: Bruno Goller: Der Uhrmacher, 1949; History of commercial Photographie, aus: Kunstforum 1986, Bd 83;
Dritte Reihe: Hockney, David: Der Vater des Künstlers, 1972; Hans Jürgen Bäumler, Foto: Timm, Bild am Sonntag, 13.4.1986; Manet, Edouard: Bildnis Jeanne Duval 1862; Ramos, Mel: Touche Boucher, 1973

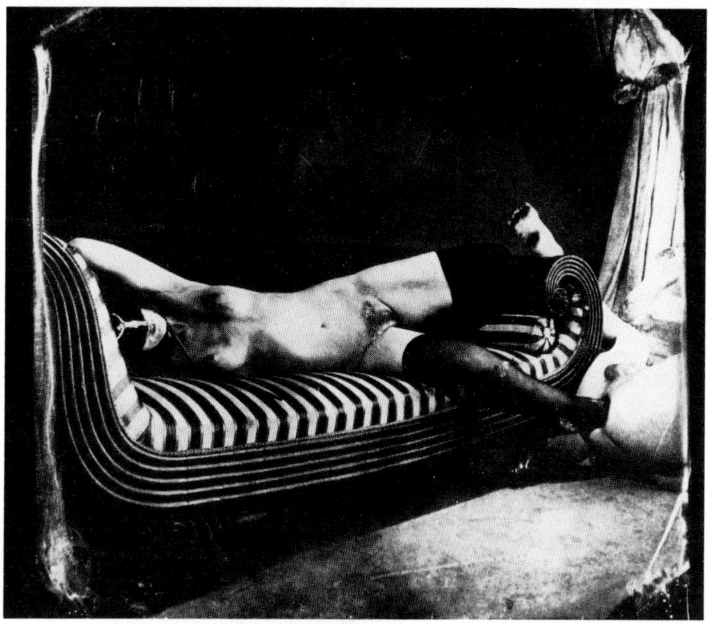

geht, warum es mich erregt, begeistert oder meinen Widerspruch hervorruft...».

(80) Regel

Auf ein drittes Moment im Verstehensprozeß wird häufig hingewiesen. Es geht darum, das *Bild* zu verstehen; aber im Verstehensprozeß bringt sich zugleich das verstehende *Subjekt* zur Geltung. Und trotzdem führt der Verstehensprozeß noch nicht einmal für ein und dasselbe Subjekt zu *der*, und sei es auch nur für dieses eine Subjekt, «richtigen» oder einzig möglichen Interpretation. *John Berger* hat eindrucksvoll beschrieben, wie er bei zwei verschiedenen Besuchen in Kolmar den Isenheimer Altar von *Matthias Grünewald* jeweils ganz verschiedenartig wahrgenommen habe. Er hat das mit seiner jeweilig unterschiedlichen Lebenssituation, mit voraufgegangenen Erlebnissen und der gesellschaftlichen Gesamtsituation in Verbindung gebracht. *Umberto Eco* sagt in der Nachschrift zum «Namen der Rose» über poetische Texte, was auch für Bilder gilt, die poetische Wirkung eines Textes sei als eine Fähigkeit zu definieren, immer neue und andere Lesarten zu erzeugen, ohne sich jemals ganz zu verbrauchen. Und nichts sei für den Autor eines Romans erfreulicher, als Lesarten zu entdecken, an die er selbst nicht gedacht hatte und die ihm von Lesern nahegelegt werden. Wohlgemerkt «Lesarten» – keine beliebigen Meinungen über den Text. Die *Mehrdeutigkeit* von Bildern und Texten läßt sich als drittes charakteristisches Moment bezeichnen, mit dem der Leser, ebenso der Musikhörer, wie der Betrachter von Bildern sich verstehend auseinandersetzen müssen.

(81) Berger

(82) Eco

(83) Eco

(84) Bockemühl

Der didaktische Blick

Auslegung ist eine allgegenwärtige, tägliche Praxis. Wir legen aus, was wir wahrnehmen, legen schon beim Wahrnehmen aus, vor jedem Bild und bevor wir uns ein Bild machen.

Auch wenn Unterricht an alltägliches Auslegen anschließen will, ist die zum Zwecke des Auslegen-Lernens *hergestellte* Situation von der Alltagssituation verschieden; sie ist für sich schon eine ausgelegte Situation.

Um Lernen zu ermöglichen, nehmen die Lehrenden, ob sie es wollen, ob sie es zugeben oder nicht – die *Gegenstände* (Inhalte), auf die sie ihre Aufmerksamkeit richten, in den *«didaktichen Blick»*. «Schillers Jungfrau» für sich allein genußvoll lesen, in eine Disco mit der Freundin gehen ist eines. Über Schillers «Jungfrau von Orleans», über «Populärmusik» Unterricht machen, ist etwas anderes. Den Unterschied bezeichnet der «didaktische Blick», der auf die Gegenstände – und wie sich zeigen soll nicht nur auf diese – gerichtet wird. Dafür gibt es seit langer Zeit implizite Praktiker-Theorien und explizite Theoretiker-Theorien:

o Der implizite *Praktiker-Blick* ist auf die inhaltliche Entscheidung fixiert, was wann «geht» oder «gemäß» oder «angemessen» ist: Faust erst in der Sek II, für kleinere Kinder Bilder mit viel Aktion, zu viel «Theorie» wird nicht «gemocht» usf.

(85) Schütz/Lückmann

Solche Fixierungen oder Typisierungen können sich meist auf irgendwann gelieferte theoretische Begründungen berufen. Sie fragen nicht immer danach, mit Hilfe welcher Methoden, zu welchem Zeitpunkt, im Blick auf welche Lernenden und welche Lernbedingungen die Rechtfertigungen gefunden worden sind. Sie haben den Charakter von «Vor-Urteilen», weil in den didaktischen Blick nur gerät, was sich schon bewährt hat, was als «bewährt» abgelagert ist. Führt so begründeter Unterricht nicht mehr zum

«Erfolg», wird behauptet, die «junge Generation» habe sich verändert, oder die Theorie sei eben veraltet. Beides kann sogar stimmen.

o Der explizite Blick der *Theoretiker* nimmt Gegenstände als potentielle Unterrichtsinhalte auf verschiedene Arten didaktisch ins Visier:

Eine verbreitete didaktische Blickweise ist die «Sachanalyse» eines Gegenstandes; dabei unterscheidet sich die Sachanalyse z.B. von *Picassos* Guernica in der Regel von der kunsthistorischen Interpretation durch eine Reihe von wissenschaftlichen Defiziten . Sie ist nicht so breit angelegt und weniger gründlich. Das kann schon aus ganz alltagspraktischen Zeitgründen nicht anders ein. Die Sachanalyse schließt bei Verstehensprozessen meist an *eine* in der Literatur vorliegende Analyse eines Objektes an und erklärt sie zur Norm, an der die Verstehensprozesse der Schüler gemessen werden; oder sie bezieht sich bei Prozessen des Machens auf vorliegende Eigenerfahrung der Lehrenden, die als Handlungserfahrung vermittelt und in der Schrittfolge, im Blick auf Zeit, Arbeitsbedingungen und Kapazität der Schüler methodisch variiert und strukturiert wird.

Die Sachanalyse fragt eher nach der phänomenalen Seite des Gegenstands als danach, was für die Lernenden relevant werden könnte; das bleibt oft im Bereich der impliziten Annahmen, im Bereich von Typisierungen, auf die man sich vorher festgelegt hatte.

Natürlich sind Sachanalysen wünschenswert. Aber über Fragen, die (86) Otto, G.
dann Lehrende letztlich zum Zwecke der Vermittlung stellen, kann auf dieser Ebene kaum entschieden werden.

Ohne Zweifel nimmt die von *Wolfgang Klafki* entwickelte «didakti- (87) Klafki
sche Analyse» ein breiteres Spektrum des didaktischen Blickes auf:

– Die didaktische Analyse richtet den Blick auf den *Begründungszusam-*
menhang (das ist die Gegenwartsbedeutung, die Zukunftsbedeutung und (88) Klafki
die aktuelle Zielsetzung im Rahmen einer Unterrichtseinheit), die *thematische Strukturierung* (z.B. nach Zielen und Teilzielen), die *Zugänglichkeit und Darstellbarkeit* (z.B. durch Medien) und die Struktur des *Lehr-Lernprozesses* (das ist die methodische Organisation).

Was weiter oben Sachanalyse genannt worden ist, wird ein notwendiger Teil der thematischen Strukturierung bei *Klafkis* Vorgehensweise sein. Die oben angemerkten Schwierigkeiten wiederholen sich hier. Für die drei anderen Felder der Analyse – thematisch, medial und methodisch – leuchtet in besonderer Weise ein, was *Klafki* bereits in der ersten Fassung seines Entwurfs schreibt, die Entscheidungen könnten meist nur aus der ganz konkreten Situation der Lerngruppe getroffen werden. Was also bei den Praktikern implizit normativ genannt worden ist, finden wir hier als Kasuistik wieder. Aber dabei ist einerseits wieder mit der Wirklichkeit impliziter Normen zu rechnen oder aber mit der Wirksamkeit zwar explizierter, aber nicht diskutierter Normen dessen, der didaktisch analysiert. Anders formuliert: Auch derjenige, der sich auf eine konkrete Lerngruppe in einer konkreten Situation bezieht, ist nicht frei davon, gerade durch voraufgegangene Erfahrungen, durch schon vorher ausgeprägte Typisierungen angesichts hoher Komplexität der Situationen insbesondere das wahrzunehmen, was sich mit dem, was er zuvor wahrgenommen hat, leicht verbinden läßt.

Sowohl bei dem impliziten Praktikerblick wie bei dem expliziten Theoretikerblick bleiben also vorerst zwei Schwierigkeiten unbearbeitet: In den *Sachanalysen* bleibt zufällig oder partikular, was der Blick erfaßt, und über das, was nicht angeblickt wird, (meist die Schüler), wird ohne nähere Erörterung typisierend oder normativ vorentschieden. In den *didaktischen Analysen* wiederholen sich bei der thematischen Strukturierung die Defizite der Sachanalysen; die Lernenden geraten zwar in den Blick, aber aufgrund des Handlungsdrucks, unter dem z.B. über die Gegenwarts- und Zukunftsbedeutung entschieden werden muß, werden die Normen, die dabei wirksam sind, eher offengelegt, als daß sie Gegenstand eines «didaktischen Diskurses», sei es mit Kollegen, mit den Eltern, gar mit den Lernenden würden.

Kann die Didaktik, können die Fachdidaktiken dieses Problem überhaupt lösen, oder ist alles didaktisches Denken prinzipiell defizitär? Entweder im Blick auf die Sache, auf die Vermittlungsstrategien oder im Blick auf die Normen, denen die Lernenden typisierend unterstellt werden? Können die Defizite nur als «Brüche» im Unterrichtsgeschehen analytisch aufgedeckt werden, oder können sie auch konstruktiv gewendet werden?

(90) Kokemohr

Jeder Versuch, bei der Bearbeitung dieser Frage einen Schritt voranzukommen, wird sich der Partikularität möglicher Antworten bewußt sein müssen. Unseren didaktischen Blick wollen wir an drei Prämissen binden, die mit den oben dargelegten Einschränkungen vielfach geübter Verfahren zu tun haben:

- Der didaktische Blick auf ästhetische Lerngegenstände lenkt die Aufmerksamkeit nicht auf *die* Auslegung, sondern auf mögliche Horizonte und Prozeduren des Auslegens.
- Der didaktische Blick versucht die *invariablen* Segmente der didaktischen Situation von den *variablen* Segmenten zu unterscheiden.
- Der didaktische Blick lenkt die Aufmerksamkeit gleichermaßen auf ein Gegenstandsfeld *und* auf ein Theoriefeld.

Auslegen als Unterricht

Charakterisiert man ästhetische Lehr-Lern-Prozesse mit fast schon umgangssprachlichen Begriffen, so bietet sich die Formel an, Unterricht sei stets *perspektivisch.* Aus der Lehrersicht geben die Intention oder das Ziel die Perspektive her, die – verengend oder akzentuierend – auf den Gegenstand oder die Inhaltlichkeit gerichtet werden. Da auch Perspektive etwas mit «blicken», mit Sehweise zu tun hat, liegt die Fortführung des Gedankens nahe: In Sehweisen, in Perspektiven wirken sich Typen (Typisierungen) aus, die aus «Erfahrungen» des Lehrenden bei der Vermittlung eben jenes Gegenstandes oder Themas resultieren; ein bestimmter «Einstieg», ein bestimmter Erkundungsauftrag für die Schüler, ein wirkungsvoll gewesener Lehrervortrag etc. Indessen sollte es aber gerade die Spezifik ästhetischer Lehr-Lern-Prozesse sein, methodisch die *Mehrperspektivität* der Schülerblicke und der Lehrer-Schüler-Blicke zu erhalten oder gar erst zu schaffen, jedenfalls nicht durch Typisierungen im Vorfeld zu nivellieren.

(91) Otto, G.; Pazzini

Von anderen wird Unterricht gern als *collagehaft* arrangiert verstanden, bedingt durch die unterschiedlichen Weisen der Verknüpfung des Lerninhalts mit Erfahrungen, Erinnerungen und Vorkenntnissen der am Unterricht Beteiligten. Die Auswirkung des didaktischen (Lehrer-)Blicks ist hier sehr viel schwerer zu kalkulieren. Freilich entsteht eine neue Schwierigkeit, wenn Unterricht mehr sein soll als die Realisierung der jeweils *eigenen* Blick-Collagen. Die Elemente aller Collagen müssen auch wieder zum Bilde fähig werden. Erst dann wird subjektive Erfahrung sozial. Das *Kaleidoskop* als Produkt der individuellen Collagen trägt die Möglichkeit der Überraschung durch die Kombination bzw. Überlagerung einer Reihe mindestens teilweise bekannter Elemente und Wirkungen in sich. Dies durchzuspielen, tendenziell kalkulierbar zu machen, ist Aufgabe von Unterricht (und seiner Planung).

Die erste Prämisse – *Perspektivität* – führt zu einer Forderung, die sowohl im Blick auf die ästhetische Struktur von Lerninhalten und deren breites Auslegungsspektrum als auch im Blick auf die *Autonomie*ansprüche des lernenden Subjekts legitimiert werden kann. Der Modus des didaktischen Blicks ist gleichermaßen der besonderen Struktur des Objektfeldes als auch erzieherischen Normen verpflichtet. Die Routinen des Blicks, die Typisierungen im Blick auf die Lehr-Lern-Situation entsprechen weder der Vieldeutigkeit des Gegenstands, noch der erwünschten *Autonomie* der Lernenden, die in der Vielfalt der Auslegungen präsent wird.

(92) Polyfunktionalität

(93) Schulz

In der zweiten Prämisse – *Collage* – liegt der Auftrag, das didaktische Feld weiter zu strukturieren. Das Eintreten für Mehrperspektivität des Gegenstandes und für Autonomie der interpretierenden Subjekte darf nicht vergessen machen, daß der Auslegungsprozeß auch die Auseinandersetzung mit einer Reihe von Invariablen einschließt: ein mittelalterliches Bild kann nicht als Dokument des Lebensgefühls im 19. Jahrhundert «ausgelegt» werden; eine Portraitplastik kann nicht als Tierstudie an- oder ausgelegt werden; die Antwort auf die Frage nach der Funktion und Verwendung von Donald Duck oder 'Ottos' Ottifanten mag vielschichtig sein, steht aber nicht im subjektiven Belieben des Interpreten. Wenn der Blick einen ästhetischen Gegenstand in einer didaktischen Situation fokussiert, in der Situation also, in der der Lehrende den Gegenstand im Hinblick auf die Lernenden unter Wahrung der jeweiligen Eigenart und im Rahmen institutionalisierter Bedingungen arrangiert, lenkt er die Aufmerksamkeit stets auf zweierlei, auf invariable und auf variable Segmente. Die invariablen werfen nach üblichem Sprachgebrauch die Frage nach der Gegenstandsangemessenheit von Auslegungen auf, die variablen machen auf die Schülerangemessenheit der Auslegung aufmerksam. Hier ist also nach der Kraft zum autonomen Zugriff auch die Bereitschaft gefordert, sich kompetent für die invariablen Momente zu machen, auf die das Objekt verweist.

(94) Schulz

Kompetenz ist das zweite Zielfeld. Wiederum läßt sich zeigen, daß der didaktische Blick hier sowohl auf der Sache wie auf den Lernenden ruht. Wofür der Lernende kompetent werden soll, ist jenes intersubjektive Strukturmerkmal des Lerngegenstandes, an dem sich die Subjektivität seiner Auslegung reiben muß. Dasselbe gilt für die Auslegungssituation; auch sie hat invariante und variante Komponenten, denkt man z.B. an den vorgegebenen Stundenrhythmus, an den Lehrplan, an die Klassenkonstellation oder die Biographie der Lehrenden wie der Lernenden einerseits, an die Wahl von Unterrichtsgegenständen, von zeitlichen Planungen, die Möglichkeit verschiedener Kooperationspartner usf. andererseits.

Unsere dritte Prämisse charakterisiert die *Mehrzahl der Ebenen*, auf denen Ansprüche an den didaktischen Blick gestellt und theoriehaltig erfüllt werden müssen, wenn von Didaktik, also einer Theorie des Lehrens und Lernens, mit Berechtigung geredet werden soll. Jene Position wird in der didaktischen Reflexion sehr viel seltener in den Blick genommen: die metatheoretische Reflexion nämlich, von der aus erst begründungsfähig, warum der Lehr-Lern-Prozeß z.B. an jener Gestaltungslehre, also z.B. am Bauhaus, oder an dieser fachdidaktischen Position, an diesem oder jenem Methodenkonzept orientiert werden sollen.

Der didaktische Blick soll nicht nur zu objekttheoretischen Entscheidungen, nicht nur zum Nachdenken über die Lernenden führen, sondern auch zum Nachdenken über das didaktische Denken, über die Folgen didaktischer Entscheidungen; nicht nur zur Erörterung der griffigen Methoden der Didaktik als Wissenschaftszweig, sondern auch zur Methodenreflexion.

Das ist umso wichtiger, weil nur so die Auseinandersetzung mit einer dritten normativen Setzung – nach *Autonomie* und *Kompetenz* – möglich wird: das Nachdenken darüber nämlich, von wem ich meine Schüler durch die von mir bevorzugte Art des Lehrens und Lernens, durch die in der Regel von mir favorisierten Gegenstände, *unterscheide*, mit wem ich sie *verbinde*, an wem ich sie orientiere, wovon ich sie ausschließe. Wer so nicht fragt, klammert die Frage nach der *Solidarität* der Lernenden und durch Lernen aus. Zeichentechniken für Berufsschüler, Raffael und Leonardo für Gymnasiasten markieren die Fixierung auf Typen, die als vermeintlich berufsspezifische kulturelle Felder ausgegeben werden. Sie kaschieren hierarchische Zugänge, statt demokratische zu begünstigen. Das Solidaritätspostulat macht in unserem Lernbereich auf etwas Unvertrautes aufmerksam: daß die Vielfalt der Auslegungsperspektiven, daß die Breite kultureller Produktion nicht von «oben» nach «unten» abnehmen müssen, sondern ihren Ausgang an der Basis der Produktivität vieler haben. Solidarität tritt allererst in dem Sinne in Erscheinung, daß normative Fixierungen unseres Bildungswesens außer Kraft gesetzt werden sollen, ehe neue etabliert werden können.

(96) Fachwissenschaft/ Fachdidaktik

Den Blick auf ein *Gegenstandsfeld* lenken, macht den didaktischen Blick zum fachdidaktischen. Das heißt, über den Gegenstandsvorrat, über Gegenstandsstrukturen und über Auslegungsmuster und -prozeduren nachdenken. Jede Antwort verlangt hier nach Begründung, weil sich sowohl das Plädoyer für das ganze Spektrum, z.B. von Comics bis Performance oder bis hin zur Malerei der «Neuen Wilden», als auch jede Begrenzung des Bildervorrats, sei es auf Museumskunst oder auf den Vorrang von Videoclips, sei es auf Tuschkastenmalerei oder auf Fotokurse – weil sich jede dieser Reklamationen auf soziokulturelle, anthropologische oder bildungstheoretische Begründungsmuster bezieht, die Werten und Normen verpflichtet sind.

Schon die Aussage über das «inhaltliche Bezugsfeld» der Ästhetischen Erziehung, über ihre Inhalte und Themen, nachfolgend über Gewichtungen in Curricula und Lehrplänen ist also eine didaktische, insofern sie wünschenswerte Kompetenzen künftiger Erwachsener beschreibt, mindestens impliziert. Nimmt man diese Szene der Argumentationen und Reflexionen in den didaktischen Blick, wird deutlich, wie sehr sich auch hier Einstellungen, Stereotype, Routinen der Einschätzung, Typisierungen, subjektive Vorlieben auswirken können. Solche Typisierungen haben im Blick auf den Gegenstandsvorrat zunächst durchaus ihre Funktion, weil sie Übersicht schaffen: U-Musik versus E-Musik, Museumkunst versus Alltagsmedien, Massenmedien versus Hochkunst usf. Problematisch werden aus der Umgangserfahrung abgeleitete Typisierungen erst dann, wenn sie sich unreflektiert mit Wertungen verbinden.

Das Gegenstandsfeld ist die eine Blickrichtung, die andere geht auf das *Theoriefeld*. In erster Näherung richtet sich der Blick auf diejenigen Theorien, die die Auswahl der Gegenstände, sowie die Ziele, Medien und Methoden der Vermittlung – in welcher Vorläufigkeit auch immer – darzulegen

(97) Itten, Holweck, vgl. Neu

versuchen. Gestaltungslehren helfen bei der Begründung formal orientierter Aufgabenkomplexe, andere fundieren die Entscheidung für «Aufgabenpassagen», die an Gestaltungsprinzipien der Gegenwartskunst orientiert sind, oder *Gustav Britsch* legt Aufgabenreihen nahe, die die kindliche Produktion mit der Vor- und Frühgeschichte verbinden sollen. Wer sich in welcher Situation für welchen Aufgabentypus, Theorietypus, Methodengang des Unterrichtens entscheidet, hängt von vermittelten oder in Erfahrung gebrachten, jedenfalls vorrangig gemachten oder vorrangig gewordenen Typen ab. Auf dieser Ebene ist auch über Methoden des Unterrichts, über Medien bis hin zur Beurteilung der Unterrichtsergebnisse zu handeln. Selten wird aus einem Fundus möglicher Methoden oder erreichbarer Medien ausgewählt. Viel häufiger bieten sich diejenigen Methoden und Medien – «wie von selbst» – mit einer scheinsachlichen Begründung an, für die die Routinen ihrer Verwendung in voraufgegangenen Situationen und Prozessen eingeschliffen worden sind.

(98) Pfennig
(99) Britsch

Der «didaktische Blick» will im Respekt vor dem Lernenden und in Kenntnis des Gegenstandsfelds Bedingungen der Auslegungsprozesse klären und theoretisch fundieren. Der didaktische Blick will eine anspruchsvolle und keine kompensatorische, eine bewußte und keine beliebige oder zufällige Praxis schaffen helfen.

In den didaktischen Blick geraten auf diese Weise
– selbstreflexiv zunächst der Lehrende mit seinen Typisierungen als Folgen abgelagerter Erfahrungen,
– die Lernenden mit ihren Typisierungen, ihrer Besonderheit und mit ihren Voraussetzungen,
– die Gegenstände in ihrer Eigenart,
– die Ziele und Normen des Auslegungsprozesses,
– situative, institutionelle Bedingungen,
– Theoretisierungen der Auslegungssituationen,
– Methoden und Medien.

Der didaktische Blick ist die Art und Weise, in der von Lernenden, Gegenstände und Situationen mit dem Ziel methodischen Auslegens absichtsvoll wahrgenommen werden sollen. Für den didaktischen Blick, für das, was als didaktisch relevant wahrgenommen wird, sind Typisierungen (Typen) als Produkt abgelagerter «Erfahrungen» der Lehrenden konstitutiv. Die sechs obengenannten Elemente didaktischer Situationen markieren zugleich Wahrnehmungsdimensionen.

Der didaktische Blick fokussiert die didaktische Situation. Operiert man mit dem Bild des Fokus, werden die sieben obengenannten Elemente zu Facetten, die der Blick passieren muß. Für diese Facetten sind «Typen» (Wahrnehmungs-, Deutungsmuster) in voraufgelaufenen problematischen Situationen entstanden. Solche Typen werden gelernt. Als Facetten sind sie «relativ stabil», solange durch sie hindurch Situationen oder Situationselemente oder Situationsmerkmale aufgenommen werden können. Sie sind aufeinander bezogen.

(100) Schütz/Luckmann

In jeder Situation sind die obengenannten sieben Elemente der didaktischen Situation in anderer Weise aufeinander bezogen. In der Fähigkeit, den Wechsel von Variablen in Invariablen, letztlich den «Problemcharakter» (im Sinne Schütz/Luckmanns) der didaktischen Situation wahrnehmen zu können, in den Blick nehmen zu können, liegt die Chance, in immer neuer Auslegung den didaktischen Blick zu schärfen.

KAPITEL 2

DIE AUSLEGUNGS-PROZEDUREN

- Zum Thema des Bildes malen oder sprechen
- Über das Bild sprechen oder schreiben
- Bilder zum Bild sammeln

Zeichnen, sprechen, sammeln als Wege des Auslegens

- Percepte bilden
- Mit Percepten wird gerechnet
- Was können Sprechen und Sprache leisten
- Malen, abmalen, übermalen, hinein- und weitermalen
- Sammeln schließt an Sehen und Sprechen an

Zusammenfassung:
Percepte bilden als Auslegungsschritt

KAPITEL 2: DIE AUSLEGUNGSPROZEDUREN

Abb. 1: Peter Ackermann, Brandenburger Tor, 1968

An einem ersten Beispiel sollen Annäherungen an Bilder, also «Startfiguren» für Auslegungsprozesse eingeführt werden. Dabei kommen gleich alle drei Prozeduren des Auslegens vor:

- das Malen bzw. Zeichnen, also das Herstellen von Bildern,
- das Sprechen über Bilder und über sich selbst,
- das Sammeln von Bildern.

Vieles wird in diesem ersten Abschnitt nur angerissen und erst in den weiteren Kapiteln genauer ausgeführt. Das ist Absicht: die Mehrschichtigkeit und Perspektivenvielfalt der Auslegung darf auch aus (lese-)didaktischen Gründen nicht verlorengehen. Verweise versuchen, eine Brücke zu den anschließenden, weiterführenden Abschnitten – vor allem über das Herstellen und weitere Auslegungsschritte – zu schlagen.

Zum Thema des Bildes malen oder zeichnen

(1) Andere visuelle Annäherungen

Grundschülern ist – in anderen Worten – gesagt worden: innerhalb einer Unterrichtseinheit über Repräsentativbauten sei geplant, ein Bild vom Brandenburger Tor in Berlin zu betrachten: «Für die Vorbereitung möchte ich gern wissen, welche Vorstellung Ihr vom Brandenburger Tor habt. Wißt Ihr, wie es aussieht? Wie wirkt es auf Euch, wenn Ihr versucht, es Euch vorzustellen?»

- «Macht bitte eine Zeichnung» (Material wurde bereitgehalten).

Rechts ist eine Auswahl aus den Zeichnungen (DIN–A–4) abgebildet, die auf diese Aufforderung hin entstanden.

Über das Bild sprechen oder schreiben

(2) vgl. Otto, G.

Die nachfolgenden Texte wurden zu Peter Ackermanns Radierung «Brandenburger Tor» aus dem Jahre 1968 (35 x 40 cm) von erwachsenen Bildbetrachtern niedergeschrieben und sind alle durch denselben Impuls ausgelöst worden. Allen wurde die Fragenkette vorgelegt:

- Was siehst Du, was denkst Du, was erinnerst Du, was fühlst Du, wenn Du Dir dieses Bild ansiehst?

Die Befragten sind zum Teil Studierende. Sie sind weder systematisch ausgewählt noch für irgendwelche Gruppen repräsentativ. Das Auswahlkriterium bestand lediglich darin, Menschen verschiedener Interssenlagen und/oder Herkunft und Lebensalter zu Worte kommen zu lassen. Bei diesem ersten Versuch sollten die erwartbaren, z.B. altersbedingten, Unterschiede in den Äußerungen möglichst deutlich zutage treten.

Anhand weiterer Beispiele wollen wir zeigen, daß sich die Situation von Schülern und Erwachsenen vor einem ihnen unbekannten Bild und konfrontiert mit den obenstehenden Fragen zwar inhaltlich, aber nicht im Prinzip unterscheidet: Alle greifen auf ein zwar unterschiedliches, aber subjektiv durch Erfahrung und Erinnerung gesättigtes Potential zurück, in dem sich Wissen, Interessen, Erlebnisse, Meinungen und Vorstellungen mischen.

Abb. 2: Zeichnung, 10 Jahre

Abb. 3: Zeichnung, 26 Jahre

Abb. 4: Zeichnung, 12 Jahre

Abb. 5: Zeichnung, 13 Jahre

Abb. 6: Zeichnung, 9 Jahre

Abb. 7: Zeichnung, 11 Jahre

Aus den Blättern ist leicht zu ersehen, daß der Bezugspunkt für viele Kinder keineswegs das reale Bauwerk oder die Erinnerung daran ist. Vielmehr drängt sich stellenweise eine Allgemeinvorstellung «Tor» in den Vordergrund, in anderen Zeichnungen handelt es sich eher um das Klischee für ein Bauwerk. In Abb. 7 scheint der Siegeswagen viel interessanter als das Tor. Für eine Reihe von Kindern gilt auch, daß sie auf die Aufgabe gar nicht reagiert haben: sie konnten die Frage nach dem Brandenburger Tor mit nichts verknüpfen, was ihnen dazu einfiel, weder etwas Spezielles noch etwas Allgemeines. – ob das im Unterricht öfter vorkommt?

Text 1:

Das Brandenburger Tor in Berlin: die Radierung von Ackermann ist aus dem Jahr 1968. Es dauert eine Weile, bis ich mich mit dem Gegenstand anfreunden kann. Einmal, weil mir architektonische Bilder prinzipiell nicht sehr nahe gehen, zum anderen, weil mir das Brandenburger Tor zwar bekannt ist, ich aber noch nie davorgestanden habe.

Nach längerem Hinsehen fasziniert mich mehr die Technik der Radierung mit ihren schwarz/weiß, hell/dunkel-Effekten und die Komposition: Die Ansicht des Tores ist vom Blickpunkt her verfremdet, nicht von vorne oder hinten als Repräsentationsobjekt gesehen, nicht von oben oder unten, sondern von rechts hinten, ganz nah. Warum wollte das Ackermann? Warum 1968?

Da fällt mir die Studentenbewegung ein, deren Umbruchsansprüche die Zerstörung von Autorität, die Neudefinition von Geschichte und Zukunft, die Reduzierung von Monumenten auf ihre architektonische Vielfalt ohne Machtanspruch.

Ich kenne nur drei kleine «Ackermänner», und sie ähneln sich sehr in der Technik und Komposition. Vielleicht ist dieses Bild hier als Verfremdungsbild in vielen Widersprüchen gedacht:
– Berlin 1968 (Zentrum eines bis heute wirkenden Umbruchs) – Berlin von damals (Zentrum einer bis heute nachwirkenden Macht);
– Machtarchitektur gestern (wie Siegestor in München oder Arc de Triomphe in Paris) – Ablehnung von Machtarchitektur heute: Machtkritik durch bildnerische Reduktion der Architektur auf bloße Ornamentik, Säulen, Simse, Treppchen; Reduktion von siegreicher Machtpräsenz durch die Zerstörung des Pferdegespanns: kopfloser Reiter und huflose Pferde symbolisieren die Zerstörung einer Zweck–Mittel–Einheit realen Herrschaftsanspruchs;
– Kunst als gesellschaftliches und/oder individuelles Kritikinstrument – Kunst als Instrument der Ästhetisierung von Macht?

31 Jahre alt, weiblich: Erziehungswissenschaft, Soziologie

Text 2:

Dieses Brandenburger Tor ist kein Tor.

Ich kenne das Brandenburger Tor, weil ich als Kind Unter den Linden – meistens sonntags, von der Friedrichstraße kommend – mit meinem Bruder und meinen Eltern spazieren gegangen bin. Wir sind dann im Strom vieler Menschen manchmal durch das Tor hindurchgegangen, manchmal vorher umgekehrt. An einige Läden kann ich mich auf der Straße Unter den Linden erinnern, an eine Kunsthandlung, die heute in Westberlin ist, an das Zeughaus, an die Universität. Wie es damals auf der «anderen Seite» des Tores aussah, weiß ich eigentlich nicht recht. Ich glaube, da waren nur Bäume, die mich nicht so interessierten. Wenn wir durch das Tor hindurchgegangen sind, durfte man, glaube ich, nicht ganz in der Mitte gehen, was mich immer etwas gestört hat, weil da wohl die Autos fuhren. Auf vielen Bildern sieht man solcher Art Beschaulichkeit im 19. und beginnenden 20. Jahrhundert. Ich erinnere aber auch Paraden, die da hindurchzogen, Soldatenaufmärsche ..... Heute lebe ich auf der anderen Seite des Tores, als ich damals lebte. Auf der Straße des 17. Juni kann man entlang– und auf das Tor zugehen. Man sieht es, glaube ich, verbarrikadiert. Grenze – nicht Tor. «Drüben» ist der «andere Teil» der Stadt.

Wo steht Ackermann? Auf der westlichen Seite, denn oben sieht man Pferde und Wagenlenker der Quadriga von hinten, also nach Osten gewandt. Aber der Zeichner steht nicht hinter dem Tor, sondern seitlich, so daß man schon wegen der Schrägsicht nicht zwischen den Säulen hindurchsehen kann. Eigentlich zeichnet er gar kein Tor, sondern ein Architekturmassiv. Es wirkt viel kompakter, als meine Erinnerung ist. Stimmen die Proportionen so? Die Kompaktheit entsteht vor allem durch den Bildausschnitt. Das Bauwerk ist an drei Seiten angeschnitten. Oben und vor allem links und rechts geht es weiter; also das, wo man nicht durch kann, geht weiter – kein Tor, eine Mauer?

56 Jahre alt, männlich: Erziehungswissenschaft

Text 3:

Das Brandenburger Tor ist in der Radierung aus einem ungewohnten Blick gezeigt: «von hinten» – von der Ost-Berliner Seite, wenn ich es recht erinnere –: von der Seite, über eine Ecke, nur im Ausschnitt, also entgegen allen üblichen Abbildungsansichten, nämlich von vorne, ganz. Auch ganz ohne Ortszusammenhang: ohne die Zuschauertribüne auf der West-Berliner-Seite, die Mauer, Vopos. Geteilte Stadt, Aufmärsche.

Erinnert mich an die Eingangsarchitektur der Londoner Home Guards-Gebäude.

Ich kriege das Bild mit einem Fragepapier zusammen und soll mich nicht, was schon an sich blödsinnig wäre, spontan dazu äußern, sondern mein gebildetes «Percept» formulieren. So'n Quatsch! Auf dies Papier hab' ich eigentlich keine Lust, deshalb auf das Bild umso weniger. Auch ein Percept? Ich denke ja. Das Bild erscheint ja im Fragebogenzusammenhang.

22 Jahre alt, männlich: Kunstgeschichte, Erziehungswissenschaft, Sozial- und Wirtschaftsgeschichte

Text 4:

Ein kompaktes Bauwerk im klassizistischen Stil sehe ich. Ohne Titel hätte ich es nicht als Brandenburger Tor erkannt.

Ich empfinde, daß mir die Perspektive des Bildes fremd ist. Ich kenne das Tor nur von vorn bzw. von hinten.

Ich erinnere mich an Berlinbesuche und an griechische und römische Sagen.

Ich denke an Unüberwindbarkeit, Undurchlässigkeit.

Mir fällt ein, daß ich auch das letzte Mal vor gut 20 Jahren in der Schule die letzte Bildbeschreibung schreiben mußte und dabei eine schlechte Beurteilung bekam.

29 Jahre alt, männlich: Geistig- und Körperbehindertenpädagogik, Sport

Text 5:

Mich irritieren die undeutlichen, zum Rand hin verschwommenen Flächen, das Ausschnitthafte und die Ansicht der Architektur. Ich kenne nur andere Ansichten vom Brandenburger Tor, nämlich die Frontalansicht von vorn oder hinten. In dieser Radierung schaut man auf die Ecke, die Seite, kann nicht durch die Säulen hindurchsehen auf die Prachtstraße. Ich assoziiere: nicht Blick von Westen nach Osten oder Osten nach Westen Berlins möglich, sondern man bleibt am Tor hängen, kein Durchgang. Der Eindruck, den das Tor geben soll(te), nämlich Monumentalität, Herrschen und Machtrepräsentation geht verloren. Quadriga ist oben abgeschnitten. Ich denke an Berlin um 1800, Architekt Langhans, klassizisti-

sche Architektur (– Schinkel!, Neue Wache usw.). Die Säulen sind dorisch, wie am Pantheon. Aber der blaue Himmel der Akropolis fehlt, die Farbe sowieso (ich hasse auch fotokopierte Abbildungen).

Berlin um 1940, Fackelzüge, Hitlergruß, Hakenkreuzfähnchen, Wochenschau, Krieg, Bomben, Mauer, Grenzsoldaten, MG, Angst.

Ich denke an das «Brandenburger Tor» auf der documenta 7 in Kassel (vor dem Fridericianum), ich glaube, von Immendorf (?). Das fand ich besser, als daß man so eine Radierung macht. Ist das eine wirkliche Auseinandersetzung mit dem Bau? – Eigentlich ist nur die Wahl der Ansicht, des Ausschnitts interessant. Gefühl: Unlust.

22 Jahre alt, weiblich: Kunstgeschichte

Schon bei erster, vorsichtig analysierender Durchsicht treten vielfältige Bezüge zutage, in denen solche Erstreaktionen selbst unter kritisierten Bedingungen stehen (die Ziffern verweisen auf die Texte); u.a.:

o *biographisch/situativ/erfahrungsbezogen:*
Studentenbewegung, Autoritätszerstörung; noch nie dagewesen (1);
Spaziergänge in der Kindheit, das Brandenburger Tor von der anderen Seite aus (2);
ohne Mauer, Vopos, Aufmärsche; London Home-Guards (3);
Kenntnis des Tores, Schulerinnerungen, schlechte Schulerfahrungen, Berlinbesuche (4);
Kenntnis anderer Ansichten (5).

o *wirkungsbezogen:*
ohne Machtanspruch, verfremdet, Machtkritik, Zerstörung von Herrschaftsanspruch, Ästhetisierung von Macht (1);
Grenze – nicht Tor, Architekturmassiv, Kompaktheit, Mauer (2);
Eingangsarchitektur (3);
fremd, Unüberwindbarkeit, Undurchlässigkeit (4);
kein Durchgang, keine Monumentalität, Machtrepräsentation, kein Herrschen, Unlust (5).

o *auf ästhetische Aspekte bezogen:*
a) ästhetische Darstellungsweisen und Mittel
schwarz-weiß (1), hell-dunkel (2), verschwimmende Fläche (5);
Nahsicht (1), Schrägsicht (2), angeschnitten (2), ungewöhnlicher Blick (3), Perspektive (4), Ausschnitthaftigkeit (5);
Verfremdung (1), Proportionen (2),
b) Techniken
Radierung (1) (5).

o *kunsthistorische Bezüge:*
Klassizistik (4) (5), dorisch (5), Parthenon (5), documenta: Immendorf (5).

o *Historische Bezüge:*
Berlin von damals (1), Siegestor, Arc de Triomphe (1), Ornamentik (1), griechische, römische Sagen (4), Berlin um 1940/NS (5).

Bilder zum Bild sammeln

Abb. 8-14

Abb. 1

Auf dem Bild ist das Brandenburger Tor in Berlin zu sehen. Das Tor gibt es nun seit bald 200 Jahren (erbaut von Langhans 1788 – 1791). Es ist von Vielen gemalt, gezeichnet, fotografiert worden. Viele sind hindurchgegangen, geschritten, marschiert. Worin das Besondere dieses Brandenburger Tors von Peter Ackermann liegt, kann die Konfrontation mit anderen Bildern des Tors deutlicher werden lassen. Darstellung des Tors heißt auch immer: Hinweis auf historische Situationen, Ereignisse, Funktionen; heißt auch immer: in wessen Interesse, mit welcher Absicht, mit welchen Mitteln wird das Tor zum Bild gemacht.

Sammeln aktiviert in mehrfacher Weise: es löst Suchbewegungen des Betrachters aus, Auslegen wird zum Handlungsprozeß; Sammeln legt Erinnerungen frei – oft unvermutet, nicht bei jedem, nicht bei jedem durch dieselben Bilder; es regt zu Vergleichen an und macht Korrespondenz, Gegensätze oder schrittweise Veränderungsprozesse deutlich; Sammeln löst Nachdenken über vergangene und gegenwärtige Zustände anhand von Dokumenten aus; Sammeln führt zu Fragen an die Geschichte und an die Gegenwart.

Dies belegten schon unsere sprachlichen Dokumente auf den Vorseiten, und eine Bildersammlung mit dem Motiv des Brandenburger Tores soll den Zusammenhang noch erweitern:

Abb. 8: J. Grützke, Berlin, 1985

Abb. 9: Ernst Stern, Schüsse am Brandenburger Tor, 1919

Abb. 10: Konrad Felixmüller, Brandenburger Tor, 1948

Abb. 11: K. H. Hödicke, Flagge, 1986

Abb. 12: K. H. Hödicke, Arena, 1982

Abb. 13: Oskar Kokoschka, Pariser Platz

Abb. 14: Jörg Immendorf, Brandenburger Tor, 1982/83

In einem kurzen Durchgang haben wir unsere drei Auslegungsprozeduren – Zeichnen, Sprechen, Sammeln – ein erstes Mal am Beispiel einer Radierung von *Peter Ackermann* angewendet.

Wir wollen nun eine Zwischenüberlegung einschalten und einige Begründungen dafür nennen, inwiefern dies Wege des Verstehens sind. Außerdem muß auch noch einmal bedacht werden, welche Argumente für und gegen das Sprechen, das Zeichnen oder Malen und das Sammeln vorgetragen werden können.

Sehen, Zeichnen, Sprechen und Sammeln als Wege des Verstehens

(3) Hofmann

Werner Hofmann berichtet über einen Vorfall auf der Brüsseler Weltausstellung im Jahre 1958. Im Pavillon des Vatikanstaates sollte ein lebensgroßes Bild von Brigitte Bardot die Sünde und das Böse verkörpern. Man mußte das Bild wieder entfernen: Brigitte war zu attraktiv. «Einmal angerufen, hatte das Bild des Filmstars eine Wirkungsmacht entfaltet, welche den ihm zugewiesenen (moraltheologischen; Zusatz: gmo) Kontext sprengte: anstatt zu warnen, verführte es. Deshalb mußte es verschwinden».

(4) Hofmann

Hofmanns Bericht belegt einen entscheidenden Schritt im Auslegungsprozeß, nämlich den ersten. Bevor gezeichnet, gesprochen, gesammelt werden kann, wird das Bild wahrgenommen, gesehen, betrachtet. Daß man dabei keineswegs sicher sein kann, *was* wahrgenommen wird und *wie* die Wahrnehmung im Betrachter wirkt, dafür sind Brigitte Bardot und die Absichten ihrer Präsentation ein gutes Beispiel. Es verweist auf den Prozeß, der sich zwischen Betrachter und Bild in der ersten Begegnung abspielt. Er wird von zweierlei bestimmt: von dem Bild *und* von dem Betrachter; genauer: von dem Bild und von dem Sinnzusammenhang, in den der Betrachter das Bild einordnet. Und was konstituiert den Sinnzusammenhang des Betrachters: seine Präferenzen, seine 'Werte und Normen', seine Ängste und Sehnsüchte, seine Kenntnisse, Erinnerungen und Assoziationen – nicht zuletzt seine Erziehung.

(5) vgl. Gombrich

Die Moraltheologen und die Besucher der Ausstellung hatten Brigitte jeweils in einen anderen Zusammenhang, ein anderes Bezugssystem, ein anderes Verweisungssystem eingeordnet: die einen der «Sünde», die anderen der Lust näher.

Abb. 15, 16: Brigitte Bardot: Sünde, Lust – aber auch z.B. Tierschutz (Fotos: dpa)

Es hätte übrigens noch andere Möglichkeiten gegeben: die engagierte Tierschützerin, die moderne 'Marianne'.

Welches Potential in diesem 'Vorverständnis' für den weiteren Verstehensprozeß enthalten ist, was das bedeutet, wenn mehrere Menschen gemeinsam ein Bild betrachten, z.B. eine Schulklasse, in wieviel verschiedene Richtungen die Gedanken einer Gruppe gehen, die durch das Museum geführt wird – über all diese wollen wir im weiteren nachdenken. Unser Gegenstand ist also der 'Normalfall' einer Bildbetrachtung, nicht die didaktisch unproduktive Annahme, daß Menschen vor einem Bild das Vorverständnis und die vorfabrizierte Auslegung eines Lehrers oder Museumsführers lediglich nachvollziehen.

(6) Hofmann

Percepte bilden

Unser Beispiel will zunächst auf den Prozeß verweisen, der sich zwischen Betrachter und Bild in der ersten Begegnung abspielt.

Für den beschriebenen produktiven Vorgang wollen wir nun einen Begriff einführen. Wenn landläufig Bilder betrachtet werden, dann spielt nicht nur eine Rolle, was auf dem Bild zu sehen ist, z.B. Brigitte Bardot, sondern, was der Betrachter, mit dem, was er sieht, verbindet. Diesen Verknüpfungsakt nennen wir die *Bildung eines Percepts*. Das Percept ist also ein Produkt. In ihm stoßen anteilig das Bild und die Vorstellungen des Betrachters zusammen. In Verstehensprozessen sind Percepte das Fundament, auf dem Auslegung ruht.

Percepte kann man im Kopf, im Medium der Sprache und im Medium ästhetischer Praxis bilden, also gedanklich, verbal oder visuell.

(7) Mukarowsky, Hofmann

Für die an die Wahrnehmung anschließenden Prozeduren beim Auslegen, also für Sprechen, Machen, Sammeln und Verstehen, wird eine zeitliche Reihenfolge ihres ersten Auftretens (nicht eine Schrittfolge) als wahrscheinlich angenommen: häufig wird es so sein, daß ein Kind früher auf ein Bild zeigt, als es selber Bilder malt. Es bekommt gesagt, was auf den Bildern der häuslichen Umwelt zu sehen ist oder es fragt danach, es will also erkennen oder verstehen. Das wird leicht übersehen, wenn mit einer hartnäckigen Einseitigkeit immer wieder von der Entwicklung der «Kinderzeichnung» die Rede ist. Nicht nur das *Zeichnen* entwickelt sich.

Das Gesagte gilt auch für Heranwachsende und Erwachsene. Weniger Menschen malen selber Bilder, mehr sammeln: Bilder, die sie beeindrucken, interessieren, die sie gern mögen; welche Postkarte kauft jemand, der aus dem Museum geht: die von einem Bild, mit dem er sich noch weiter beschäftigen möchte, von einem Bild, das er für sich, bei sich, um sich haben möchte, das zu dem «Bilderschatz» paßt, über den er schon verfügt oder das ganz anderer Art ist als alles, was ihm vorher begegnet ist. Ob Sehnsüchte oder Erinnerungen, Assoziationen oder Ähnlichkeiten, äußere Anlässe oder «Aufgabe» eine Rolle spielen, mag dabei noch unerörtert bleiben.

Mit Percepten wird gerechnet

Wir machen einen kleinen Exkurs, der zum besseren Verständnis beitragen kann...

Bislang waren wir davon ausgegangen, daß das Percept durch das entsteht, was der Betrachter zum Bild «hinzutut». Seine Wahrnehmungen, As-

Abb. 17: Bundeskanzler Helmut Kohl beim Hamburger Überseetag 7.5.1984 (Foto dpa)

soziationen, Erinnerungen, Vorstellungen usw. führten zu dem, was dann Mukarovsky das «ästhetische Objekt» nannte.

Nun gibt es schöne Beispiele dafür, daß dem Betrachter auf die Sprünge geholfen werden soll. Eines davon wollen wir vorstellen. Auf der Abbildung 17 sind Menschen dargestellt. Auf sie bezieht sich unser Hinweis. Insbesondere die rechte der beiden abgebildeten Personen «steuert» offensichtlich den Betrachter. Durch Mimik, Gestik, Haltung wird ihm nahegebracht, nahegelegt, mit welchen Gedanken, Assoziationen, Empfindungen der Betrachter das Bild verbinden soll: Welch ein netter Mann, so zugewandt, einer wie wir! Umgekehrt: der Betrachter soll nicht denken «Auch einer von denen da oben». Natürlich kann solche Selbstinszenierung und Wahrnehmungsinszenierung auch schiefgehen. Zwar wird wohl kaum jemand in sich den Gedanken aufkeimen spüren, was für ein «kalter Potentat» das sei, aber man könnte auch etwas ganz anderes denken, als man soll ...

Was können Sprechen und Sprache für das Auslegen leisten?

Es ist kein Zufall, daß unsere Nachbemerkung für das Sprechen über Bilder besonders ausführlich ausfällt. Da werden die meisten Zweifel angemeldet – weil doch Bilder etwas mitteilen, was man so nicht auch *sagen* könnte. Wir sehen den Zusammenhang zwischen Bild und Sprache anders. Das wollen wir gleich am Anfang deutlich machen.

Für die Schule ist das Zögern vielleicht verständlich: Ästhetische Erziehung unterscheidet sich ja gerade von allen anderen Unterrichtsfächern dadurch, daß man «was machen» kann und nicht primär oder ausschließlich reden muß. Trotzdem kann auf Sprache gegenüber Bildern nicht verzichtet werden.

(8) Kunst + Unterricht 40/1976

Sprechen präzisiert

Das Sprechen über Bilder kann nur dann vor der Beliebigkeit der Floskeln und der Wiederholung vorfabrizierter Urteilssprüche bewahrt werden, wenn Sprache als Moment im *Wahrnehmungsprozeß* begriffen wird;

konkreter: wenn das Sprechen immer wieder an Wahrnehmung rückgebunden, rückverwiesen wird. Diese Auffassung legen nun gerade Wahrnehmungstheorien nahe. (9) Otto, G.

Sprechen über Bilder ist verstehen und mitteilen, also rezipieren und kommunizieren, ohne den Inhalt der Bilder mehr als durch den Wechsel der Medien bedingt zu verfälschen; an dieser Stelle liegt auch ein spezifisches Problem vieler Bildinterpretationen des Deutschunterrichtes. *Nündels* Erwartung, daß Unterricht über Bilder die begrifflich-sprachliche Auseinandersetzung strukturiere, «daß mehr konstatiert und weniger spekuliert wird, daß die sprachliche Arbeit am bildnerischen Sachverhalt nachprüfbar ist ...» soll hier in folgendem Sinn weitergedacht werden: Wohl wissend, daß wir zu Bildern wohl immer nur *sprachliche Äquivalente* bilden können, daß es zwischen Bild und Sprache nur Entsprechungen und keine «Gleichungen» geben kann, sollte doch angestrebt werden: Sprache, die der Reflexion und Kommunikation über Bilder dienen soll, muß genau sein. Aber die Differenz zwischen dem Bild und dem, was ich darüber im Medium Sprache sagen kann, ist eine Grundgegebenheit der Bildauslegung, die auch dem Betrachter bewußt werden muß. (10) Nündel (11) Nündel

Bezieht man in diese ersten, ganz unterschiedlich motivierten Hinweise auf die Rolle der Sprache bei der Bildauslegung z.B. unsere vornstehenden Texte zum Brandenburger Tor (S.44ff) ein und versucht, eher systematisch zu ordnen, so werden die unterschiedlichen Bezugspunkte des Sprechens deutlich. Sprache kann sich beziehen

- auf die visuell wahrnehmbaren Zeichen und Inhalte des Bildes,
- auf die Reflexionen und Voreinstellungen des Sprechenden mit Bezug auf die wahrnehmbaren Zeichen und Inhalte des Bildes sowie deren Bedeutungen,
- auf die Reflexionen anderer über die visuell wahrnehmbaren Zeichen und Inhalte des Bildes sowie deren Bedeutungen,
- auf die Bezugssysteme, in denen die visuell wahrnehmbaren Zeichen und Inhalte des Bildes oder die Reflexionen darüber stehen.

Die Angabe dieser mindestens vier Bezugspunkte des Sprechens über Bilder erlaubt auch eine genauere Bestimmung dessen, was Auslegung sein kann und worüber die in diesem Zusammenhang formulierten sprachlichen Aussagen Aufschluß geben:

- Alles Sprechen über Bilder im Zusammenhang von Auslegung geschieht wohl – auch in der Schule – zwischen zwei äußersten Polen: als eher *wissenschaftlicher Diskurs*, der die Differenz zwischen Diskurs und Bild mit zu reflektieren sucht und als eher *poetisches Sprechen*, das u.a. in Metaphorik, Sprachebene, Lautmalerei, Assoziationskraft die sprachliche Analogie zum Bild sucht. (12) zur Begrifflichkeit (13) Bild und Text
- Die absichtsvolle Wahrnehmung von Bildern wird generell als ein produktiver Prozeß der Herstellung einer (von vielen) Auslegungen – hier im Medium von Sprache – verstanden.

Ist das Abmalen, Übermalen, Weitermalen, Hineinmalen und das Malen parallel zu Bildern berechtigt?

Häufige Erfahrung zeigt, wer selbst versucht, was ein anderer präsentiert, wird kritischer, sieht genauer hin, fragt sachverständiger nach. Wir haben am Anfang dieses Kapitels über das Brandenburger Tor das Zeichnen funktionalisiert: in den Zeichnungen sollte deutlich werden, welche

«Bilder» die Lernenden von unserem Bildgegenstand im Kopf, im Wissensvorrat, in der Erinnerung haben. Das war eine vergleichsweise vorsichtige Maßnahme.

Welches sind denkbare Einwände:

○ über das Zeichnen und Malen im Vorfeld der Betrachtung: es mache den Lernenden nur den Abstand zwischen ihren Produkten und dem Werk des 'Meisters' deutlich. Wir halten dagegen: analoges, paralleles Malen und Zeichnen verbindet auch mit der Arbeitssituation des 'Meisters', führt auch an die Probleme heran, die er lösen muß. Darauf kommt es an.

○ Hineinmalen (vgl. Kap. 4) heißt es, zuweilen gegen Arbeitsblätter gewendet, sei ein Sakrileg. Wir halten dagegen: Bilder auslegen ist kein Akt der Andacht, sondern ein Vorgang der Verbindung von Bild und Betrachter, ein Akt der Inbesitznahme.

(14) Bildgebrauch

Außerdem: Bilder sind Quellen für das *Machen* von Bildern (vgl. Kapitel 8 und 9).

Sammeln schließt an Sehen und Sprechen an

Die Aktivität des Festhaltens, des Bewahrenswollens, des Sammelns, das die weitere Beschäftigung ermöglicht, liegt vor dem Prozeß oder am Anfang des Verstehensprozesses. Weil wir in einer Bilderwelt leben, haben es Kinder mit Bildern schon zu tun, ehe sie ihre eigenen Bilder malen. Und daß Erwachsene Bilder öfter betrachten, als daß sie sie selber malten, wissen wir.

(15) Sammeln in der Alltagskultur

Sammeln ist nach heutigem Verständnis und verbreiteter Praxis ein Teil der Alltagskultur, der Kinder-, Jugend- und Schulkultur. In diesem Verständnis unterscheidet sich der im Zusammenhang mit Bilderauslegen verwendete Begriff des Sammelns von der Sammlungstätigkeit, die den Sachkenner voraussetzt, die Kapital zum Ankauf braucht oder die ihre Sammlung der Öffentlichkeit präsentiert. Sammeln heißt hier vielmehr: auf Bilder und Texte aufmerksam werden, von einem Bilde ausgehend, ähnliches festhalten, auf Fragen und neue Suchrichtungen stoßen. Die Form der Präsentation ist dafür nicht die Galerie, die Ausstellung oder das Museum, sondern die Pinnwand oder der Aktendeckel.

(16) Projektlernen

Sammeln ist ein Schritt im Erkenntnisprozeß, ein Schritt im Lehr- Lern-Prozeß, ein Schritt im Selbst-Lernprozeß.

Am Beispiel 'Brandenburger Tor' kann das z.B. heißen:

○ alle erreichbaren Darstellungen des Brandenburger Tors – aus den Tageszeitungen, aus Journalen, aus Reise- und Stadtprospekten – zusammentragen: von Malern, von Fotografen, von früher, von heute, insbesondere Darstellungen der gegenwärtigen Situation suchen; darüber hinaus andere Tore festhalten ...

Die Herkunfts- und Wirkungslinien, die Funktion und der Funktionswandel können dabei in Bildern wahrnehmbar werden.

Ebenso wie im Sprechen über Bilder, entsteht beim Sammeln die Frage: wie werden die Texte, wie werden die Sammlungen für den weiteren Prozeß der Auslegung fruchtbar gemacht?

Zusammenfassung: Percepte bilden als Auslegungsschritt

Für alle die Prozeduren, die wir an einem ersten Beispiel nur andeutend als Erkenntnisschritte vorstellen konnten, haben wir den Oberbegriff

'Perceptbildung' gewählt. Was heißt das? Der Vorgang wird in einem Zitat von Johann Wilhelm Herbart aus dem Jahr 1892 schon einmal sehr plastisch beschrieben. Was er im Hinblick auf eine Landschaft sagt, gilt auch für das Bild einer Landschaft, gilt für Bilder überhaupt:

«Nicht alle sehen alles gleich. Der nämliche Horizont hat diesem Auge viel, und jenem wenig anzubieten. Er zeigt Einem das Schöne, einem anderen das Nützliche, einem Dritten ist er eine auswendig gelernte Landkarte. In der gleichen Landschaft sucht der Knabe die bekannten Thürme, Schlösser, Dörfer und Menschen – hängt immer an einzelnen Puncten, während der Maler die Parthien gruppirt, und der Geometer die Höhen der Berge vergleicht.» (17) Herbart

Die Dimension *Perceptbildung* verweist auf die Strukturierungslei- (18) Otto, G.
stung des *Wahrnehmenden* und auf deren Bedingtheiten. Die Untersuchung des Prozesses, in dem ein Percept gebildet wird, verweist auf den
«Anteil des Beschauers». Es geht darum, wie «die Beschauer es eigentlich (19) Gombrich
anstellen, die Zeichen zu entziffern», wie wir, was wir auf Bildern sehen, (20) Gombrich
klassifizieren und mit dem verknüpfen, was wir wissen, gesehen haben (21) Gombrich
oder träumen.

Die Art und Weise, in der wir eine Straße, ein Bild, eine Musik wahrnehmen, hängt u.a. von unseren schon gespeicherten Sinneserfahrungen ab: d.h. z.B.: wer Bach zum ersten Mal hört, hört im Positiven wie im Negativen etwas anderes als der, der auf den Einsatz des Rezitativs in der Kantate schon wartet. Einen Film sieht man beim zweiten Mal anders als beim ersten Mal. Was am Wiederholungserlebnis erfahren wird, gilt auch für die an verschiedenartigen Objekten gesammelten sinnlichen Erfahrungen. Viele Kommunikationsschwierigkeiten mit Avantgarden rühren z.B. daher, daß die erworbenen Erfahrungsmuster nicht verwendbar zu sein schei-
nen. «In Verbindung mit bereits gesammelten Erfahrungen kommt (im (22) Typenbildung
Prozeß der Wahrnehmung ästhetischer Objekte; Hinzufügung gmo) ein Ergebnis zustande, das wir *Percept* nennen wollen.» *Murch/Woodworth* ma-
chen mit Nachdruck klar, daß Erkennen, Wissen und Verstehen ebenso (23) Murch/Woodworth
zum Percept gehören wie Erleben: «Das Erlebnis, ein Objekt in der Um-
welt erkannt zu haben, entsteht erst nach Vollendung dieses Prozesses.» (24) Murch/Woodworth
Der Prozeß, in dem das *Percept* im Sinne eines subjektiven Äquivalents zum *Konzept* (des ästhetischen Objekts) gebildet wird, dieser Prozeß ist abhängig von Meinungen, Einstellungen und Kenntnissen, er ist hochkomplex und nicht aufteilbar.

Sicher ist es nicht zufällig, daß gerade die wissenschaftliche Beschäftigung mit der NS-Kunst, die viele von uns noch immer besonders betroffen macht, die Aufmerksamkeit auf die subjektiven Anteile bei der Bearbeitung der Objekte und ihrer Geschichte lenkt:

«Nicht nur der Bereich einer objektivierend sachlichen Kunstwissenschaft muß permanent in Richtung Ästhetik, Geschichte, Zivilisationstheorie, Soziologie überschritten werden, auch die strengen Enthaltsamkeitsregeln, welche dem Wissenschaftler auferlegt sind, haben keine dogmatische Geltung. Der subjektive Anteil, der den Verdacht, die Vermutung, das Denken über den Tatsachenbefund hinaus, das Mißtrauen und das Fallenstellen erlaubt, er muß gerade bei der Beschäftigung mit der Hinterlassenschaft des Faschismus – aber auch sonst – in Anspruch genommen werden. Voreingenommenheit gegenüber diesem Thema ist unvermeidbar.» (25) Wolbert

Percepte zum Elternbild von Otto Dix (1924)

Die Abbildungen auf dieser Seite belegen das Verfahren der visuellen Reaktion noch einmal an einem anderen Bild. Vielen Klassen, Schülergruppen und Erwachsenen wurde das Elternbild von Otto Dix aus dem Jahre 1924 gezeigt. Zu Stellungnahmen wurde eingeladen: Was siehst du? Was erinnerst du? Was fühlst du?
Erinnert wurde viel. Einige brachten Fotoalben aus der Kindheit mit. Andere erzählten, wie sie erzogen worden waren. Gemalt wurde und gezeichnet und berichtet. Das war in dieser Vielfalt so beabsichtigt. Das Bild wurde erzählend, malend, zeichnend, nachdenkend mit dem Leben, d.h. mit den Eltern und der Kindheit verknüpft. Schülerinnen und Schüler brachten das Bild in Erfahrung, indem sie ihre Erfahrung dagegenhielten. Sie brachten etwas von sich in Erfahrung, indem sie sich malend auf das Bild von Dix einließen (die Arbeiten stammen z.T. aus der Züricher Kunstgewerbeschule).

KAPITEL 3

BRANDENBURGER TORE, BABELTÜRME UND TEXTE ZU BILDERN

Material sammeln und Fragen formulieren

- o Brandenburger Tore
- o Babel-Türme
- o Kompendien haben keine Fragen
- o Texte helfen fragen und geben Antworten

Zusammenfassung: Kontexte bilden als Auslegungsschritt

KAPITEL 3: BRANDENBURGER TORE, BABELTÜRME UND TEXTE

Material sammeln und Fragen formulieren

Wir wollen in diesem Abschnitt über die ersten Vergewisserungen, Erinnerungen und Suchbewegungen methodisch einen Schritt hinaus gehen. All das ist ja erst gerechtfertigt, wenn es nicht nur zum Nachdenken über sich selbst oder über irgendetwas, sondern zu Fragen an das Bild führt, zu Fragen, die in das Bild hineinführen, zu immer differenzierter werdenden Aufmerksamkeiten für das, was auf dem Bild zu sehen ist. Wir gehen dem wieder zunächst am Beispiel des Brandenburger Tors nach.

Brandenburger Tore

Schon in den ersten fünf Texten von Bildbetrachtern, vgl. S. 42ff, war verschiedentlich die Frage aufgetaucht, ob auf Ackermanns Radierung überhaupt noch von einem Tor die Rede sein könne. Diese Erörterung greifen wir auf und beziehen sieben weitere Bilder vom Brandenburger Tor ein. Sie stammen aus den Jahren 1764, 1806, 1811, 1933, 1940, um 1948 und um 1965.

In ganz verschiedener Art und Weise tritt hier jeweils das Tor in Erscheinung und löst Fragen aus:

- Was ist ein Tor – und welche Funktion hat es?
- Wozu dient ein Tor, wenn es weder Eingang noch Ausgang ist?
- Wieso steht mitten in der Stadt ein Tor?
- Wie lange steht das Tor schon mitten in der Stadt, ohne Tor zu sein?
- *Abb. 1* *Abb. 6* Welche Funktion hat das Tor z.B. auf Chodowieckis Blatt aus dem Jahre 1764 und welche auf dem Photo aus dem Jahre 1940 mit dem Einmarsch der Truppen? *Abb. 3* *Abb. 7* Hat das Tor beim Einzug der deutschen Truppen im Jahre 1871 dieselbe Funktion wie bei Napoleons Einzug im Jahre 1806?

Damit man fragen kann, muß man Auffälligkeiten oder Unterschiede wahrnehmen, z.B.:

- *Abb. 1* *Chodowiecki*s Kupferstich wirkt im Unterschied zu den beiden anderen Bildern in der Anlage skizzenhaft und im Ausdruck aus heutiger Sicht idyllisch-dörflich;
- auf der frühesten Tordarstellung sind die wenigsten Menschen zu sehen;
- *Abb. 3* auf Anton von *Werner*s Bild wirken viele der dargestellten Personen nach Haltung und Ausdruck portraitähnlich charakterisiert, *Abb. 4* auf Arthur *Kampf*s Bild sind nur zwei der Zivilisten vorn links und einige der sehr ähnlich wirkenden Gesichter in der Marschkolonne ausgeformt;
- *Abb. 1* *Abb. 3, Abb. 4* gleißendes Sonnenlicht bei *Chodowiecki*, eher strahlende Mittagssonne bei Anton von *Werner* und nächtliche Finsternis bei *Kampf*, aber von Scheinwerfern durchschnitten ...

Abb. 5, 7 Die ersten Wahrnehmungen auf den Fotos vom selben Motiv können sowohl zur Feststellung von Eigentümlichkeiten und Auffälligkeiten im Einzelfall wie auch von Differenzen zwischen den Bildern, Situationen oder Sichtweisen führen. Unsere vorläufige Liste eröffnet nur die Vielfalt möglicher Aufmerksamkeitsrichtungen: auf den Bildgegenstand, auf das Tor bezogen und auf Tore überhaupt, auf das Bild, seine Machart, seine Struktur oder sein Konzept bezogen und auf die Darstellungsmittel; aber auch Fragen nach der Zeit, nach der historischen Situation liegen allein schon durch Dekoration und Uniformierung, durch den Zustand, in dem sich das Tor jeweils befindet, nahe.

Hier entsteht nun ein Unterschied gegenüber den bisher vorgestellten Bildersammlungen. Die Fragen, auf die wir in dem hier vorliegenden Material stoßen, sind nicht mehr allein durch Hingucken, allein aus dem Bild heraus zu beantworten. Die vorliegenden Abbildungen differenzieren, variieren auch die Fragen, die sich vor dem Ausgangsbild aufdrängen. Wie verschlossen *Ackermanns* Tor ist, sieht man umso deutlicher in der Gegenüberstellung mit den hereinströmenden deutschen Truppen unter Hakenkreuzfahnen, sieht man mit Blick auf das Tor in Funktion. Daß an diesem Ort offenbar Geschichte «gemacht», symbolisiert werden soll, sieht man an der Übereinstimmung, mit der *Wilhelm I.* und *Napoleon* im Bild plaziert sind: *Wilhelm I.* im Zentrum unter der Standarte, sich huldvoll vom Pferde herabneigend, *Napoleon* bildbeherrschend aus dem Bild in Richtung auf den Betrachter herausreitend. Bei *Ackermann* herrscht Menschenleere. Aber was sich jeweils auf den Bildern abspielt, werden viele nach*lesen* müssen. Erst dann wird man die Frage beantworten können: Ist das ein Wachtor, ein Prachttor, ein Machttor? Bezogen auf das Ackermannbild: Was symbolisiert ein Tor, das *nicht* passiert werden kann?

Abb. 2, 3

(1) vgl. L. W. Donnan über Ackermann

Babeltürme

(2) Kempfer/Hinkel

Marie *Kempfer* und Hermann *Hinkel* haben vor Jahren über die Beschäftigung mit dem Babel-Turm auf der Sekundarstufe I berichtet. Der Verlauf des Unterrichtes ist durch die Hinzuziehung immer weiteren Materials charakterisiert. Insofern setzt er den Gedanken, der im Zusammenhang mit den Brandenburger Toren entwickelt worden ist, fort. Wir raffen den Bericht von *Kempfer/Hinkel* und verweilen lediglich an den Stellen, an denen aus dem Material immer wieder neue Fragerichtungen entstehen.

Abb. 8: P. Brueghel, Babel

Im Prozeß der Auslegung wird zur Sprache gebracht, daß Bilder die Wirklichkeit interpretierten und zu Fragen und Problemen der Zeit Stellung bezögen; daß sie von Absichten, Sichtweisen und Erfahrungen sowohl des Künstlers, wie des Auftraggebers, aber zugleich von gesellschaftlichen und kulturellen Bedingungen, Vorstellungen und Normen ihrer Zeit beeinflußt würden; daß man daher von Bildern Rückschlüsse auf konkrete Lebensvollzüge, wie soziale Ordnungen, Prozesse, Kleidung und Architektur einer Epoche ziehen könne; daß man dafür zusätzliche Informationen aus der Literatur zuhilfenehmen könne; daß die Thematik eines Kunstwerks auf analoge Probleme der Gegenwart hinführen könne.

(3) Kempfer/Hinkel

Solche Fragen, solche Problemstellungen werden anhand von Bildern bearbeitet – besser noch, nehmen ihren Ausgang von Bildern:

Abb. 8

– Auf *Brueghels* Bild könnte man bei flüchtigem Hinsehen die Handwerker zunächst übersehen. Am Turmmassiv arbeitet keiner. Der inspizierende König mit Gefolge ist viel wichtiger als die um ihn herumhockenden Steinmetze. Warum diese Distanz zwischen Bauwerk und Bautätigkeit?

Obere Reihe
Abb. 1: Daniel Chodowiecki: Brandenburger Tor,1764
Abb 2: Knoetel, R.: Brandenburger Tor, Einzug Napoleons am 27.1O.18o6, Aquarell 1898
Abb 3: Anton v. Werner: Siegeseinzug 16.6.1871, Skizze für Wandmalerei im Treppenhaus des Berliner Rathauses, 1877

Abb.4: Arthur Kampf: Brandenburger Tor am 30.1.1933

Abb 5: Brandenburger Tor, Aufnahme vo 1948

Abb 6 : Siegesparade am Brandenburger Tor, Aufnahme 1940

Abb 7: Brandenburger Tor, Aufnahme um 1965

Abb. 9, 10

– Wie ist der Arbeitsprozeß auf anderen Bildern organisiert, welchen «Stellenwert» hat er im Bild und für das Bildthema, welches Verhältnis zwischen Bauleuten und Bauwerk ist ablesbar?

(4) Kommunikationszerstörung

– Wer weiter fragt, z.B. nach der Herkunft der Metapher vom Turm, den Gott zerstört, nach der Herkunft der in vielen Bildern wieder auftauchenden Vorstellung vom stufenförmigen Aufbau, der braucht weitere *Bilder* und *Texte* .

Abb. 11

Der historische Turm von Babel (Babylon) ist rekonstruiert; er ist seinen Maßen nach bekannt. Auf einer Basis von 90 m^2 erreichte er eine Höhe von 90 m, war lehmgebaut und mit farbigen, gold- und blauglasierten Ziegeln belegt .

(5) nach Kempfer/Hinkel

Von *Koldewey* wird, wie *Kempfer/Hinkel* berichten, der babylonische Turm so beschrieben:

– «Das kolossale Massiv des Turmes inmitten der stolzen Priesterpaläste, der weiten Vorratshäuser, der zahllosen Fremdengelasse – weiße Wände, bronzene Tore, drohende Festungsmauern, ringsum mit hochragenden Portalen und einem Wall von tausend Toren – es muß ein überwältigender Eindruck der Größe und der Fülle gewesen sein».

(6) nach Kempfer/Hinkel

Aber die Struktur des *Brueghel*schen Turmes kann man sich trotz der historischen Vergewisserung erst erklären, wenn man weiß, daß der Maler Abbildungen vom Römischen Kolosseum kannte. Und er war nicht der einzige, der diese Anleihe gemacht hatte.

Abb. 12
Abb. 13

Dafür, daß man Babel als Symbol der menschlichen Hybris auch heute verwendet, haben wir zwei Beispiele gefunden.

Abb. 14, 15

Wir schalten hier die beiden kurzen Analysen von *Kempfer/Hinkel* (s.u.) zu dem Turmbild aus dem Stundenbuch und dem *Brueghel*schen Bild ein, weil sie zeigen, wie die Unterschiedlichkeit der Bilder zu Fragen an die Bilder geführt hat, wie jedes Bild die Aufmerksamkeit für das andere schärft – sei es für Fragen des Bildinhalts, für Gottes Eingreifen zum Beispiel – oder für formale Fragen der Bildlösung wie z.B. die Bearbeitung der räumlichen Probleme beim Turm oder des Turmes in der Landschaft.

Die französische Miniatur von 1425/30

Abb. 10

«Im Zentrum der Darstellung erhebt sich eine weißgraue Viereckpyramide mit spiraligem Treppenaufgang und Rampen im Vordergrund einer hügeligen Landschaft mit typischen Merkmalen menschlicher Kultur (Obstbäume, Mühle, Burgen und Schlösser). Rund um den Turm wird der Ablauf von Bauarbeiten einer mittelalterlichen Bauhütte gezeigt, der den Regeln und Organisationsformen der Zunft gehorchte. Links am Fuße des Turms besichtigt *Nimrod* den stehenden Turm. Der biblische Bericht erwähnt ihn nicht. Es ist spätere Zutat der Künstler, wie auch das *Brueghel*-Gemälde bezeugt. *Nimrod* war nach 1 Mose 10, 8-12 der erste Weltherrscher, der die altbabylonischen und assyrischen Städte und Reiche gründete, eine sagenhafte Gestalt, in der wohl mancherlei Traditionen zusammengewachsen sind.

Abb. 8

Auf dem Gerüst der Turmspitze spielt sich die entscheidende Szene ab: das plötzliche Erscheinen von zwei Engeln bewirkt Schock und Absturz der Bauleute. Einzelne Männer geraten in Streit. Mit diesen Szenen weist der Maler auf das Eingreifen Gottes hin, das zur Störung der zwischenmenschlichen Kommunikation (Sprachverwirrung) und zum Abbruch der Bauarbeiten führte.

Es mag befremden, daß die Bauleute weder von dem Auftreten *Nimrod*s noch von der Zerstörung der Turmspitze Notiz nehmen. Dieses Befremden geht aus von der Vorstellung, daß in jeder künstlerischen Darstellung die Einheit von Raum und Zeit gewahrt sein müßte, was für das mittelalterliche Bild nicht zutrifft. Der Meister ist nicht bestrebt, einen ganz bestimmten, individuellen Augenblick des gesamten Geschehens festzuhalten. Abweichend vom Bibeltext (Lehmziegel) erscheint der Turm in grauweiß vor dem Braungrün der Landschaft und dem tiefen Blau des Himmels. Starke Farbkontraste in den kleineren Flächen geben dem Bild einen freundlichen, unwirklichen Farbklang.

Die Landschaft wird der relativ schmalen Vordergrundbühne 'hinterlegt' mit Andeutung von Tiefenraum durch Staffelung von Bergkuppen, die einander überragen und zonenweise dunkler werden. Die zunehmende Ferne der Baumgruppen wird nur durch geringe Größendifferenz sichtbar gemacht. Der hochgelegene 'Horizont' bei mangelnder Aufsicht auf die Vordergrundfiguren verrät besonders deutlich die Uneinheitlichkeit der Raumdarstellung.

Auch die Größenverhältnisse der Bildgegenstände sind symptomatisch: die Figuren sind im Verhältnis zum Turm und zur Landschaft sehr groß, am größten die Gestalt *Nimrod*s (Bedeutungsgröße).

Beleuchtung durch eine nachweisbare Lichtquelle kennt der Meister noch nicht. Dementsprechend fehlen die Schatten. So ist es auch möglich, die helle Gegenstandswelt mit einem nächtlichen Sternenhimmel zu überwölben.

Die Plastizität der Gegenstände wird weitgehend ohne Hell-Dunkel-Modellierung mit Hilfe der Konturen sichtbar gemacht.» (7) Kempfer/Hinkel

Das Turmbau-Gemälde Brueghels aus dem Jahre 1563 *Abb. 8*

«Ein kolossaler, runder Turm, terrassenförmig gestuft, erhebt sich über eine weite Ebene. Der oberste Aufbau, der Marduk-Tempel, ragt bereits in die Wolken. Er liegt dicht am Ufer des Euphrat (rechts) und wird umgeben vom Häusermeer Babylons.

Im Vordergrund links erscheint *Nimrod* zur Besichtigung, wobei die devote Begrüßung der Steinmetzen und die schützende Begleitung einer Leibwache ihn in seiner Machtstellung kennzeichnen.

Der unvollendete Bau ist übersät mit einer Fülle von detaillierten Szenen der verschiedenen Bauarbeiten, während die Schiffe auf dem Fluß offenbar das Baumaterial heranbringen. Ein szenischer Hinweis auf das Eingreifen Gottes fehlt; aber die Doppeldeutigkeit des Bauzustandes (noch nicht vollendet und schon verfallen) könnte ein Hinweis darauf sein. Im 16. Jahrhundert war das Zitieren römisch-antiker Ruinen ein Hinweis auf Vergänglichkeit und menschliche Eitelkeit. (Anmerkung getilgt)

Auch der *Brueghel*-Turm ist zentral angeordnet, allerdings leicht nach rechts verschoben, um dem Akzent der Vordergrundszene (links) zu entsprechen. Bezeichnenderweise entscheidet sich *Brueghel* für eine querformatige Bildfläche, die es ermöglicht, die horizontalen und damit das Gestufte und schwer Auflastende des Turmes zu betonen. Im Gegensatz zur Buchmalerei wird die Farbigkeit des Bildes vom Beleuchtungslicht bestimmt und dient damit der Vereinheitlichung des Landschaftsraumes. Diese Tendenz zur Vereinheitlichung wird an der Raumordnung deutlich ablesbar: links vorn finden wir ein hochgelegenes Vordergrundplateau, das Turm und Stadt in einige Distanz zum Beschauer rückt. Hinter diesem Plateau fällt das Gelände plötzlich ab (durch eine Hecke kaschiert), wodurch das optische 'Messen' der Distanz zum Turm verhindert wird. Der Beschauer erfährt nur, daß die Figuren hinter dem Absatz viel kleiner sind

Abb. 8: Pieter Brueghel, Turmbau zu Babel, 1563

Abb .9: Romanisch-Gotische Miniatur, vor 1222

Abb. 10: Colosseum Rom, Außenansicht im heutigen Zustand

Abb. 11: Babelturm

Rechte Seite:
Abb. 12 (links oben): Buchmalerei, Stundenbuch des Herzogs von Bedford, 1425/30
Abb. 13 (rechts oben): Rekonstruktion des Babelturms
Abb. 14 (links unten): Babylon heute, nach Brueghel von Pierre Brauchli
Abb. 15 (rechts unten): Jan Péter Tripp: Nocturne, 1985

(Raumsprung). Dann übernimmt die stetige Reduktion der Häusergröße die Gewähr für die Kontinuierlichkeit der räumlichen Tiefenerstreckung. Die Größe der Häuser und der menschlichen Gestalten wird somit zum Maßstab für die Ausmaße des Turmes. Sie erscheinen ungeheuer.

Den Horizont setzt *Bruegel* relativ hoch, was zur Folge hat, daß Vordergrundszene, Stadt und der größte Teil des Turmes aufsichtig, die Turmspitze dagegen untersichtig erscheinen.

Die Bemühung um Vereinheitlichung des Raumes verrät auch die Beleuchtung des Turmes. Das Licht fällt von links vorn auf das Bauwerk, evoziert einen riesigen Schatten rechts im Hintergrund und verleiht, fein gestuft, allen Dingen plastische Qualität.»

(8) Kempfer/Hinkel

Kompendien haben keine Fragen

Wir wollen in diesem Kapitel zeigen, wie das Sammeln von Bildern zu Fragen an Bilder führen kann, wie das eine Bild Fragen an das andere auslösen kann, wie die Befragung der Bilder wieder auf weitere Bilder verweisen kann. Dabei wird auch deutlich, daß man für die Beantwortung der Fragen oft auf Quellen außerhalb der Bilder zurückgehen muß.

Bildersammlungen gibt es interessanterweise in Büchern oder Mappen, solange es Sammlungen von Bildern in Galerien gibt. Sie dienen erklärtermaßen der Vermittlung. Eine wollen wir hier vorstellen. Unser Beispiel stammt aus dem 18. Jahrhundert, aus der Kaiserlichen Galerie der Wiener Hofburg.

Es heißt:

«Prodromus oder Vor-Licht des eröffneten Schau- und Wunderprachtes aller derer an dem kaiserlichen Hof ... sich befindlichen Kunst-Schätzen und Kostbarkeiten ...» (Wien 1735)

(9) 'Bilder nach Bildern'

Ein Prodromus ist ein Vorbote. Wir wollen eine Bildersammlung in Erinnerung rufen, die zu ihrer Zeit eine didaktische Funktion hatte – sie sollte einen Überblick geben, ein «Vor-Licht» auf die fürstliche Sammlung werfen. Ein genauerer Blick lohnt, um die didaktischen Absichten beim Namen nennen zu können.

(10) 'Bilder nach Bildern'

Nach dem Verständnis des 18. Jahrhunderts ist ein Prodromus ein Kompendium. Ein Kompendium ist ein Handbuch, ein Lehrbuch mit Vollständigkeits- und Überblicksanspruch für einen bestimmten Gegenstands- oder Wissensbereich. Für welchen Bereich ist unser Prodromus ein Kompendium: für die Sammlung eines Fürsten. Die Fragestellung, unter der die Bilder versammelt sind, ist also weder eine formale noch eine inhaltliche oder eine historische, sondern die der angemessenen Präsentation fürstlicher Schätze, zu denen Studierende Zugang hatten. Aber zuvor sollten sie sich einen Überblick anhand von Stichen nach den Bildern verschaffen. Diese enthält der Prodromus.

(11) Das Kompendium

Abb. 16

Wie werden die Bilder präsentiert: auf jeweils einer Tafel sind diejenigen Bilder versammelt, die in einem Raum der Galerie hängen. Dazu muß man wissen, daß die Bilder für eine «geschmackvolle» und das hieß vor allem, strikt symmetrische Hängung oft rücksichtslos beschnitten, verkleinert und einheitlich gerahmt wurden. Vor diesem Hintergrund überrascht auch das Arrangement auf den Tafeln im Kompendium nicht. Sie folgen ebenfalls einer symmetrischen Anordnung; die Bilder werden dafür zugerichtet. Alle Formate «passen» in das System der Anordnung hinein.

Der Auswahlgesichtspunkt ist also repräsentativer, die Anordnung dekorativer Art. Wir würden das heute nicht didaktisch nennen. Denn das Entscheidende fehlt: eine Problemstellung, unter der die Bilder sich wechselseitig erhellen könnten, in der Beziehungen – seien es Widersprüche oder Ergänzungen – zutage treten. Das wird schon durch das hohe Maß an Vereinheitlichung zugunsten der Tafelkomposition verhindert.

(12) Das didaktische Ziel

Natürlich hat auch eine solche Sammlung eine Intention: Vollständigkei; genauert: Vollständigkeit gekontert durch Kostbarkeit.

Unser Material zeigt sehr schön, daß Sammlungen unter solchen Gesichtspunkten nicht zu den Bildern selbst führen. Wollte man sich mit einem der Bilder der Sammlung genauer beschäftigen, müßte man zunächst prüfen, wie das Original aussieht, denn bereits darüber gibt der «Prodromus» keine Auskunft, weil die Präsentation und das Arrangement des Ganzen viel wichtiger sind als das Bild selbst.

Abb. 16: Francisco de Stampart/ Antonio de Brennern, «Prodromus oder Vor-Licht des eröffneten Schau- und Wunder-Prachtes aller derer an dem Kaiserlichen Hof sich befindlichen Kunstschätzen und Kostbarkeiten», Wien 1735

Abb. 17: Caspar David Friedrich: Eismeer, 1823/24

Abb. 18: Caspar David Friedrich: Schiff im Eismeer, 1798

Abb.19: Jan Brueghel: Seesturm, ca. 1600

Abb. 20: Abraham Hondius: Im Eismeer gestrandetes Schiff, 1676

Abb. 21: Johann Christian Klengel: Schiffbruch, ca. 1770

Abb. 22: William Turner: Schiffbruch 1805

Abb. 23: Theodore Gericault: Das Floß der Medusa, 1819

Abb. 17

Texte helfen fragen und geben Antworten

Texte helfen nicht nur fragen sondern geben auch Antworten. Sie können Sachverhalte klären, die für den Betrachter sonst dunkel blieben. Beim Auslegen von Bildern kann das Lesen von Texten unvermeidlich werden. Wichtig ist, daß die Texte wieder zu den Bildern zurück führen.

Der wechselseitige Verweis von Bildern auf Texte und von Texten auf Bilder soll am Beispiel von Caspar David Friedrichs Bild «Die gescheiterte Hoffnung» vorgestellt werden. Dabei beginnen die Unklarheiten schon beim Titel des Bildes. Heißt es wirklich so oder «Das Eismeer», oder ist ein anderes Bild gemeint? Wessen Hoffnungen sind gescheitert? Von wessen Scheitern ist überhaupt die Rede, vom gestrandeten Schiff oder der resignierenden Menschheit? Das sind Fragen, zu denen das Bild provoziert und auf die die Texte die Antworten geben könnten. Nur zu wenigen Bildern gibt es so ergiebiges Textmaterial, das auf ein Bild, seine Entstehungs- und seine Wirkungsgeschichte bezogen ist.

(13) Bertram

Text 1: Motivgeschichtlicher Aspekt
Schiffbruch

Relativ selten, aber mit auffällig hohem künstlerischen Anspruch hat Friedrich das Thema Schiffbruch behandelt. Hierzu gehören sein frühestes erhaltenes Gemälde von 1798 und das berühmte um 1823/24 entstandene «Eismeer». Das frühe hochformatige Bild «Schiff im Eismeer» zeigt im Zentrum einen im Packeis gestrandeten Dreimaster mit zerrissenen Segeln und im Vordergrund ein Rettungsboot in einer Fahrrinne. Die Männer im Boot scheinen weiteren Gestalten, die vor dem Wrack auf den Schollen stehen, ein Signal zu geben. Hierdurch kommt ein erzählerisches Moment in die Darstellung.

Abb. 17
Abb. 18

Friedrichs Gestaltung geht auf eine breite Tradition dieses Themas zurück, die kurz skizziert werden soll, um das Spezifische auch seiner späteren Beispiele erkennen zu lassen. Die meisten Schiffbruchdarstellungen des 16. Jahrhunderts beziehen sich auf eine Bibelstelle, nach der der zu Schiff aus Israel fliehende Prophet Jonas von der Mannschaft ins Meer geworfen wird, da man ihn für die Ursache des Sturmes und der Seenot hält. Das wichtigste frühe Beispiel ist das Gemälde «Seesturm» von Pieter Brueghel d.Ä.Hieran knüpfte Jan Brueghel d.Ä. mit einem gleichnamigen Werk an, das bereits die charakteristischen Bildelemente späterer Schiffbruchdarstellungen enthält: das dem Kentern nahe Schiff als Hauptmotiv und ein Rettungsboot im Vordergrund. Im 17. Jahrhundert wurde das Thema aus dem biblischen Zusammenhang gelöst und in allgemeinerer Bedeutung als Sinnbild äußerster Bedrohung durch die Naturgewalt verwendet. Hinter Friedrichs Gemälde von 1798 stehen Darstellungen wie das ebenfalls hochformatige und in der Anordnung der Motive gut vergleichbare Bild «Der Windstoß» von Willem van de Velde d.J. Aus dieser Zeit lassen sich auch die ersten Darstellungen eines Schiffbruchs im Eismeer nachweisen, die Friedrich gekannt haben dürfte. Ein typisches Beispiel ist das «Im Eismeer gestrandete Schiff» von Abraham Hondius. Auch hier enthält der Vordergrund eine erzählerische Szene.

Abb. 19

Abb. 20

Daß sich Friedrich mit dem Thema Schiffbruch beschäftigt hat, wird um so verständlicher, wenn man sich bewußt wird, daß es bis ins 18. Jahrhundert kontinuierlich tradiert worden ist. An Claude Lorrains um 1835/36 entstandene Radierung knüpfte Joseph Verner mit zahlreichen

Gemälden an, von denen Friedrich eines in einer Radierung Adrian Zinggs gekannt haben kann. Als Beispiel aus der Dresdener Schule, mit der sich Friedrich nach seinem Kopenhagener Studium intensiv auseinandergesetzt hat, läßt sich das aus den siebziger Jahren des 18. Jahrhunderts stammende Ölbild «Schiffbruch» von Johann Christian Klengel nennen. *Abb. 21*

Außerdem muß man sich vor Augen führen, daß das Thema zu Beginn des 19. Jahrhunderts von verschiedenen europäischen Künstlern in monumentaler Form aufgegriffen worden ist. 1805 stellte William Turner sein Gemälde «Der Schiffbruch» in London aus, das den verzweifelten Untergang in Rettungsbooten zusammengepferchter Menschen zeigt. *Abb. 22* 1819 erregte Théodore Géricault die öffentliche Aufmerksamkeit mit dem großformatigen Bild «Das Floß der Medusa». *Abb. 23* Den Anstoß hierzu gab ein zeitgenössisches Ereignis, der Untergang einer französischen Regierungsfregatte und der nur von wenigen überstandene Rettungsversuch auf einem Floß. Géricault hat das Thema zu einer Grenzsituation zwischen äußerster Lebensbedrohung und plötzlicher Hoffnung auf Rettung gesteigert und mit großem Pathos vorgetragen.

In diesem motiv- und geistesgeschichtlichen Bezugsrahmen ist die Tatsache zu sehen, daß Friedrich sich seit 1822 erneut mit diesem Stoff beschäftigt hat. Von mehreren Versuchen aus dieser Phase ist nur das Hamburger «Eismeer» von 1823/24 erhalten. *Abb. 17* Auch er erhielt den Anstoß durch ein aktuelles Geschehen: die gefahrvolle, aber nicht in einem Untergang endende Nordpolexpedition des William Edward Parry 1819/20. Was er jedoch veranschaulicht hat, ist alles andere als ein reportagehaftes Ereignisbild. Entgegen den zeitgenössischen Berichten hat er statt der durchstandenen Gefahr einen Zustand endgültigen Scheiterns dargestellt. Während Géricault seine Pyramidalkomposition in dem Manne mit erhobener Hand gipfeln läßt, der das rettende Schiff in der Ferne erblickt, bildet bei Friedrich die Spitze sich auftürmender Eisschollen den Schwerpunkt des Bildes. Sie ist wie zu einem Monument der Naturgewalt überhöht, demgegenüber das unterm Eis begrabene zerstörte Schiff am rechten Rand hilflos ausgeliefert und winzig wirkt. Die völlige Leblosigkeit ist unterstrichen durch weitere Eisberge in der Ferne und den kaltblauen Wolkenhimmel. Von allen früheren Beispielen des Themas unterscheidet sich das «Eismeer» darin, daß Friedrich das Nebeneinander von übermächtiger Natur und ohnmächtiger Leistung des Menschen zu einem äußersten Kontrast gesteigert hat. Er hat keine gedanklich abstrakte Allegorie der Vergänglichkeit geschaffen, sondern eine auch an das Empfinden des Betrachters gerichtete symbolische Katastrophendarstellung, in der die Natur als unüberwindliche Schicksalsmacht charakterisiert ist. Geistesgeschichtlich entspricht der Gehalt des Bildes jenem von Schiller analysierten Erlebnis des Erhabenen, das durch die Vorstellung der alle menschliche Kraft übersteigenden Naturgewalt ausgelöst wird. Der ästhetische Reiz dieses Furchtbaren ist nur solange gewährleistet, als der Betrachter lediglich in der Anschauung und nicht in einer realen Existenzbedrohung mit ihm konfrontiert wird.

Holsten, Siegmar: Schiffbruch. In: Hofmann, Werner: Caspar David Friedrich. Hamburger Kunsthalle 1974, S. 36-37 (Anmerkungen getilgt)

Text 2: Zur Entstehungsgeschichte

Für die geistige Entwicklungsgeschichte eines Motives besitzt die Kunsthalle in der «Verunglückten Hoffnung im Eismeer» ein schönes Beispiel. Die Anregung dazu gab dem Künstler die Hochwasserkatstrophe der Elbe im Jahre 1821. Der Aufbruch des Eises, zwischen dessen Schollen ein Schiff zertrümmert ist, verwandelte sich in der Seele des Künstlers zu einem Symbol für die an den Widerständen des Lebens scheiternde Hoffnung überhaupt. Bemerkenswert ist, daß der Nebengedanke der Komposition sich nicht vordrängt, sondern zurücktritt hinter der meisterhaften Darstellung der Region des ewigen Eises, zu der sich der eindrucksvolle Naturvorgang in der Phantasie ausgewachsen hatte.

Führer durch die Kunsthalle. Hamburg 1920, S. 8

Texte 3, 4, 5: Suche nach der Bedeutung

Text 3

... zum ersten Mal erscheint (bei Friedrich; Zusatz: gmo) im Bild die Totenstarre der Eiswelt ... Das Schiff von Eismassen begraben in ungeheuerer Verlassenheit ist ... gewaltiges Symbol der Verlassenheit des Menschen .. Den allegorischen Sinn hat Friedrich vollkommen klar gemacht: das verlorene Schiff trägt den Namen die «Hoffnung».

So einsam aber steht der Mensch grundsätzlich in der Natur, nicht nur der Mönch am Meer in der Unendlichkeit von Himmel, Meer und kahler Erde. «Nichts kann trauriger sein als diese Stellung in der Welt: der einzige Lebensfunke im weiten Reiche des Todes, der einsame Mittelpunkt im einsamen Kreis. Das Bild liegt mit seinen zwei oder drei geheimnisvollen Gegenständen wie die Apokalypse da.» (H.v. Kleist: Berliner Abendblätter, 13.X.1810) ...

Verlassen in der Natur kann sich der Mensch der alten Kunst nur fühlen, wenn in der Natur das Gericht Gottes hereinbricht und die Kreatur den Elementen ausgeliefert wird. Bei Friedrich ... gehört sie (die Verlassenheit der Menschen; Zusatz: gmo) als dauernder Zustand des menschlichen Seins zum Wesen des Menschen. Und sie ist Einsamkeit.

Von dem Allmächtigen, das in den Wesenheiten der Natur erscheint – dem ewigen Meer, dem Unvergänglichen des Gebirges, dem Grenzenlosen des Nebels – ist der Mensch «ergriffen» und doch, wie von einem «ganz Anderen», in hoffnungsloser Einsamkeit von ihm abgeschieden. Was den Menschen aber an Menschlichem umgibt, ist heimatlos – wie die Schiffe –, oder zerfallen – wie die Kirche –, oder tot – wie die Grabsteine und Gräber –, alles dies deshalb immerwiederkehrende Leitmotive der Bilder Friedrichs.

Sedlmayr, Hans: Verlust der Mitte. Salzburg 1948, S. 115f

Text 4

Es muß auch vor diesem Bild an Friedrichs politische Einstellung erinnert werden. Das «Eismeer» ist gleichzeitig mit «Ulrich von Huttens Grab» ... 1823/24 entstanden, in einer Zeit also, als der Maler stark von der politischen Lage in Deutschland, den drastischen, schon drei, vier Jahre andauernden Verfolgungen der freiheitlich gesinnten

Deutschen betroffen war. Das «Eismeer» könnte auch die allgemeine Erstarrung in Deutschland versinnbildlichen, die das Schiff, den Freiheitsgedanken, unter sich begräbt.

Der unmittelbare Eindruck ist für mich entgegen anderen Deutungen ein anderer: Die Geste der schräg nach oben weisenden Eistrümmer in der Bildmitte bestimmen das Bild formal mit fast monotoner Ausschließlichkeit, die Eisberge im blauen Hintergrund wiederholen sie echohaft auf der weißen Fläche. Das Schiff wird in diese Bewegung hineingerissen. Das Ganze gipfelt auf und könnte im nächsten Augenblick versinken: Die Stufen dieses Naturtempels führen ins Nichts.

Jensen, J. Chr.: Caspar David Friedrich. Leben und Werk. Köln: DuMont 1974, S. 206

Text 5

Jedes ausfahrende Schiff mit geschwellten Segeln verkörperte die erwartungsvolle Lebensfreude der Jugend, den Mut des morgendlichen Aufbruchs. Mit gebrochenem Mast, mit zerfetzten Segeln zurückkehrend, froh, am Abend in die schützende Hafenbucht einlaufen zu können, glich es einem müden und matten Menschen. Bei Friedrich geht die Symbolsetzung und Deutung sogar noch weiter. Auf einem seiner Bilder läßt er ein Schiff mit dem Namen «Hoffnung» zwischen zusammengeschobenen Eisschollen untergehen – das Lebensschiff, das vom kalten Eis des Todes umklammert wird.

Caspar David Friedrich, eingeleitet von *R. Dangers*, Wiesbaden 1963, S. 14 (Vollmer Kunstbücher)

Text 6: Die Frage nach Form und Struktur

Eine vierte Art der Verknüpfung von Symmetrie und Reihung liegt dann vor, wenn ein Glied einer Symmetrie zugleich das Glied einer Reihe ist, wobei die Ebene der Symmetrie zu der der Reihung einen Winkel bildet. Die Ebene der Symmetrie liegt dann parallel zur Bildfläche, während die der Reihung schräg unter Verkürzung ihrer Glieder in den Raum hinein verläuft.

Diese Form liegt der Komposition des «Wrack im Eismeer» zugrunde. Die Schollen, die sich in der Mitte des Vordergrundes am höchsten auftürmen, bilden mit den beiden Eisschollen links davon und dem Wrack rechts eine bildparallele Figur als Grenze zwischen Vorder- und Hintergrund, der außerdem noch einzelne Eisbrocken auf der Mittelachse des Bildfeldes des Himmels zugehören. Man kann diese Figur als Symmetrie bezeichnen, obwohl in den gegeneinander wirkenden Richtungen des Geschiebes der Schollen nicht die sonst der Symmetrie eigene Ruhe zu finden ist. Doch kommt es zu einer gewissen Ausgewogenheit der Kräfte: die stufenartig geschichteten Schollen der vordersten Zone werden rechts auf das Wrack gedrückt. Zwei Eisstücke in der Mitte bilden, diese Richtung betonend, eine pfeilähnliche Form, die auf das Wrack hinweist. In den Schichtungen des mittleren Schollenberges ist dann zu beobachten, wie eine zweite, in entgegengesetzter Richtung wirkende Kraft, dieselbe, die die übrigen Eisschollen links davon und die des Hintergrundes erfaßt und das Wrack auf die Seite gedrückt hat, je-

ner ersten entgegenwirkt. Durch die gewaltige Korrosion längs der Grenze zwischen Vorder- und Hintergrund entsteht diese spiralartig gedrehte Eispyramide. An ihrem Fuß steigen die Schollen nach rechts an, in der Mitte sind sie steil emporgerichtet, um dann auf dem Gipfel nach links gedrückt zu werden. Diese Eisklippe, die Mitte der Symmetrie, ist nun zugleich auch Glied einer dynamischen Reihung, die schräg in den Raum hinein läuft, da ein Eisberg weiter links im Hintergrund ihre Form ungefähr wiederholt. Die Eisberge am Horizont nehmen dann noch einmal auf die Symmetrie Bezug.

Börsch-Supan, Hans: Die Bildgestaltung bei Caspar David Friedrich. München: Dissertation 1960, S. 33f.

Text 7: Interpretation und Formanalyse
Was Schiffe allegorisieren, muß kaum erst gesagt wurden. Sie, um die im Hafen noch die Ferne schwebt, die Wanderer in der ozeanischen Einsamkeit sind so recht Inkarnationen des romantischen Gefühls. Wie sie zieht die Sehnsucht ins Unabsehbare. Das Allegorische ist für solche Darstellungen selbstverständlich in der Zeit Friedrichs, und insbesondere für ihn, wie sich aus seinen und den Aufzeichnungen Nahestehender unzweifelhaft ergibt. Wenn da das «Wrack im Polareis» ... gegeben ist, so ist es die Hoffnung, gescheitert in der Öde des Weltlabyrinths, begraben im Nichts des Unerreichbaren. Trotz etwas bröckeliger Formgebung, die nicht ganz dem Symbolgehalt des Vorwurfs gerecht wird und zu wenig abstrakt erscheint, besticht das ... Bild durch einen fein gebräunten, grünblau schimmernden Gesamtton, der ihm wie magisches Licht entströmt, und durch die pyramidenförmige Türmung über der charakteristischen Schrägschiebung der vordersten Blöcke. Dies Wrack verschlingt in das Sehnsuchtsthema des Schiffes das Todesthema. Phosphoreszierende Farbe, die eisige Ausgestorbenheit, das vernichtete Menschenwerk, die geheimnisvolle, durch das Dämmerlicht vermehrte, schiebende und träge treibende Bewegung der starren Massen, – alles vereint sich zu einem schwermütigen Märchen des Nordens. Es erzählt von Vergänglichkeit und Nacht.

Woltradt, W.: C.C. Friedrich und die Landschaft der Romantik. Berlin 1924, S. 122 (Anmerkung getilgt)

Text 8 und 9: Reaktionen auf das Bild

Text 8
«... ein gescheitertes Schiff unter den aufgetürmten Eismassen. Diese sind im Vordergrund, nur hier und da blickt eine Trümmer des Wracks hervor, dessen Größenverhältnis verständig durch den Eisberg angedeutet ist. So wenig der Tod uns geeignet scheint, als Gegenstand bildender Kunst, so wenig möchten wir eine so ganz leblose, einförmige, öde Naturansicht einem Maler empfehlen. Da wir keinen Maßstab für solche Gegenstände haben, so können wir über die Wahrheit kein Urteil fällen; nach der Analogie aber schließend von unserer Erfahrung, finden wir die Eisschollen hier und da nicht durchsichtig genug, auch konnten wir das schaumartige Weiß, was sich an und zwischen die Schollen

legt, nicht ganz erkennen. Auch die Perspektive, in der die entfernten Eisberge stehen, schien uns nicht richtig motivert. Der Schneehimmel ist trefflich ...» (Archiv für Geschichte, Statistik, Literatur und Kunst, 1824).

«Ich bekenne, daß ich solche Gegenstände außer dem Gebiet der Malerei erachte, was in der That sollen die Farben, was die Seele in einige Eisklumpen hineinzaubern?» (Literarisches Conversationsblatt, 1824)

«Ein Schiff als Haupt-Inhalt des Bildes, von Eis erdrückt, gegen die ungeheuren Schollen vergebens kämpfend, wäre allenfalls ein ausführbarer Gegenstand gewesen, aber nimmer die Eisschollen als Hauptgegenstand, und das zertrümmerte Schiff, im Halbgrund gewissermaßen als symbolischer Maßstab der physischen Länge und Breite jener Eisblöcke, welche unser Auge ermüden und abweisen.» (Carl Töpfer in: Originalien aus dem Gebiete der Wahrheit, Kunst, Laune und Phantasie, 1826).

Alle Zitate bei: *Jensen, J. Chr.*: Caspar David Friedrich: Leben und Werk. Köln: DuMont 1974, S. 203f.

Text 9

Das große gegenwärtige Interesse an der Kunst der Romantik hat nachhaltige Impulse von den Jubiläumsjahren Friedrichs 1974 und Runges 1977 mit ihren umfassenden, stark besuchten Ausstellungen erhalten. Wurde in Zeitungsrezensionen die überraschende Publikumsresonanz unter anderem als Fluchthaltung aus den bedrängenden Gegenwartsproblemen gewertet, so finden sich auch, fußend auf einer erweiterten historischen Kenntnis, gegenläufige Ansätze. In einem 1976 erschienenen Aufsatzband werden in dem Buchtitel «Bürgerliche Revolution» und «Romantik» «Natur» und «Gesellschaft» programmatisch nebeneinandergerückt. In deren Gegenüberstellung zu Friedrichs in der Restaurationszeit entstandenem «Eismeer» mit dem Hauptmotiv eines gestrandeten, von Eisschollen zerdrückten Schiffs liegt dessen Deutung als Sinnbild gescheiterter bürgerlich-revolutionärer Hoffnungen nahe. Auf die Gegenwart bezogen erscheint Friedrichs «Eismeer» als Symbol der «Politischen Kälte in Deutschland» im Titelblatt der neuen Kulturzeitschrift «Spuren» (Hamburg 1978, H. 1; Abb. 5), als topographisches Landschaftsversatzstück in der Titelblattmontage von «konkret» (April '78, Abb. 6), die Stoltenberg mit lädierter weißer Weste zeigt. Offen bliebt, ob das «Eismeer» assoziativ mit Stoltenberg («der Kühle aus dem Norden») und/oder Schleswig-Holstein («meerumschlungen») verbunden werden soll.

Rautmann, Peter: Winter-Zeiten. In: Kritische Berichte. 9. Jg. (1981), Heft 6, S. 38ff (Anmerkungen getilgt)

Text 10: Das Eismeer (Die gescheiterte «Hoffnung»), 1823-24

Die beiden Namen, die wir gewohnheitsmäßig mit dem Hamburger Bild verbinden, gehören eigentlich nicht zusammen, sondern bezeichneten ursprünglich zwei verschiedene Werke Friedrichs, von denen eines, das ältere, verschollen ist. Dieses war zuerst 1822 auf der Dresdener Akademieausstellung zu sehen, wo es unter dem Titel «Ein gescheitertes Schiff auf Grönlands Küste im Wonne-Mond. Eigene Erfindung» erschien. Das zweite Polarbild dagegen wurde erstmalig Anfang 1824 auf der Prager Akademieausstellung gezeigt, wo es so benannt war: «Ideale Szene

eines arktischen Meeres, ein gescheitertes Schiff unter den aufgetürmten Eismassen».

Verbleiben wir einen Augenblick bei dem ersten, verschollenen Bild, das offenbar den Ausgangspunkt für die zweite, stärker vereinfachte und konzentrierte Version der gleichen Bildidee darstellte. Es handelte sich dabei um eine Auftragsarbeit. Der Sammler J.G. von Quandt hatte sich zwei Bilder gewünscht, die ihm die Welt des Südens und den Nordens repräsentieren sollten. Er gab die Aufträge an zwei verschiedene Maler: «Die südliche Natur in ihrer üppigen und majestätische Pracht» sollte Martin von Rohden malen. Der Norden fiel an Friedrich. Dieses Bild sollte seinem Pendant, das zuerst bestellt war, «die Natur des Nordens in der ganzen Schönheit ihrer Schrecken» gegenüberstellen. «Das Letztere hat Friedrich übernommen zu malen», berichtet Shukowski in einem Brief 1821; «aber er weiß selbst nicht, was er malen wird; er wartet auf den Augenblick der Eingebung, welche (nach seinen eigenen Worten) zu ihm bisweilen im Traum kommt».

Die Anregung kam dann wohl doch weniger im Traum als von außen, durch Berichte in Zeitschriften und durch einen Natureindruck, der diese Berichte mit lebendiger Anschauung füllte. Wir wissen, das das von Carus geschilderte Eistreiben auf der Elbe bei Dresden im Winter 1820/21 Friedrich nachhaltig beschäftigte, einige Ölstudien von Eisschollen, die er damals machte – und wohl in beiden Bildern verwendet hat –, sind erhalten geblieben. Zeitgenossen rühmten, daß sich «in ihnen die zu verschiedenen Zeiten entstandene Kristallisation des Wassers in den Schollen nachweisen» ließe und sie Aufschluß über die «Bildung des Gletschereises» geben könnten. – Berichte über Nordpolexpeditionen erschienen in jenen Jahren öfters in der Presse und in Büchern, Friedrich wird sicher den einen oder anderen in die Hand bekommen haben, vielleicht die Nachricht von William Edward Parrys Versuch 1819/20, die Nordwest-Passage vom Atlantik zum Pazifik zwischen Grönland und Kanada zu erkunden.

Wahrscheinlich hat auch die Kenntnis des Gemäldes von Rohden Friedrich bewogen, der Darstellung der Üppigkeit des Südens mit einem besonders unwirtlichen Bild des Nordens zu antworten, um eine konkurrierende Bewertung der landschaftllichen Reize von vornherein zu verhindern. Friedrichs Bild der «gescheiterten Hoffnung» wurde jedoch, wie verschiedene Rezensionen beweisen, im allgemeinen überraschend positiv aufgenommen. So ist von einer «der seltsamsten und ansprechendsten Kompositionen Friedrichs» die Rede, – «kühnes Farbenspiel, schöne Transparenz der phantastisch und chaotisch durcheinander geworfenen Massen und Luft, wie sie nur Friedrich malt» ...

«Hoffnung» war damals ein häufig gebrauchter Schiffsname, so daß die Allergorie nicht so penetrant wirkt, wie wir vielleicht heute vermuten könnten. Von zwanzig Schiffen, die in einer Woche im 18. Jahrhundert im Stettiner Hafen abgefertigt wurden, hießen – worauf Börsch-Supan aufmerksam gemacht hat – vier «Hoffnung» und «de goede Hoep».

Das gescheiterte Schiff auf unserem Bild ist aber nicht die «Hoffnung», sondern der «Griper», eines der beiden Schiffe Parrys, das 1819/20 und auch 1824 an Nordpolexpeditionen teilnahm, wenn wir einem zeitgenössischen Zeugnis trauen dürfen – eine Inschrift ist auf dem Wrack nicht zu lesen...

Den nachhaltigsten Eindruck hat das Hamburger Bild auf den französischen Bildhauer David d'Angers bei seinem Dresdener Besuch 1834 gemacht; vielleicht ist sein berühmtes Wort vom «Mann, der die Tragödie der Landschaft entdeckt hat» vor diesem Werk gefallen. Seinen Eindruck beschrieb er so: «Aus der großen Zahl schöner Arbeiten, die bei ihm stehen, hat mir noch ein Nordmeerbild starken Eindruck gemacht, ein Eisberg hat da ein Schiff verschlungen, von dem nur mehr Reste zu sehen sind. Es ist eine große und schreckliche Tragödie, kein Mensch hat überlebt.» David d'Angers hatte zuvor schon in der Sammlung von Quandt die «gescheiterte Hoffnung» gesehen und sie ein Bild «von großer und schrecklicher Poesie» genannt. «Friedrich hat eine düstere Seele. Er hat vollkommen begriffen, daß man durch Landschaft die großen Krisen der Natur darstellen kann.» Das Eismeer hat verschiedene Deutungen erfahren, auch eine politische. Georg Schmidt meinte aus Anlaß der Basler Ausstellung «Deutsche Romantik» 1931 hier ein Sinnbild der Resignation zu erkennen, da nach den Freiheitskriegen gegen Napoleon die «innenpolitische Freiheit gegen die Landesfürsten» nicht durchgesetzt werden konnte ...

Das Eismeer ist vielleicht das kälteste, abweisendste Bild, das wir von Friedrich kennen. Die Eisdecke ist geborsten, ihre Stücke haben sich übereinandergeschoben. Das Eis ist zu einem großen Grabmal aufgetürmt, dessen Zacken zum Himmel weisen. Der Eindruck der Eismassen ist so erhaben wie unnahbar. Wer sich in diese Zone vorwagt, wer hier eindringt, muß zugrunde gehen. Dies ist keine Region des Menschen! Das Schiff ist vom Eis verschlungen worden, und es liegt zugleich unter seinen Schollen geborgen. Es wird ganz einsinken, ganz einswerden mit der majestätischen Natur.

Börsch-Supan hat mit Recht das architektonische Element in der Bildkomposition betont. Wenn Böttiger sich an Thomsons «Eispalast des Winters» erinnert fühlt, so spricht Börsch-Supan vom Motiv der Natur als Tempel Gottes. «Das reine Blau des Himmels mit der Sonne in der Mittelachse ist ein Gleichnis des Transzendenten und Ewigen, da der Rhythmus der Tageszeiten am Nordpol ausgesetzt ist ... Bildbau und Farbigkeit drücken Feierlichkeit und Erhabenheit aus. Die Bildung der Eisschollen im Vordergrund läßt an Stufen eines Tempels denken. Der Betrachter muß die Stufen in der Vorstellung emporsteigen, um auf diese Ebene zu gelangen, auf dem sich die zu dem klaren blauen Himmel strebenden Eisberge erheben.»

Schmied, Wieland: Caspar David Friedrich. Köln: DuMont 1975, S. 102ff.

Zu den einzelnen Texten:

Text 1

wirft angesichts des Bildes von Caspar David *Friedrich* aus dem Jahre 1823 so naheliegende Fragen auf wie:

– wer hat sich mit dem Thema «Schiffbruch» schon früher oder zu *Friedrichs* Zeiten beschäftigt; welche Bilder könnte der Maler davon gekannt haben; hat er selbst das Thema schon früher bearbeitet, hat er es später wieder aufgenommen?

Unmittelbar solchen Überlegungen benachbart ist die Frage

– welche äußeren Anlässe gab es für das Bild von *Friedrich*, der der *Text 2* nachspürt.

Die *Texte 3, 4 und 5* beschäftigen sich vor allem mit der Frage:
– was bedeutet das, was ich auf dem Bild sehen kann, was bedeutet es z.B., daß das Schiff zerschollen ist, daß das Bild so kühl wirkt, daß die Eisschollen hoch aufgetürmt sind?

In den Texten treffen wir oft Behauptungen an, daß das Bild Sinnbild für etwas sei, für den Tod oder für die Verlassenheit des Menschen, für die Einsamkeit. Das Schiff wird als «Lebensschiff» verstanden, oder schwellende Segel werden als «erwartungsvolle, Lebensfreude der Jugend» bezeichnet.

Das Spektrum solcher Interpretationen kann breit sein: *Sedlmayr* deutet *Friedrich*s «Eismeer» 1948 im Kontext seiner kulturkritischen These vom «Verlust der Mitte» als Beleg für die «Verlassenheit des Menschen». *Jensen* stellt einen Zusammenhang zur politischen Situation bei Anfang des 19. Jahrhunderts und zu anderen Bildthemen *Friedrich*s her und interpretiert das «Eismeer» als Sinnbild der politischen Erstarrung im damaligen Deutschland. Gegen die religiöse Interpretation des Bildes durch *Börsch-Supan*, der im «Eismeer» die Beschwörung eines Naturtempels sieht (vgl. das Zitat am Ende von Text 10), setzt *Jensen* seine Beobachtung: «Die Stufen dieses Naturtempels führen ins Nichts»: Natur und Religion sind kein Ausweg, die Resignation ist komplett.

Text 6 spricht von etwas ganz anderem als die vorausgegangenen Textgruppen: diese Aussagen sind zum großen Teil nachprüfbar,
– weil sie nach formalen Merkmalen, die man dem Bild direkt entnehmen kann, fragen.

Hier ist nicht von der Sinnbildhaftigkeit der Gegenstände die Rede, sondern von ihrer Form, ihrer Anordnung auf der Bildfläche oder ihrer Farbigkeit.

Text 7 läßt sich weder dem Text 6 zuordnen, noch der vorausgegangenen Textgruppe 3, 4 und 5. Er hat Merkmale beider Fragerichtungen:
– hier werden Hinweise auf die Bedeutung der Bildgegenstände, wie z.B. «gescheitert in der Öde des Weltlabyrinths» verbunden mit Hinweisen auf die Formgebung. Bevor wir solche Vermischungen der Fragerichtungen als einer besonders fruchtbaren, ja notwendigen Weise des Fragens vor Bildern nachgehen, muß aber noch auf eine letzte Perspektive verwiesen werden.

Texte 8 und 9 werfen eine Doppelfrage auf:
– Wie haben andere Menschen auf das Bild reagiert und was haben sie damit gemacht.

Man sieht an unseren Zitaten in Text 8, wie spannend die Frage wird, wenn man aus der eigenen Zeit herausgeht, wenn man sich also z.B. vergegenwärtigt, wie die Leute das Bild gefunden haben, als es das erste Mal ausgestellt wurde. Oder: was hat es zu bedeuten, daß wir *Friedrich*s Bild heute als Zeitschriftentitel begegnen?

(14) zur Textauswahl

Schließlich ist *Text 10* ein Beispiel für die Verbindung der hier einzeln belegten Fragerichtungen. Dabei muß noch einmal dazugesagt werden, daß auch die anderen Autoren mehr Fragen aufwerfen, als wir in unseren bewußt so gewählten Zitaten zeigen konnten.

Zusammenfassung: Kontexte bilden als Auslegungsschritt

Die Tätigkeiten des Sammelns, Bildersuchens, Vergleichens, des Textelesens, des Bilderbefragens wollen wir nun unter einem gemeinsamen Begriff zusammenfassen. Alle Annäherungen, die wir in diesem Kapitel versucht haben, kann man als den Aufbau von *Kontexten* zu Bildern bezeichnen.

Der Begriff Kontext ist hier in seinem wörtlichen, nämlich handwerklichen Sinn gebraucht worden. Contexere heißt zusammenweben, zusammenflechten, verweben, verflechten. Wir gebrauchen ihn im Sinne von anknüpfen, verknüpfen. Diese Form ist auf der Ebene der Sprache vertraut. Aussagen knüpfen aneinander an, und auf gedanklicher Ebene verknüpfen wir oft Fernliegendes. (15) Stierle

Bei der Verwendung des Begriffes hat sich nun etwas wichtiges gezeigt: die Anknüpfungsstellen oder die Verweise zwischen zwei Bildern, die geknüpft werden, sind unterschiedlicher Art.

Sie können auf das *Form-Inhalts-Gefüge* des Bildes verweisen und können dabei einmal schwerpunktmäßig formale, ein andermal stärker inhaltliche Korrespondenzen verdeutlichen. Diese Art des Verweises nennen wir den Verweis auf der Ebene der *Konzepte*. Ein Beispiel dafür sind die beiden (S. 64ff) stehenden Interpretationen des Babelturms auf dem Stundenbuchbild des Herzogs von Bedford und des Turmbau-Bildes von Brueghel. Das eine Bild wird für das andere Bild Kontext, indem es die historisch bedingten Unterschiede zeigt: wie das Eingreifen Gottes hier und dort verbildlicht wird, wie das Raumproblem auf dem einem und auf dem anderen Bild bearbeitet wird, auf welches Realitätsverhältnis die Gestaltung von Licht und Beleuchtung in diesem und in jenem Bild verweist. (16) vgl. auch «Traum vom Raum»

Zum anderen können Kontexte helfen, die *historische, gesellschaftliche, ökonomische* Situation zu verstehen, in der das Bild in Auftrag gegeben worden ist, gemacht worden ist, gewirkt hat oder wirken sollte. Auf solche Kontexte verweisen z.B. die Texte 1-5 und 8-9 zu Caspar David Friedrichs Bild, vgl. S. 72ff. Dabei können Abhängigkeiten der Maler ebenso zutage treten wie Interessen oder Auflagen, die die Auftraggeber gemacht haben. Ein interessantes Beispiel für solches Ineinandergreifen von Auftrag und Ausführung, für die Abhängigkeit des Malers von seinem Auftraggeber berichtet Baxandall. In einer alten Quelle ist beschrieben, wie Ghirlandajo im Jahre 1485 von einem Francesco den Auftrag bekommen hat, eine Holztafel zu bemalen: (17) Baxandall

– «Daß am heutigen Tage, dem 23. Oktober 1485 der besagte Francesco (der Auftraggeber; gmo) den besagten Domenico (das ist der Maler Ghirlandaho; gmo) beauftragt und betraut, eine Holztafel zu bemalen, die besagter Francesco hat anfertigen und bereitstellen lassen; welche Holztafel der besagte Domenico zu vergüten, das heißt zu bezahlen hat; und er hat besagte Tafel eigenhändig zu kolorieren und zu malen, in der Art, wie es auf einer Papierzeichnung zu erkennen ist, mit den Figuren und in der Art, die darin gezeigt ist, und in allen Einzelheiten demgemäß, was ich, Fra Bernardo (der Zeuge; gmo), für das Beste halte; er darf nicht von der Art und der Komposition der besagten Zeichnung abweichen; und der hat die Tafel auf eigene Kosten zu kolorieren, mit guten Farben, mit gepudertem Geold bei jenen Ausschmückungen, die solches erfordern; er hat auch alle weiteren Kosten, die auf die Tafel verwendet werden, zu tragen, und das Blau muß Ultramarin im Wert von etwa 4 Florin die Unze sein; und er muß besagte Tafel in dreißig Monaten vom heutigen Tage an fertiggestellt und geliefert haben; er soll als Preis für die Tafel, wie sie hier beschrieben steht (ganz auf seine, das heißt des besagten Domenico Kosten hergestellt), 115 große Florin erhalten, wenn es mir, dem oben genannten Fra Bernardo, scheinen will, daß sie diesen Betrag Wert ist; und ich kann eine Meinung über ihren Wert oder ihre künstlerische Ausführung einholen, bei wem es mir beliebt, und wenn sie mir den festgesetzten Preis nicht Wert scheint, wird er umso weniger erhalten, wie ich Fra Bernardo für richtig halte.»

(18) Baxandall

Diese Art von Informationen über Produktionsbedingungen und Bilderhandel, über die Rechte des Auftraggebers und die Pflichten des Malers z.B., aber auch über die Wahl der Themen und die Funktion, die Bilder im Leben einer Gesellschaft oder ihrer Teilgruppen haben, nennen wir im folgenden Allocationsbedingungen, oder kurz *Allocation*.

Kontexte können also auf die *Konzepte* der Bilder oder auf ihre *Allocation* verweisen und dabei helfen, über Bilder, Bildproduktion und Bildrezeption mehr Aufschluß zu gewinnen.

Wir fassen noch einmal zusammen, was unter Konzept und Allocation, den beiden Dimensionen der Kontextbildung, verstanden werden soll.

(19) vgl. K+U 77/1983

Kontexte verweisen auf Konzepte

Gleichgültig ob auf der Straße, im Rahmen des Tourismus, natürlich auch in der Schule, aber auch im Museum oder beim Lesen – die Erkenntnisdimension, die nach den zugrundeliegenden *Konzepten* ästhetischer Objekte, Prozesse und Situationen sucht, konzentriert die Wahrnehmung; sie erkennt und benennt z.B. die Gestaltung von Stilleben oder Landschaften durch «concetti» wie das der «Verflächung» der dritten Dimension in der Malerei nach 1890; oder die Gestaltung relativierter Realtitätsbezüge wie im französischen roman nouveau; oder die Entstehung eines spezifischen Raum- und Bewegungsgefühls in einer Basilika oder einem gotischen Dom durch Lichtführung, Größe, Proportion usw. – durch das also, was man die «Bauordnung» nennt. Ziel des Lehr-Lern-Prozesses ist das Wiedererkennen, die Identifikation von Konzepten sowie der Inhalte, die sie formen und der Bedeutungen, die sie übermitteln.

(20) Gehlen

In der Konzeptdimension geraten der in Form gefaßte Inhalt bzw. die den Inhalt strukturierende Form des Bildes in den Blick. Im ästhetischen Lehr-Lern-Prozeß werden Konzepte in einem wahrgenommen und gebildet, die historisch vermittelt und bedingt sind. Konzepte gelangen durch *Gestaltung* (musikalisch, literarisch, bildnerisch, architektonisch, bewegungsmäßig) in eine ästhetisch wahrnehmbare Form; in Prozessen der Rekonstruktion und Interpretation im ästhetischen Lehr-Lern-Prozeß werden dann solche konzeptgebundenen Vergegenständlichungen wieder «flüssig».

Wie eng die Inhalte und Bedeutungen der ästhetischen Objekte und deren Form zusammengesehen werden müssen, läßt sich wiederum gerade am Extremfall – extrem sowohl was den Inhalt als auch was die Form angeht – am Extremfall der nationalsozialistischen Plastik zeigen:

«Gewiß sind die formalen Prägungen der Plastiken im Dritten Reich nicht zu trennen von den Bedeutungen, die über sie vermittelt werden sollten. Doch den Sinn bzw. den Hintersinn dieser Bedeutungen gibt die Form nicht schon an sich preis. Nur eine permanente Verknüpfung von Körperkonzepten, Formbestimmungen, Rezeptionsweisen, ideologischen und ästhetischen Programmen sowie konkreten Verhältnissen und Interessen läßt den Gehalt bis in die Konsequenzen hinein, die intentional in ihm angelegt sind und über ihn hinaus auf die Realität weisen, sichtbar werden».

(21) Wolbert

Konzept ist also kein Synonym für Form, sondern meint gerade die gestaltete Einheit von Inhalt und Form, von Bedeutung und Wirkung.

Kontexte verweisen auf Allocation

Allocation umgreift jene sozialen, kulturellen und historischen Kontexte, innerhalb derer die unerläßlichen *sozialen Reduktionen* und *Potentiale* als Vermittlungsrahmen fungieren. In ästhetischen Lehr-Lern-Prozessen, die ihrerseits an historische Situationen gebunden sind, werden solche Bedingungen der Percept- und Konzeptbildung aufgedeckt.

Die Erkenntnisdimension Allocation macht erst deutlich, daß der Erfolg der ästhetischen Lehr-Lern-Prozesse mindestens nicht allein von Schwierigkeitsgraden der ästhetischen Objekte oder von subjektiven Bereitschaften der Lernenden her prognostiziert werden kann. Wie derzeit z.B. über weibliche Ästhetik oder spezifisch weibliche Beiträge in den Künsten diskutiert wird, zeigt, wie unsere Wahrnehmung von ästhetischen Prozessen gesellschaftlich determiniert ist. Weder die Tatsache, daß man bedeutende Komponistinnen vergleichsweise seltener als Komponisten benennen könnte, noch das Factum, daß hierüber *heute* diskutiert wird, sind individuell bedingte oder erklärbare Erscheinungen. Ebenso ist die Aufmerksamkeit z.B. für eine Malerin wahrscheinlich nicht in dem Maße allein von der Qualität ihrer ästhetischen Konzepte abhängig, wie das mindestens für männliche Künstler behauptet wird. Die Erkenntnisdimension Allocation konfrontiert uns mit der Tatsache, daß der Rang von Qualifikationen immer auf deren Verwendbarkeit im System bezogen werden muß.

(22) Nabokowski

Allocation ist mithin nicht nur der einengende, sondern auch der perspektivische ermöglichende bzw. normierende Vermittlungsrahmen von Gestaltungen und Interaktionen von Künstlern wie von Rezipienten.

Halten wir fest, wie wir bisher vorgegangen sind und welche Begriffe wir dabei verwendet haben:

– Im ersten Auslegungsschritt – aber auch während des ganzen Auslegungsprozesses immer wieder neu, insbesondere dann, wenn neues Material beigezogen wird, werden «Percepte» gebildet; das kann mit dem Mittel der Sprache oder auf dem Weg über ästhetische Praxis, also malend und zeichnend geschehen. Percepte bildet jeder im Wahrnehmungsprozeß. Gespräche vor Bildern sind häufig deswegen so lebhaft, weil von verschiedenen Betrachtern unterschiedliche Percepte gebildet werden, vgl. z.B. auf S. 44ff zum «Brandenburger Tor».

– In einem weiteren Auslegungsschritt werden «Kontexte» gebildet. Sie können aus Bildern oder aus Texten bestehen, die auf Bilder verweisen, zu Bildern hinführen. Kontexte sollen helfen, das Form-Inhalts-Gefüge, das Konzept eines Bildes zu verstehen. Kontexte sollen aber auch helfen, den historisch-gesellschaftlichen Zusammenhang, die Allocation eines Bildes aufzudecken.

Perceptbildung und Kontextbildung sind Auslegungsschritte. In ihnen werden sowohl das Vorverständnis des Bildbetrachters diskutabel und für andere wahrnehmbar gemacht, als auch das Konzept des Bildes und seine Allocation wahrgenommen und erkannt.

Sprechen, Schreiben, Malen, Zeichnen, Sammeln und Lesen sind Prozeduren, die die Auslegung auf verschiedenen Ebenen des Denkens und Handelns in Gang setzen und in Gang halten sollen.

Alle diese Auslegungsschritte wollen wir im nächsten Kapitel in Richtung auf ein Bild beziehen.

KAPITEL 4

EIN AUSLEGUNGSPROZESS

HARALD DUWE: SONNTAGNACHMITTAG 1951/1957

- So kann Lernen in Gang kommen
- Fotokopieren, übermalen, verändern
- Sammeln: Was Duwe noch gemalt hat
- Texte von Duwe
- Den Kontext erweitern: Das Bildthema variieren
- Camping: Widersprüche aufdecken
- Aktueller Kontext: «meine» Familie
- Historischer Kontext: Früher war vieles anders – war es früher anders?
- Duwes Bildkonzept: Keiner tut was, jeder ist allein, alles behindert sich gegenseitig

Zusammenfassung: Auslegen hat Methode

EIN AUSLEGUNGSPROZESS: HARALD DUWES «SONNTAGNACHMITTAG» 1951/57, 130x190 cm, HAMBURG: KUNSTHALLE

Die nachfolgende Dokumentation von Arbeitsschritten gegenüber dem Bild von Harald *Duwe* zieht die Summe aus Auslegungsprozessen verschiedener Gruppen und Klassen. Sie zeigt auch keine reale Reihenfolge der Schritte, sondern ist eine Collage – wie übrigens jeder Auslegungsprozeß. Die Dokumentation will vor allem die Vielfalt der Auseinandersetzungsmöglichkeiten und der einbezogenen Materialien sowie deren Verhältnis zueinander belegen.

So kann Lernen in Gang kommen

Über Bilder sprechen und schreiben

(1) K+U 90/1985

Texte aus 5. und 6. Klassen/Orientierungsstufe

Wie viel Schülern zu Bildern einfällt, kann man erfahren, wenn man sie das aufschreiben läßt. Das hat oft schon bei Beginn einer Unterrichtssequenz viel für sich, weil dann jeder für sich zunächst einmal die Chance hat, sich über das Bild klar zu werden; d.h. zu sagen, zu schreiben, was ihm zu dem Bild einfällt, womit er das, was er sieht, verknüpft, was er fühlt, wenn er dieses Bild, mit dieser Thematik, in dieser Darstellungsform sieht. Solche Notizen halten wir für eine gute Grundlage von Unterricht, aber auch für eine ergiebige Vergewisserung während des Interpretationsprozesses. Die Spannbreite möglicher Interpretationen, die vielleicht kurzschlüssige Übernahme von Lehrermeinungen, aber auch die Formulierungskraft einzelner Schüler – all das tritt dabei besser zutage als bei der mündlichen Rede. Die Hoffnung ist, daß das Kunstwerk hier «als Vorschlag eines «Feldes» interpretativer Möglichkeiten» zutage tritt, ... so daß der Perzipierende zu einer Reihe stets veränderlicher «Lektüren» veranlaßt wird ...» (Umberto Eco).

Die nachfolgenden Texte sind zu verschiedenen Zeitpunkten der Beschäftigung mit dem Bild von *Duwe* im Unterricht von *Marita Domnick* entstanden. Mehr oder weniger genau übereinstimmend lautet der Impuls in allen Fällen: was siehst Du, was erinnerst Du, was fühlst Du, wenn Du das Bild ansiehst?

Nachdem das Bild im Dia gezeigt worden ist und im Anschluß an ein gemeinsames Gespräch mit der Klasse schreiben die Schüler (6. Klasse):

Marko: Die Stimmung ist nicht gut, glaube ich, weil der Vater so müde aussieht und weil die Mutter so auf dem Tisch hängt. Es sieht auch so dunkel aus. Es ist so traurig. Der Sohn tut mir auch leid, weil er so gelangweilt aussieht und nicht spielt. Ich fühle auch Unbehagen im Raum. Die ganze Atmosphäre ist gelangweilt. Der Vater sieht so komisch aus. Vielleicht ist es auch, daß sie Probleme haben. Es muß auch lange her sein, weil kein Fernseher da ist. Im Bild herrscht Traurigkeit, keine Freude.

Bärbel: Die Stimmung ist langweilig. Der Vater sitzt im Sessel rum, die Mutter sitzt am Tisch, und das Kind weiß nicht, was es spielen soll. Ich fühle, daß die Eltern nichts mit dem Kind zu tun haben wollen. Der Vater ist sehr müde, weil er hart gearbeitet hat. Die Mutter scheint traurig zu sein. Ich finde, daß dieser Raum zu dunkel ist. Das Kind sucht jemand, mit dem es spielen kann. Mir tut das Kind leid, weil es ganz allein ist.

Christian: ... Von der Mutter sieht man fast gar nichts. Der Sohn ist betrübt, und der Vater hängt rum und zeigt offen seine Laune. Wenn ein Fernseher da wäre, würde die ganze Familie vor der Glotze hängen.

Rüdiger: Es herrscht eine trübe Stimmung. Zu nichts haben die Eltern Lust. Erledigt und kaputt.

Nachdem die Schülerinnen und Schüler mit dem Arbeitsblatt (Umrißzeichnung, vgl. S. 89, Abb. 7) eine Doppelstunde gearbeitet haben, erhält jeder eine Abbildung des Duwe-Bildes. Beispiele für die nun anschließend entstandenen Texte:

Harry: Ich sehe eine Familie. Der Vater sitzt im Sessel, die Mutter auf einem Stuhl, und das Kind steht auf einem Stuhl. Der Vater ist ziemlich müde und sitzt abgeschlafft im Sessel. Die Mutter liest Zeitung und hat ein Glas Rum bei sich. Sie ist auch ziemlich müde. Das Kind denkt, warum spielt keiner mit mir? Warum sind Vater und Mutter so still? Ich empfinde gar nichts, weil das ganz natürlich ist, wenn Eltern müde sind von der Arbeit und sich jetzt ausruhen möchten. Was ich nicht daran gut finde, ist, daß sich die Eltern nicht unterhalten.

Ilona: Ein Raum, wo eine Familie sitzt. Der Vater sitzt und sagt nichts. Trauer, vielleicht Angst, oder sie sind gespannt. Das Bild bedrückt mich, da es drückend wirkt. Der Vater ist mir zu träge. Der Sohn spielt Lokomotivführer, die Mutter wirkt gestreßt. Der Raum ist eng und klein.

Claudia: ... Und Mutter auf dem Stuhl ist auch müde und knickt schon ab. Der Sohn guckt einen ganz traurig an. Sie fühlen Angst und Kummer, Schmerz und Schrecken, vor dem sie nicht ausweichen können. Der Vater quält sich mit dem Schmerz. Die Familie ist arm und hat fast nichts zu essen.

Gülaoyözer: ... Sie fühlen, daß es ihnen nicht besonders gut geht. Der Vater hat Genickschmerzen. Er sieht betrübt aus. Dem Vater ist gekündigt worden. Er hat keine Arbeitsstelle gefunden, sie sind alle arm und hoffnungslos.

Nachdem die Schüler eine Doppelstunde eine Fotokopie übermalt haben, folgt eine Stunde, in der das Bild farbig projiziert, betrachtet und besprochen wird. Daran anschließend schreiben die Schüler (5. Klasse):

Renee: Ich sehe drei Menschen: ein Kind, eine Frau, einen Mann. Eine Einrichtung, ein fröhliches Kind, eine traurige Frau, einen erschöpften Mann. Die Menschen fühlen Traurigkeit, sie fühlen Schmerzen, Einsamkeit. Das Bild sagt mir Traurigkeit, es sagt mir: Probleme, Erschöpfung, Müdigkeit ...

Rebecca: ... Der Vater hat eine dunkle Brille auf der Nase, einen lockeren Schlips um. Auf dem Schrank steht eine Uhr. Eine Tischdecke liegt über

dem Tisch. Ein paar Kleinigkeiten liegen auf dem Tisch rum. Der Vater hat den Mund ein ganz klein bißchen auf, als wenn er schlafen würde. Die Leute sind unglücklich. Sie machen sich Sorgen, wie die Zukunft aussieht. Der Vater macht sich weniger Sorgen. Vielleicht ist er arbeitslos.

Alexandra: Ein kleines Kind, das Lokführer spielt, aber traurig, die Mutter, sie weint und hat Kummer. Der Vater schläft, ihn interessiert alles nicht. Trauer und Verzweiflung herrschen. Armut, vielleicht viele Schulden. Oder der Vater hat keine Arbeit. Probleme, Mißstimmung. Das Kind tut mir leid. Eine eigenartige Atmosphäre. Trauer, Armut. Der Vater kommt mir eigenartig vor. Ein Bild aus den sechziger Jahren. Hungersnot. Der Vater trinkt. (Vielleicht schlafen sie aber auch, sie haben gefeiert.)

Nicole: Ein Vater, eine Mutter und ihr Sohn. Ich sehe ein Wohnzimmer. Der Sohn spielt Schaffner und steht auf einem Stuhl. Der Vater flegelt sich in einen Sessel und hat ein Hemd an und einen Schlips um und eine Hose, Schuhe, Strümpfe an. Der Vater hat eine Sonnenbrille und einen traurigen Ausdruck und sieht sehr nachdenklich aus. Die Mutter sitzt auf einem Stuhl und hat hochgesteckte Haare. Sie hat ein Kleid an. Ihr Ellenbogen ist auf einem Tisch, und auf dem Tisch genau vor ihr ist ein Weinglas. In dem Wohnzimmer ist ein Kamin, der an ist, und eine Lampe ist über der Frau. Ein Schrank ist neben der Tür. Ein Ölgemälde ist neben dem Kamin. Die Fami-

Abb. 2-5: Schülerarbeiten, Umgestaltungen zu Harald Duwe «Sonntagnachmittag»

Abb. 6: Schülerarbeit

Abb. 7: Arbeitsblatt

lie ist da sehr traurig. Die Mutter ist ganz kaputt und denkt sicherlich an Geld. Denn sie haben bestimmt kein Geld. Der Vater denkt genauso über Geld, er ist sicherlich arbeitslos. Der Junge ist ganz traurig, und es ist ganz still im Wohnzimmer. Es ist eine trübe Stimmung. Ich finde das nicht gut, daß sich die Eltern nicht um das Kind kümmern. Bei uns ist es ganz anders. Meine Mutter kümmert sich um mich...

Fotokopieren, übermalen, verändern

(2) K+U 90/1985

Umgestaltungen aus der Orientierungsstufe und der Sek. I

Hier werden Unterrichtsergebnisse aus dem Unterricht von verschiedenen Lehrenden vorgestellt. Ihr Merkmal ist, daß «Lernhilfen» benutzt worden sind, Hilfsmittel also, die den Schülern einerseits die komplexe Schwierigkeit, eine Familie in einem Innenraum zu malen, erleichtert haben und andererseits auch Motive schaffen sollten, in das Bild von *Harald Duwe* einzugreifen.

In allen Aufgaben geht es sowohl um das Bild von Harald Duwe als auch um eigene Familienerfahrungen. Das Duwe-Bild kann auch zum Medium der Mitteilung über das eigene Familienleben werden. Beides ist gemeint: Bilder verstehen und Bilder benutzen lernen.

Der in Abb. 2 wiedergegebenen Arbeit liegt eine licht gehaltene und verkleinerte Fotokopie einer Schwarz-Weiß-Reproduktion des Bildes zugrunde. Aufgabe war: Der Ausdruck der Personen, die Stimmung, die Situation sollten durch Farbigkeit, z.T. mit Deckfarben, z.T. mit Filzschreibern verändert werden. Inwieweit dies bewußt – und nicht nur «ausmalend» – geschieht, kann nur das begleitende oder auswertende Gespräch klären. *Abb. 2*

Abb. 3 und 4 geht von einer, in diesem Falle DIN A4-großen schwarzweißen Fotokopie aus. Aufgabe: die Stimmung des Bildes mit einer reduzierten Grauskala noch weiter zu steigern. Während hier die Aufmerksamkeit stark an das Duwe-Bild gebunden bleibt, kommt es bei Abb. 2 gerade auf die Herstellung von Varianten und Alternativen an, wozu auch das kleine Format (12 x 16 cm) im Sinne von mehreren Versuchen einlädt. *Abb. 3, 4*

Abb. 5 und 6 hat ein Arbeitsblatt als Vorgabe. Als Strichzeichnung ist der Innenraum mit den Möbeln vorgegeben – aber ohne Personen (Abb. 7). Der Bildtitel bleibt bestehen: «Sonntagnachmittag». Aufgabe: Jeder malt sein sonntägliches Familienleben – sein reales, sein enttäuschtes, erhofftes ... Die Vielfalt innerhalb der Klassenergebnisse zeigt einmal *Abb. 5, 6* *Abb. 7*

Abb. 8 - 11: Schülerarbeiten, Umgestaltungen zu Harald Duwe «Sonntagnachmittag»

mehr, daß ein bewußt eingesetztes Hilfsmittel die Produktivität nicht einengt, sondern eher auslöst.

Abb. 8-11

Die Eingriffe, die bei den Schülerarbeiten Abb. 8-11 vorgenommen sind, gehen weiter als in dem bisher diskutierten Material. Das gilt schon auf materialer Ebene und in verfahrensmäßiger Hinsicht. Es wird übermalt und collagiert. Durch die Wahl der collagierten Elemente werden aktuelle Bezüge hergestellt. In Abb. 8 lassen die Kinder den zeitlichen Abstand zum Jahr 1957, immerhin dreißig Jahre vergessen: aus Abb. 9 schaut das englische Königshaus heraus. Der Schüler, dessen Arbeit der Abb. 10 zugrundeliegt (9.Kl.) montiert nicht nur Dokumente der Konsumgesellschaft, Spielzeug über Spielzeug, sondern die darin plazierte Familie dokumentiert auch die Folgenlosigkeit des Überangebots. Die härteste Reaktion stellt die Aussage in Abb. 11 dar – nicht wegen der

sprachlichen Formulierung. Die Härte, die Eindeutigkeit folgen aus der Reduktion, aus der Vermeidung aller illustrativen Zutaten. Die Schwarz-Weiß-Reproduktion macht nicht klar, daß vor dem Fernseher eine Schwarz-Rot-Gold Fahne liegt. Wenn man das weiß, heißt die Bildaussage auf die knappste Formel gebracht: Vater, Sohn und Fernseher in dieser Gesellschaft. Durch die offene Tür wird nichts sichtbar. Der Bildschirm macht nichts sichtbar. Keiner sieht den andern an. Der Junge spricht das Urteil.

Abb. 12: Harald Duwe, Familienfeier, 1974

Abb. 13: Harald Duwe, Zwei Kinder mit Coca-Cola, 1983

Abb. 14: Harald Duwe, Wohnwagen, 1969/70

Abb. 15: Harald Duwe, Kinder am Strand, 1971/72

(3) Duwe-Katalog

Was Harald Duwe noch gemalt hat

Nach den Percepten in den ersten beiden Auslegungsschritten dieses Kapitels werden nun Kontexte gebildet. Eine erste Frage formuliert unsere Überschriftzeile. Die Überlegung liegt nahe: Wann hat er das Bild gemalt, was hat er noch für Bilder zu dieser Zeit, vorher oder nachher gemalt? Gibt es zu dem Thema noch andere Bilder desselben Malers?

In unserem Fall lohnt die Suche: 15-20 Jahre später finden sich gleich mehrere Bilder zu unserer Thematik: Geburtstagsferiern, reizende Kinder, Urlaubssituationen.

Abb. 12
Abb. 13, Abb. 14, Abb. 15

Wir beziehen in unsere Auslegung die Bilder «Familienfeier», «Zwei Kinder mit Coca-Cola», «Wohnwagen» und das Bild «Kind am Strand» ein.

Alle vier Bilder haben etwas gemeinsam. Hier können Auslegungsprozesse ansetzen: Bei der Familienfeier oder vor dem Wohnwagen, ebenso am Strand – die Menschen sind, auch wenn sie zu mehreren antreten, immer jeder für sich allein. Keiner hat etwas mit dem anderen zu tun. Allenfalls die beiden greinenden Kinder mit der Coca-Cola haben einen gemeinsamen Bezugspunkt, nämlich den dem Bild gegenüberstehenden Betrachter, vermutlich einen Erwachsenen. Man hat vor jedem Bild wieder das Gefühl, die Zeit sei stehengeblieben. Die Menschen sehen nicht so aus, als ob sie wie für den Maler posierten, sondern als ob sie sich immer so verhielten, wie sie dargestellt sind. Ohne Leben.

Texte von Duwe

Abb. 12

Zu dem Bild «Familienfeier» gibt es einen Text vom Maler selbst. Die drei ersten Absätze setzen uns genau ins Bild. Die Familie gibt es wirklich. Es ist seine Familie. Duwe spricht von «Verödung». Treffend. «So habe ich die Wirklichkeit empfunden».

(4) Duwe-Katalog

«Familienfeier»

Wenn ich Bilder mache, beziehe ich mich gern auf etwas, was ich intensiv erlebt habe. Sie können sich sicher vorstellen, daß, wenn man älter wird, die Kindheit immer deutlicher in der Erinnerung wird. Ähnliches hört man auch von Schriftstellern. Ich habe als Einzelkind unter Erwachsenen gelebt, und Familienfeier ist für mich der Ausdruck gähnender Öde und Langeweile.

Thema des Bildes «Familienfeier» ist mein eigener Kindergeburtstag. Das wird mit der Torte im Vordergrund, die durch eine Sieben verziert ist, ausgedrückt. Hinten sieht man meinen Vater, links vorn meine Mutter, rechts meinen Onkel Willy; mein heutiger Schwager sitzt mit am Tisch und dann noch ein unbekanntes Ehepaar. Und alles ist vorgestellt wie auf einem Familienfoto: Ich werde euch mal kurz aufnehmen – klick. Es ist eine Situation von Verödung. So habe ich alles in Erinnerung, so habe ich die Wirklichkeit empfunden.

Aber man muß folgendes wissen: ich will ein Bild machen, das unser gegenwärtiges Leben darstellt, und ich benutze Episoden aus meinem eigenen Leben, um etwas herauszuarbeiten, was uns alle betreffen könnte. Um griffig, um wirklichkeitsnah und überzeugend zu sein, male ich keine allgemein formalisierten Köpfe und Dinge, sondern ich bemühe mich, mich lebensnah auszudrücken. Ich stütze mich auf unmittelbar gegebene Gegenstände und Personen und hole aus meiner Erinnerung hervor, was zur Abrundung des angestrebten Ausdrucks tauglich erscheint. Es findet ein Verdichtungsvorgang statt. ... Engagierter Realismus: Widersprüche und Widerstände unserer Zeit sichtbar machen, die das Leben der Menschen prägen, ihre freie Entfaltung hemmen, sie verformen, aushöhlen, martern, brutalisieren, abstumpfen, zum Possenspiel treiben. Situationen malen, in denen dieser Prozeß der Entfremdung und Selbstentfremdung sinnlich faßbar wird. (5) Duwe-Katalog

Da ich nie geglaubt habe, daß wir in dieser Sache bei Null begonnen haben, betrachte ich, seit ich male, die großen Realisten der Vergangenheit als meine Lehrmeister. Vor allem eins habe ich von ihnen gelernt: jedes Bild zu Ende malen, alles Gesehene und Erfahrene hineingeben, in sinnlich faßbare Oberfläche umsetzen, keine Manipulation durch Nebenabsichten (erwünschter Erfolg, erhoffte Wirkung) zulassen, nicht durch eine abstrakte Vorentscheidung die bildnerische Formel, die plakative Aussage erzwingen.
Damit entfielen zwei Möglichkeiten, die das Malen erleichtern, weil zielsicherer machen können: die Gleichsetzung von Engagement und Parteilichkeit und das Arrangement mit den Bewegungen des Marktes.

Engagierte Kunst resultiert für mich aus Entscheidungen, die weder Markt noch Kollektiv mir abnehmen können – aus sehr vielen Entscheidungen, die ich bei jedem Bild zu treffen habe. (6) Duwe-Katalog

Den Kontext erweitern: Das Bildthema variieren

Sammeln – im Umkreis von Harald Duwes «Sonntagnachmittag» – machte auf die weiteren Dimensionen des Themas zunächst im Oeuvre von Duwe selbst aufmerksam. Sammeln erweitert die möglichen Kontexte. Der Zustand der Familie, z.B. der Menschen am «Sonntagnachmittag», *Abb. 1,* bei der «Familienfeier», vor dem «Wohnwagen», legt auch die Frage *Abb. 12, Abb. 14* nahe, wie denn nun deren *Urlaub* aussehen könnte. Urlaub sozusagen als Steigerung von Sonntag. Oder umgekehrt: Bilder, die einem unter der Hand begegnen, ordnen sich dem Duwe-Bild unversehens zu, man sucht weiter, z.B.: Camping, sich «näher kommen».

Die, die sich am Sonntagnachmittag allein in die Stube gesperrt haben, suchen auf unseren Bildern im «Urlaub» jene Art von Nähe, bei der man Zelt an Zelt den Lebensäußerungen keines Nachbarn entgehen kann, wo Heiterkeit zum Programmpunkt wird, wo Nacktheit prinzipiell identisch ist mit Freiheit, Schönheit und Fröhlichsein. «Lustig ist das Zigeunerleben».

Malerei und Fotoreportage haben unterschiedliche Perspektiven. Hermann Albert rückt ins Bild, ja er stilisiert. Die Sternreportage zeigt, wie *Abb. 16, 17* «Bewegungskultur» organisiert wird. Man macht entweder vor oder mit. *Abb. 18, 19* Man posiert oder quält sich – wie es gewünscht wird. Wie es alle machen.

Camping: Die Widersprüche aufdecken

Wir haben in mehreren Bildbelegen die Sonntagnachmittag-Familie in den Urlaub geschickt. Das bietet sich an. Der Urlaub ist die Verlängerung der Entspannungsphase am Wochenende. Vielleicht auch die Steigerung davon. «Wohnwagen» und «Kind am Strand» machten auf das Problem *Abb. 14, Abb. 15* schon aufmerksam.

In den bisherigen Freizeit- und Urlaubsdarstellungen war stets das Schil-

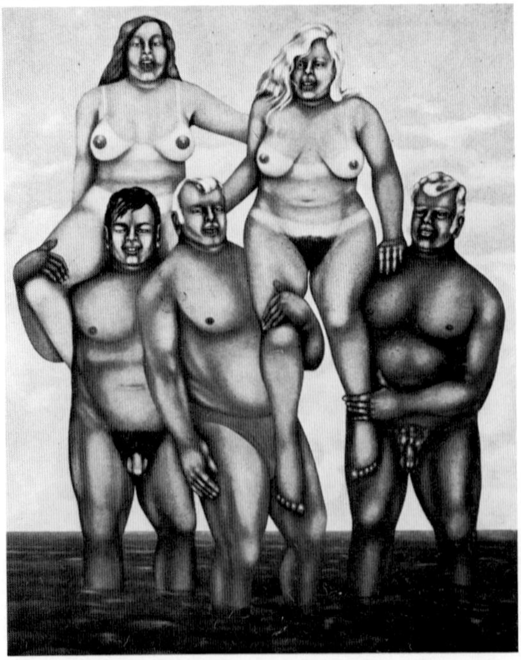

Abb. 16: Hermann Albert, Naturisten, 1972

Abb. 17: Hermann Albert, Vier Urlauber, 1972

Abb. 18, 19: Reportage-Fotos aus STERN, 1986

Abb. 20: Danco, Camping, 1984

»Kirchgang« heißt auf dem Stover-Strand der sonntägliche Frühschoppen. An Werktagen steht Punkt 10 Uhr Frühsport auf dem Platzprogramm. Von 13 bis 15 Uhr ist jeden Tag »Platzruhezeit«

AUCH IM GRÜNEN IMMER AUF DER MATTE

Abb. 20

(7) «Auto und Fernsehen – Objekte der Begierde»

lern zwischen Horrorszene und Idylle. Abb. 20 treibt alles auf die Spitze: Urlaub ist, auf dem Campingplatz alles so haben wie zuhause, nur mit einem Unterschied: der Hintern ist geblümt. Der Fernseher ist derselbe. Das Auto steht bereit. An Wäsche darf einiges abgelegt werden. Das alles sieht wie aus dem Versandgeschäft frei Haus geliefert aus. Abrufbar, austauschbar. Die Natur stört nicht.

(8) Familienbilder

Aktueller Kontext: «meine» Familie

Abb. 1

Natürlich hängt meine Stellungnahme zu dem, was ich auf dem Bild von Duwe sehe, davon ab, was ich selbst als Familie erfahre. Das ist der Hintergrund, vor dem ich die Familiensituation anderer wahrnehme und einschätze: «Genau wie bei uns zu Hause» oder gerade entgegengesetzt «So was hat es bei uns nie gegeben». Ein Schüler war vor Duwes «Sonntagnachmittag» nicht davon abzubringen, daß die Familie dort am Sonntagnach-

Abb. 21-25: Familiendarstellungen aus dem Wettbewerb einer Kinder-/Elternzeitschrift

mittag während der Sportschau anzutreffen sei. Der Einwand, daß in den fünfziger Jahren Fernseher in den Wohnstuben die Ausnahme waren, überzeugte ihn keineswegs. Der Vater sehe doch genauso aus, als ob der Kasten laufe.

Die abgebildeten Familiendarstellungen stammen nicht aus dem Zusammenhang von Unterricht über das Duwebild, sondern aus dem Wettbewerb einer Kinder/Elternzeitschrift. Für unsere Fragestellung sind sie ergiebig, weil auch auf diesen Zeichnungen vergleichsweise junger Kinder charakteristische Aspekte unseres Ausgangsbildes bearbeitet sind, jene Aspekte, die das Gespräch in Gang halten, das Gespräch über die eigenen Erfahrungen und die Wahrnehmungen auf dem Bild oder genauer das Gespräch darüber, «in welchem Lichte» jeder das Bild wahrnimmt. Solche Aspekte sind z.B. *Abb. 21 - 25* (9) «Spielen und Lernen»

○ Wie gut das Kind in Abb. 22 zwischen den Erwachsenen (oder älteren Geschwistern) aufgehoben oder eingesperrt ist... *Abb. 22*

○ Sieht die Gestalt links außen in Abb. 23 nicht traurig oder gar grimmig aus? *Abb. 23*

○ Stehen die beiden auf Abb. 21 wirklich zusammen, oder erdrückt der Große den Kleinen? *Abb. 21*

○ Auf Abb. 24 hat jeder seinen Platz, aber was ist mit der Person rechts oben, war sie vergessen worden? Bleibt sie immer nur im Hintergrund? *Abb. 24*

○ In Abb. 25 scheint die Familie gut gelaunt zu sein. Sind sie immer so? *Abb. 25*

Historischer Kontext: Früher war vieles anders - war es früher anders?

Eine fast zufällige Folge von Familienbildern aus dem Biedermeier bis in unser Jahrhundert: Was erfahren wir über das Familienleben bei einem Pfarrer im 19. Jahrhundert, bei einem hohen Richter im 19. Jahrhundert, bei Lovis Corinth, einem bedeutenden Maler um die Jahrhundertwende, oder bei Daniel Chodowiecki, dem «Chronisten» der «Zopfzeit»? (10) Sozialgeschichte der Familie *Abb. 26* *Abb. 27, Abb. 28* *Abb. 29*

Einige Fragerichtungen sollen herausgehoben werden:

○ Auf den Abb. 26 – 28 ist allemal der Vater die beherrschende Figur im Bild:

– Auf Abb. 26 sind alle Blicke auf ihn gerichtet; (11) Lorenz

– Auf Abb. 27 ist er das Zentrum, um das herum die beiden Personengruppen organisiert sind; (12) Möller

○ Auf Abb. 28 ist der Maler der einzig Agierende während die anderen posieren. Der Junge steht auf einem Podest, um die für die Komposition erwünschte Höhe zu erreichen; Mutter und Kind paradieren in Prachtgewändern; der Vater, mit der Palette auf dem erhobenen rechten Arm, nimmt teil, halb beschützend, halb bedrohlich über die Gruppe gebeugt.

○ Auf Abb. 29 ist alles beschaulich tätig; schaut der Vater auf die Familie am Tisch oder auf das Blatt vor ihm?

Duwes Bildkonzept: Keiner tut was, jeder ist allein, alles behindert sich gegenseitig

Gerade wenn der Auslegungsprozeß so vieldimensional wird, wenn unterschiedliche Prozeduren auf Kontexte aus Bildern und Texten verschiedener Herkunft und vielfältiger Art angewendet werden, wenn dem «Bild-

Abb. 26: Julius Milde, Pastor Johann Wilhelm Rautenberg und Familie, 1832, Hamburger Kunsthalle

Abb. 27: Karl Begas, Die Familie Begas, 1821, Köln: Wallraf-Richartz-Museum

Abb. 28: Lovis Corinth, Der Künstler und seine Familie, 1909, Hannover: Landesmuseum, Landesgalerie

Abb. 29: Daniel Chodowiecki, Der Künstler und seine Familie, Radierung, 1771

thema» immer mehr Facetten gegeben und dadurch immer wieder andere Fragen ausgelöst werden – gerade dann besteht auch die Gefahr, das *Bild*, um das es im engeren Sinne geht, mit dem «alles angefangen» hat, aus den Augen zu verlieren. Deswegen wird hier am Ende des Kapitels noch einmal auf Duwes «Sonntagnachmittag» eingegangen.

(13) Kunst + Unterricht

Der Text kann nur als Merkposten fungieren. Er stammt nicht aus dem Unterricht. Seine Funktion ist, Bildwahrnehmung und Kontextentdeckungen aufeinander zu beziehen.

Wie kommt der Eindruck dieser jämmerlichen Situation zustande? Alle Betrachter spüren Ausweglosigkeit, Erschöpfung, Traurigkeit, Gleichgültigkeit ... Keiner macht was. Nichts geht mehr.

In dem Bild besteht keine einheitliche Situation, an der alle Familienmitglieder gemeinsam teilhaben. In der linken Bildhälfte Mutter und Sohn, in der rechten der Vater. Aber Mutter und Sohn schließen sich nicht zusammen, sondern sind auch voneinander isoliert. Zwischen ihnen steht trennend, nicht verbindend, das Glas auf dem Tisch. Jede Zuwendungsaktion des einen zum anderen kann (in dieser Familie) eine Katastrophe auslösen. Dieser Isolierung der Personen läuft die Art und Weise zuwider, in der sie durch Gegenstände miteinander verschränkt, zusammengezwängt werden: das Bild an der Wand «hält» den Jungen und ist über die Lampe zugleich mit der Mutter verbunden. Der Rahmen wirkt wie eine «Klammer». Aber die Gegenstände werden dabei nicht zur Geltung gebracht – sie sind alle, im ganzen Bild, fragmentarisch. Das Bild wird von der Lampe überschnitten. Die Lampe ist durch den Kopf der Mutter reduziert und schneidet den Schrank an. Diese Art, einander stets im Wege zu sein, wird in der linken Bildhälfte konsequent von hinten nach vorn durchgehalten: das Bild ist durch die Lampe und den Jungen verstellt. Die Lampe durch die Mutter, der Tisch durch den Jungen, der Junge durch die Stuhllehne. Handelte einer, bräche das Bildgefüge auseinander. Nicht anders wird der Vater eingeschränkt: nach links und rechts durch die Seitenlehnen des Sessels, Kopf und hochgereckter Arm sind optisch in den Schrankausschnitt eingebunden, das rechte Bein hält das linke fest, und bewegte er das obenliegende, rammte er's der Mutter in den Rücken. Das Bein ist übrigens das Verbindungsstück zwischen linker und rechter Bildhälfte.

Eine Konstellation aus Möbeln und Menschen, in der keine Spielräume mehr sind. Diese Beobachtung stellt die zunächst eindeutig erscheinenden Machtverhältnisse in Frage. Auf den ersten Blick scheint der Vater der Dominante. Aber wenn sich einer bewegte, würde die Mutter aufschreien: weil entweder das Glas umfiele, oder aber sie hat sein Knie in der Lende. Ihr latenter Schrei und seine schläfrige Unansprechbarkeit stehen für das familiäre Beziehungsmuster.

In dieser Szene steht der Sohn. Er guckt mit leerem Blick aus dem Bild heraus: auf dem Stuhl stehend, frontal, aufrecht, mit Insignien der Aufsicht, der Kontrolle, der Aktion, «im Dienst»; mit der roten Mütze, die den Aufsichtsbeamten aus der Unübersichtlichkeit heraushebt, mit der Kelle, die die Fahrt freigibt, mit dem roten Riemen, an dem die Tasche hängt, in der der Plan, der Fahrplan steckt. Der Knabe ist die Hauptperson. Der Pseudoerwachsene ist stärker als das Leben, so wie die Sachen stärker sind als die Menschen, wie das Nichthandeln die einzige Möglichkeit ist. Von dieser Szene hat sich der Knabe abgewendet.

Das inhaltliche Konzept ist bis hierher weitgehend aus der kompositorischen Anlage, aus der Zurodnung von Sachen und Menschen, aus dem

Spiel der Linien, Kanten, Richtungen, Massen und Bewegungen herausgelesen worden. Die Farbe bestätigt differenziert die Interpretationsschritte.

Das Rot der Mütze, des Riemens der Tasche, der unter der Stuhllehne sichtbar werdenden roten Hose sind intensiver als die roten Tonwerte im Kleid der Mutter, in den Socken und dem Schlips des Vaters. Am Kamin und im Lampenschirm gibt es Spuren eines etwas stärker leuchtenden, aber dennoch bläulich gedämpften Rottones. Auch das Blau des Kinderpullovers wirkt lebhafter als das Grau der Hose vom Vater, deren Tonigkeit von den ähnlich farbigen Schattenpartien unter Stuhl, Sessel und Tisch aufgesogen wird. Nur an einer Stelle des Bildes wird eine z.B. der roten Eisenbahnermütze entsprechende farbliche Intensität erreicht, allerdings in einem gegenläufigen kühlen blaugrünen Farbklang. Es handelt sich um das an der rückwärtigen Zimmerwand hängende Landschaftsbild. Das Bild ist die räumlich «tiefste», der Junge bezeichnet die vorderste Position im Bildraum. Dem Gegenüber Vorn und Hinten korrespondiert die Opposition von Rot und Grün. Spielt man diese Beziehung weiter aus, trifft man auf die Gemeinsamkeiten von Landschaftsbild und Kind. Der Knabe scheint ein Kunstprodukt zu sein, wie die Landschaft auf dem Bild. Als Kunstprodukt wirkt er aber aktiver als die Eltern auf dem Bild. Das Gesicht des Kindes ist straffer durchmodelliert, lebhafter in der Farbigkeit als der graue Teint des Vaters und der schwammig verquollen wirkende Arm der Mutter.

Während alles auf dem Bild mehr oder weniger aussichtslos eindeutig scheint, gibt der Junge noch Rätsel auf. Er erweitert den Interpretationsspielraum: wird er von den Eltern ignoriert? Beherrscht er die Szene, von der er sich abwendet? Wird das Erziehungsprodukt als Kunstprodukt vorgestellt? Ist es als solches besser gelungen als die Wirklichkeit?

Zusammenfassung: Auslegen hat Methode

Der Aufbau des Kapitels folgt der bisher vorgetragenen Argumentation:

o Erst wurden Percepte – verbale und visuelle – vorgestellt (S. 86ff);
o Dann wurden Kontexte aus Bildern (Abb. 12 – 29) und Texten (S. 94f) gebildet;
o Die Kontexte machten das Bildthema einerseits allgemeiner, differenzierten und konkretisierten es andererseits in weiteren Bildern.

Jeder aufmerksame Leser wird an sich selbst bemerkt haben, wie er beim Einführen neuer Bilder in unseren Auslegungszusammenhang wieder neue Percepte gebildet hat; wer hat denn kein spezifisches oder unspezifisches Vorverständnis (oder Vorurteil, was dasselbe ist) von den menschlichen Zuständlichkeiten, die z.B. Hermann Albert malt (Abb. 16, 17)?

o Dann haben wir die Frage nach der eigenen Familie gestellt (vgl. Abb. 21 –25) und schließlich in die Vergangenheit (vgl. Abb. 26–29) geschaut – wieder ein Kontext, der Einfluß hat auf unsere gegenwärtige Rezeption, auf unsere Erwartungen an Bilder von Familien.
o Im letzten Textabschnitt über das Duwebild (Abb. 1) versuchen wir, die beiden Kontextkomponenten – Konzept und Allocation – aufeinander zu beziehen.

Unser Auslegungsprozeß zeigt auch, wie vielfältig die Prozeduren 'Sprechen', 'Machen', 'Sammeln' in Erscheinung treten und fruchtbar werden können:

o *Sprechen* kann heißen: Schreiben, zuhören, was andere sagen oder schreiben, diskutieren, auf das Bild beziehen; Aussagen am Bild prüfen ...

o *Machen* kann heißen: fotokopieren und übermalen, umgestalten und ausgestalten, herstellen und verändern – natürlich auch: Wirkungen erproben und beurteilen, Ausdruck herstellen und überprüfen ...

o *Sammeln* kann heißen: Bilder oder Texte suchen, Ähnlichkeiten oder Unterschiede identifizieren, neue Sichtweisen im Material entdecken, vergleichen, ordnen und zuordnen ...

Wichtig war uns schließlich, an diesem Beispiel zu zeigen:

o daß es keine festgelegte «Schrittfolge» gibt,

o daß z.B. vor neuem Material immer wieder Percepte gebildet werden,

o daß entstehende Kontexte neue Suchrichtungen, d.h. neue Dimensionen des Auslegens auslösen können,

o daß der Verweis auf gesellschaftliche Situationen und Determinanten (Allocation) vom Bilde ausgeht, veranlaßt durch die ästhetischen Mittel und Darstellungsweisen (Konzept).

Methode haben heißt, den nächsten Auslegungsschritt, die nächste argumentativ gestützte Suchbewegung mit Bewußtsein, auf Grund von Entscheidungen wählen, «... einen Anfang machen und sich dabei und beim Fortgang der Arbeit etwas denken».

(14) Bätschmann

Ob die Auslegung die richtige Methode, also eine ergiebige Methode hat, ob *diese* Vorgehensweise bei *diesem* Bild angemessen, adäquat, hinreichend durchdacht ist - das entscheidet sich am Ergebnis, an der Vielfalt der ausgeschrittenen Dimensionen und der gewonnenen Aufschlüsse. Den Horizont, innerhalb dessen das Duwe-Bild ausgelegt worden ist, markieren in unserem Fall folgende Bezugspunkte:

o nach den ästhetischen Mitteln und Darstellungsweisen fragen, mit denen Bilder der Familie und von Familien von wem an wen vermittelt werden;

o mit Duwes Bild dem allgegenwärtigen, positiv besetzten und vermittelten Familienbild die Historizität und die Realität von Familien und Familienerfahrungen entgegenhalten;

o über die Familienrealität des Duwe-Bildes und ihre Bedingtheiten nachdenken;

o Familie als Teil eines ökonomisch-gesellschaftlich vermittelten Lebenszusammenhangs, als 'Subsystem' der Freizeit-Konsum-Gesellschaft erkennen;

o das eigene Familienerlebnis, das ganz anders sein kann, dagegenhalten, visuell und verbal bearbeiten und reflektieren;

(15) Förster

o fragen lernen, wie es früher war und ob da wirklich alles besser war.

KAPITEL 5

SAMMELN ALS AUSLEGUNGSPRAXIS

Formen des Sammelns

- o Kunst- und Wunderkammern
- o Aby Warburgs Bilderatlas
- o Was Kinder und Jugendliche sammeln
- o Sammeln als didaktischer Impuls

Sammeln als Gestaltung und Erkenntnis

- o Anna Oppermanns Arrangements
- o Herkunftslinien entdecken: NS-Kunst und aktuelle Modefotografie

Zusammenfassung: Sammeln ist der Anfang vom Auslegen

Abb. 1: Jan van Kessel, Eine Kunstkammer mit Venus bei der Toilette, 1659, Öl auf Kupfer, 68x91,5 cm, Karlsruhe: Kunsthalle

KAPITEL 5: SAMMELN ALS AUSLEGUNGSPRAXIS

Wir haben unsere Prozeduren – Bilder machen, Bilder sammeln, über Bilder sprechen – mit dem Ziel des Bildverstehens im 1.Kapitel eingeführt, im 2. und 3. Kapitel in einem ersten Durchgang an unterschiedlichen Materialien – Toren, Türmen und Texten – differenziert. Im 4. Kapitel haben wir das vorgestellte Instrumentarium auf Harald Duwes Familienbild angewendet. Wir wollen nun, im 5. Kapitel, die Vielfalt dessen, was Bilder *sammeln* für den Auslegungsprozeß hergeben kann, an unterschiedlichem Material belegen.

In den vier nachfolgenden Kapiteln (Kapitel 6-9) wird das Sammeln wie das Sprechen weiterhin funktionale Bedeutung haben, aber der Schwerpunkt liegt auf dem *Bildermachen*, auf dem Bildermachen als Auslegungsprozeß (Kapitel 6), auf der Rekonstruktion, wie Bilder gemacht sind (Kapitel 7), auf Verfahren des Machens (Kapitel 8), auf der Intention, Bilder aus-

Abb. 2: Georg Hainz, Kunstkammerschrank, 1666, Hamburg: Kunsthalle

zulegen, um neue Bilder zu machen (Kapitel 9). Das Sprechen hat in den Kapiteln 5-9 einerseits eine vermittelnde, kommunikative Funktion und ist andererseits Medium, in dem Auslegung auch dann geschieht, wenn das Sammeln und das Machen im Vordergrund stehen.

Sammeln ist eher als alltagspraktische Prozedur vertraut, als daß es didaktisch über die Grundschule hinaus entfaltet wäre. (1) Schloz

Bezogen auf die Praxis des Auslegens wird das Sammeln in ähnlicher Weise unterschätzt, wie die denkbare, die erwiesene Vielfalt der Herstellungsprozesse eingeschränkt wird. Wir wollen für die größtmögliche Breite der Praxis eintreten. (2) Staudte Sammeln und Bilder machen sind genuine Prozeduren des Auslegens von Welt. Im Sammeln wie im Machen vergewissere ich mich in je unterschiedlicher Weise der Welt, verleihe ihr durch Zuwendung und Eingriff Sinn, bringe meine Ordnung, meine Sicht der mich umgebenden Welt zur Geltung. Sammeln wie Herstellen haben eine Handlungs-, eine emotionale und eine Erkenntnisperspektive.

Formen des Sammelns in Geschichte, Alltag und Unterricht

In einer der wenigen wissenschaftlichen Abhandlungen über das Sammeln, seine Geschichte und seine historischen (Vor-)formen, verknüpft Julius von *Schlosser* Anfang der 20er Jahre in der Einleitung seines Buches über die Kunst- und Wunderkammern der Spätrenaissance auf den ersten beiden Druckseiten den «Sammeltrieb» des Kindes mit der «Vorstellung von persönlichem Eigentum» (S. 1), das Sammeln von «Sporthelden» mit dem von «Ehrenmünzen» (S. 2), das Sammeln überhaupt mit der Frage von «Geltung und Macht» (ebd), soziale Aspekte mit denen von «Freude und Eigennutz» (ebd) der Sammler. (3) Schlosser Hier klingt bereits vieles an, was diese Art der Tätigkeit seit je kennzeichnet. Natürlich lassen sich angesichts der Faszination der Sammelobjekte, die immer wieder herstellbare körperliche und sinnliche Nähe des Besitzers, das ständig erneuerte Wahrnehmungserlebnis, die affektive Bezogenheit auf das Sammelgut gar nicht übersehen. Gesammelt wurde in Schatzhäusern und Totenkammern, in Tempeln und Kirchen – gesammelt wird in fürstlichen Galerien, aus denen im 18. Jahrhundert staatliche Museen werden. Sammeln ist heute neben Forschen und Öffentlichmachen einer der konstitutiven Aufträge der Museen. (4) Kemp

Kunst- und Wunderkammern

Die für unseren Zusammenhang interessantesten Vorläufer sind die *Kunst– und Wunderkammern* des 16. Jahrhunderts in Deutschland. *Abb. 1* Nimmt man die Ambraser Sammlung des Erzherzogs Ferdinand von Tirol als Beispiel, (5) Schlosser wird die Faszination klar, die diese Sammlungen auf jeden Didaktiker ausüben müssen. Sie umfaßt – ausgehend von der eigenen Drechslerwerkstatt, der chemischen Küche, der Gießerei und der Glashütte – u.a. 18 Schränke mit Gefäßen, Gold- und Silberschmiedearbeiten, Haifischzähnen und seltenem Schreibzeug, Handsteinen aus Bergwerken, Musikinstrumenten, Kunstuhren und Fernrohren, Automaten und Mineralien, Petrefakten von Tieren und Pflanzen, Handwerkszeug, Kleinplastiken und Elfenbeinkästchen, Curiosa, Altertumsfunden und Korallen, Antiken,

Graburnen und Maioliken, einer Münzsammlung, Alraunen, Medaillen und vielem anderen mehr. Unsere Stichworte sollen den historischen Ausgangspunkt des Sammelns in der Gleichzeitigkeit seiner Perspektiven belegen. Die Motive heißen: das Kunstvolle und das Seltene, das von der Regel Abweichende und das Gesetzmäßige, das Geheimnisvolle ebenso wie die Zeugnisse menschlicher Arbeit, das Gewachsene und das Gemachte. Die Plastiken gehören wie die Petrefakten und die Automaten zur Kunst– undWunderkammer; dazu die Galerie, die Werkstätten und die Bibliothek. Sammeln geht von der Lust an den Objekten hin zur Erkenntnis und Entdeckung. Anreger sind gleichermaßen Kunst-, Natur- und Alltagsgegenstände.

Abb. 2

(6) Sammler-Dynastien

Wer heute die Inventarlisten der Schatz– und Wunderkammern liest, wird über zweierlei stutzen: über die unglaubliche Vielfalt der Gegenstände, denen die Vielfalt der Interessen, der Suchbewegungen, der Liebhabereien entspricht. Gesammelt wird, was selten ist, was staunen macht, was Fragen aufwirft, was Wert hat, was kunstvoll gemacht ist – und diese Kette ließe sich fortsetzen. Zum anderen hebt schon Schlosser hervor, daß gerade die Ambraser Sammlung auch ein Beispiel für die Systematisie-

(7) Aktuelle Sammlungen: Brock 1975

Prodromus (vgl. S.69)

Abb. 3: Eine Seite aus Aby Warburgs Bilderatlas

rungsbemühungen ist, die der Vielfalt korrespondieren.

Im Gegensatz hierzu wird die Gefahr didaktischer Handlungen an dem schon weiter vorn vorgestellten Podromus (vgl. S.69) besonders deutlich. Ein didaktisches Prinzip regiert die Bildtafeln – und gleich entstehen die Probleme: zwar ist die Absicht der Information schätzenswert und unübersehbar, aber zu diesem Zwecke wird aus Malerei Graphik. Zwar ist der Vorsatz der Ordnung in der Vielfalt anerkennenswert, aber zu diesem Zwecke werden die Formate der Bilder verändert. Wer sammelt, kann auch in die Gefahr kommen, sein Sammelgut ins System seiner Raster und Kästen, Formate und Ordner zu zwingen.

Aby Warburgs Bilderatlas

Es gibt eine (unvollendete) Sammlung aus unserem Jahrhundert, die ein unschätzbares, tiefsinnig begründetes Erkenntnismittel ist: der «Bilderatlas» von *Aby Warburg*. Ein Grundmotiv *Warburg*'scher Forschungen (8) Warnke
war «der Austausch bildlicher Erfahrungen und Informationen über die Zeiten und Räume hinweg». Wer so fragt, muß die Dokumente bildlicher Erfahrung, Bilder also, sammeln. (9) Warnke
Daraus entsteht der «Bilderatlas», an dessen *Abb. 3*
Anfang die schon durch die Dissertation vorbereitete Aufmerksamkeit für die «Wanderung von Formen und Themen von Land zu Land, von Jahrtausend zu Jahrtausend, neben dem vertikalen 'Tauschverkehr der Formen' zwischen sozialen Unter- und Oberschichten» steht. (10) Warnke
Warburg hat, vereinfacht gesagt, Material für das Nachleben der Antike in Bildern zusammengetragen. Er verbindet damit den Begriff des «sozialen Gedächtnisses». Die Schautafeln, die er in seinem «Bilderatlas» zusammenstellte, hatten Themen wie z.B. «Denken in Bildern», «Greifen und Begreifen», «Distanzierte Monstra» oder «Kirchlich gebannte Antike». «Der Bilderatlas läßt sich lesen als ein Lehrbuch zur Entwicklung der Rationalität, als ein Buch der Fortschrittsstadien, die der menschliche Geist nach den Lehren der Philosophen (....) durchwandert hatte. Die Leid–Erfahrungen der Vergangenheit sind (in Bildern; Ergänzung gmo) abgebucht. Der Leidschatz der Menschheit ist humaner Besitz geworden». Veranschaulicht auf Bild- (11) Warnke
tafeln, in Bildersammlungen. *Abb. 3*

Was sammeln Kinder und Jugendliche?

Zunächst einmal unendlich viel. Fatke/Flitner nennen: Anhänger, An- (12) Fatke/Flitner
sichtskarten, Armkettchen, Bleistifte, Bonbonpapier, Büroklammern, Eintrittskarten, Fahrkarten, Fußballbilder, Glanzbilder, Gummibänder, Kaffeesahnedöschen, Radiergummi, Silberpapier, Zuckerstückchen. Das Kind gebe, heißt es bei den beiden Autoren, beim Aneignen der Sammelgegenstände den Dingen denjenigen «Sinn» und diejenige «Bedeutung», die diese für es selbst hätten.

Thomas Limburg, 10: (13) Schülersammlungen
Schlüssel aller Art 3. Bürgergalerie Sprengelmuseum
Ich sammele Schlüssel aller Art aus aller Welt. Ich sammele seit 2 Jahren. Hannover
Die meisten Schlüssel habe ich geschenkt bekommen und einige davon gefunden. Am liebsten habe ich lauter verschiedene Schüssel. Ich *Abb. 4a-f*
habe Schlüssel aus Deutschland und Italien. Die meisten flachen Schlüssel

Abb. 4a-f: Kindersammlungen der Bürgergalerie im Sprengelmuseum Hannover

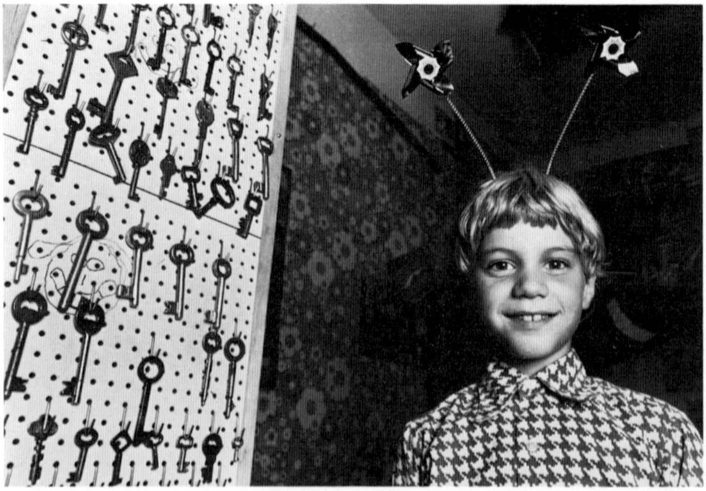

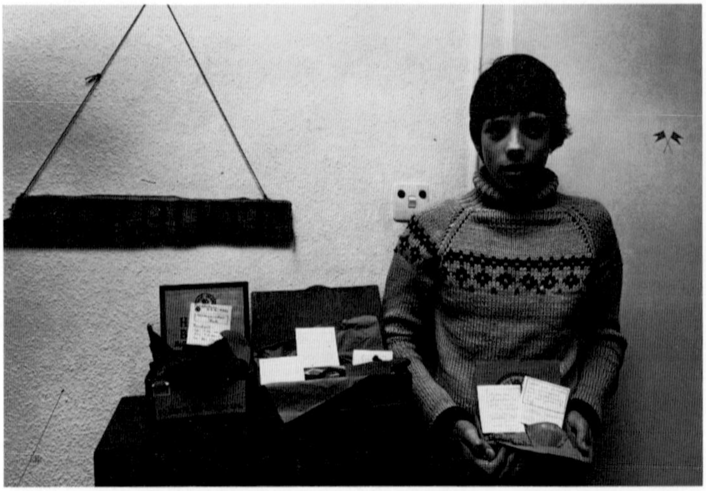

PUR
Stern
Vorlo
Gilde

habe ich in ein Album geklebt. Insgesamt habe ich 287 Schlüssel und 1 Schloß.

Markus Steinmetz, 12:
Germanische Gebrauchsgegenstände

Sammlung germanischer Gebrauchsgegenstände. Z.B. vierfaches Türschloß, Löffel usw. Ich sammle seit 2 Jahren (1980). Die meisten Sachen fand ich in einer Ecke unter der Erde in unserem Garten. Ich interessiere mich schon lange für Germanen. Ich bewahre meine Fundsachen lose in Zigarrenkisten auf. Jedes Stück ist alt und verrostet oder vermodert.

Cornelia Heumann, 11:
Aufkleber aus allen Bereichen

Ich sammele seit zwei Jahren. Die meisten Aufkleber habe ich in Geschäften in Deutschland bekommen. Einige aber auch im europäischen Ausland. Die Vielfältigkeit dieser Sammlung gefällt mir am meisten, auch die Farbenprächtigkeit.

Eike Liebelt, 10:
Natur- oder Biologiesammlung

Meine Sammlung werde ich Natur– oder Biologiesammlung nennen. Die Sammlung besteht hauptsächlich aus tierischen Überresten (bzw. Schneckenhäusern, Muschelschalen, Schädeln usw.), aber auch Pflanzenteile werden gezeigt (Blütenstempel, gepreßte Blüten usw.). Ich habe auch sehr viele Bücher (ungefähr 60) über die Natur. Wann habe ich angefangen? Ich habe selbst eigentlich gar nicht angefangen. Seit ich lebe, haben meine Eltern mir vom Strand Muschelschalen und Schneckenhäuser mitgebracht. Deswegen kann ich gar nicht meine ganze «Meeressammlung» zeigen. Mit 8 Jahren habe ich dann nicht mehr mit Muscheln und Schnecken vorlieb genommen. Ab diesem Zeitpunkt habe ich erst richtig angefangen.

Acht Bedeutungsdimensionen unterscheiden Fatke/Flitner: die *sensuelle* Bedeutung, ein Glöckchen das klingelt, eine Muschel, die rauscht .....; die *physiognomische* Bedeutung, Dinge, von denen ein Appell ausgeht, damit etwas zu machen, Schachteln, in die man etwas hineintun kann ....; die *emotionale* Qualität, Dinge, die von jemand stammen, das Silberpapier der geschenkten Schokolade ...; das *Selbst-sein*, selber können, selber-einen-Willen-haben, was sich im «Bei-sich-haben-wollen» von Dingen äußert ...; die *psychische* Thematik, alles, was auf die Geschlechtsrolle bezogen ist ...; das Motiv der *Wißbegier*, die Briefmarkensammlungen mit geographischen Motiven ...; oder das schlicht *Brauchbare*, wie alles, was in der Hosentasche gehortet wird ...; schließlich, das, was man brauchen könnte, *um etwas zu bauen*, zu basteln, anders zusammenzusetzen .... .

(14) Fatke/Flitner

(15) Kämpf-Jansen

Tabellen/Seite 115

Helga Kämpf–Jansen hat im Jahr 1977 300 Schülerinnen und Schüler von hessischen Gesamtschulen und einem Gymnasium befragt, mit welchen ästhetischen Gegenständen sie sich umgäben. Mit einigen Einschränkungen stellen wir die Ergebnisse der Untersuchung neben die Frage, was Kinder sammeln. Auch wenn bei den Jugendlichen eher die Haltung des Auswählens dominiert, dürfte es sich in der Zuwendung zu Plüsch-

Was Mädchen und Jungen am häufigsten genannt haben

Tabelle 3: Rangfolge Poster und Bilder

	Mädchen		Jungen	
10 Jahre	1. Tiere	72%	1. Fiktives	28%
	2. Menschendarstellungen	32%	1. Verschiedendes/E.-m.	
	3. Verschiedenes/E.-m.	24%	2. Fußball	24%
	4. Popstars	20%	2. Menschendarstellungen	
11 Jahre	1. Tiere	72%	1. Tiere	59%
	2. Popstars	36%	2. Popstars	32%
	2. Menschendarstellungen		3. Fußball	27%
	3. Fußball	20%	3. Verschiedenes/E.-m.	
	3. Verschiedenes/E.-m.			
12 Jahre	1. Tiere	72%	1. Popstars	56%
	2. Posters	60%	2. Tiere	42%
	3. Verschiedenes/E.-m.	40%	3. Technik	38%
	4. Landschaft + Architektur	16%	4. Verschiedenes/E.-m.	33%
13 Jahre	1. Tiere	68%	1. Verschiedenes/E.-m.	40%
	2. Popstars	64%	2. Popstars	36%
	3. Landschaft + Architektur	36%	3. Fußball	32%
	4. Verschiedenes/E.-m.	40%	3. Technik	
14 Jahre	1. Popstars	56%	1. Technik	48%
	2. Tiere	52%	2. Verschiedenes/E.-m.	44%
	3. Verschiedenes/E.-m.	34%	3. Tiere	28%
	4. Menschendarstellungen	24%	4. Fußball, Fiktives, Architektur, Landschaft	24%
15 Jahre	1. Verschiedenes/E.-m.	68%	1. Technik	72%
	2. Popstars	52%	2. Verschiedenes/E.-m.	52%
	3. Tiere	44%	3. Popstars	36%
	4. Menschendarstellungen	36%	4. Fußball, Tiere	24%

100% = Anzahl der Befragten. Mehrfachnennungen waren möglich.

Was Mädchen und Jungen am häufigsten genannt haben

Tabelle 4: Rangfolge Plastische Gegenstände

	Mädchen		Jungen	
10 Jahre	1. Puppen	76%	1. Plüschtiere	52%
	2. Plüschtiere	72%	2. Plastikfiguren	40%
	3. Verschiedenes/E.-m.	52%	3. Technische Gegenstände	32%
	4. Tiere aus Holz, Glas etc.	28%	3. Technisches Spielzeug	
			4. Verschiedenes/E.-m.	28%
11 Jahre	1. Plüschtiere	76%	1. Verschiedenes/E.-m.	50%
	2. Puppen	44%	2. Technische Gegenstände	41%
	3. Verschiedenes/E.-m.	36%	2. Technisches Spielzeug	
	4. Tonmedien	28%	3. Plüschtiere	37%
			4. Puppen	21%
12 Jahre	1. Verschiedenes/E.-m.	66%	1. Verschiedenes/E.-m.	67%
	2. Plüschtiere	64%	2. Plüschtiere	43%
	3. Puppen	56%	3. Tonmedien	38%
	4. Tonmedien	20%	4. Technische Gegenstände	33%
			4. Einrichtungen	
13 Jahre	1. Verschiedenes/E.-med.	84%	1. Technische Gegenstände	56%
	2. Plüschtiere	68%	2. Verschiedenes/E.-m.	52%
	3. Puppen	36%	3. Plüschtiere	44%
	4. Einrichtungsgegenstände	32%	4. Tonmedien	16%
14 Jahre	1. Verschiedenes/E.-m.	76%	1. Technische Gegenstände	56%
	2. Plüschtiere	68%	1. Verschiedenes/E.-m.	
	3. Puppen	48%	2. Plüschtiere	36%
	4. Einrichtungsgegenstände	36%	3. Tonmedien	32%
			4. Einrichtungsgegenstände	16%
15 Jahre	1. Verschiedenes/E.-m.	92%	1. Verschiedenes/E.-m.	88%
	2. Plüschtiere	84%	2. Technische Gegenstände	
	3. Einrichtungsgegenstände	44%	2. Tonmedien	40%
	4. Tonmedien	28%	2. Einrichtungsgegenstände	

100% = Anzahl der Befragten. Mehrfachnennungen waren möglich

tieren, Postern, Tonmedien oder Plastikfiguren tendenziell um etwas dem Sammeln vergleichbares gehandelt haben.

Die nach Kategorien geordneten Ergebnisse geben folgendes Bild:

(16) Kämpf-Jansen

Die Untersuchung fördert Erwartbares und Aufschlußreiches zutage. Mädchen bevorzugen weiterhin andere Objekte als Jungen: Puppen und Pop-Stars die einen, technische Gegenstände und (Abbildungen von) Motorräder(n) die anderen. Gegenüber den Sammelobjekten der Kinder grenzen sich die 15jährigen mit Gegenständen aus dem Bereich der Erwachsenenkultur ab. Die Befragung «verweist auf ästhetische Gegenstände, mit denen Jugendliche sich umgeben und auf Beziehungen, die sie zu Ihnen haben». Die häufig genannten Plüschtiere werden als Bezugsobjekte, als Aggressionsobjekte und als Liebesobjekte interpretiert. Dies legt die Frage nahe, ob man auf solche Vorlieben und auf die Funktion, die die Objekte haben, im Unterricht reagieren könne: «Zwischen Lehrern und Schülern müßte ein Vertrauensverhältnis bestehen, das Schüler motiviert, sich mit Dingen auseinanderzusetzen, die etwas mit ihnen persönlich zu tun haben». Dem kann umso mehr zugestimmt werden, als z.B. Plüschtiere als Gegenstand von Identifikation und Projektion gedeutet werden und nach den Momenten individueller und kollektiver Erfahrung gefragt wird.

(17) Kämpf-Jansen

(18) Kämpf-Jansen 1979, S.176

Die Interpretation der Untersuchungsergebnisse rechtfertigt nicht nur die Aufmerksamkeit für die Gegenstände, die auch Jugendliche sammeln – und Erwachsene – sondern legt auch die Annahme nahe, daß hier Motive der Kindheit weiter wirksam sind: die psychische Thematik wohl vor allem.

Aber wenn man nach den Funktionen der kindlichen wie der jugendlichen Sammeltätigkeit fragt, dann schwinden die Unterschiede. So unterschiedlich die Sammlungen und die gesammelten Objekte sein mögen, funktional dürften die Hypothesen, die Fatke/Flitner für die Kinder formulieren, sich auch für die Jugendlichen weiterschreiben lassen. Sammeln, heißt es, sei eine Form der «Selbst- und Welterfahrung» und trage bei zur Bestimmung und Erweiterung der Identitität. Das trifft auf den zu, der eine «Tote-Käfer-Sammlung» anlegt, wie auf den, der Bundesligaspieler sammelt, wie auf den, der Schlagerstars stapelt. Und ganz sicher sind für Kinder wie für Jugendliche Sammlungen ein Teil der «Selbstdefinition» mit unterschiedlichen Mitteln in verschiedenen Richtungen. Nach «innen»: um immer mehr von einer Sache zu «haben»; nach außen: um als derjenige zu gelten, der alles von einer Sache hat oder weiß, oder kann.

(19) vgl. auch die Schülersammlungen

(20) Fatke/Flitner

Sammeln hat etwas mit dem Umgang mit Dingen zu tun, mit Entdecken, Finden und Ordnen, mit Systematisieren und sich anschmiegen, mit Interessen und Gefühlen, mit sinnlicher Nähe zu dem, womit sich Emotionalität und Interesse verbinden.

Unser erstes Plädoyer kann nur sein, jedes Sammelbedürfnis zu unterstützen. Unser zweites lautet: eine derart affektiv gespeiste und erkenntnishaltige Tätigkeitsform darf nicht auslassen, wer Formen ursprünglichen, spontanen, subjektiven Lernens, wer die Entfaltung ästhetischen Verhaltens unterstützen will.

(21) vgl. auch «Spielen und Lernen» u.a. 5/1981, 11/1981

Sammeln als didaktischer Impuls

(22) Eucker/Ruppick

Abb. 5 (S. 117): Haustüren von Schülern der 1. Klasse (aus: Eucker/Ruppick

Johannes *Eucker* und Brigitte *Ruppick* berichten von einem schönen Beispiel, in dem die Sammeltätigkeit der Lehrenden für die Schüler produktiv gemacht werden kann. Die Nähe, in der die Kinder zur Schule wohnen,

läßt einen gemeinsamen Rundgang der Klasse zu allen Häusern zu, in denen Kinder dieser ersten Klasse wohnen. «Die Schüler sollen ihr Haus genau beobachten, bewußter wahrnehmen und es (später: gmo) mit seinen spezifischen Merkmalen darstellen. Dazu fotografiere ich auf dem Unterrichtsgang das Haus jedes Kindes (die Fassade von der gegenüberliegenden Straßenseite aus) und die Haustür als Nahaufnahme. Das Foto der Haustür wird später Bestandteil des von den Schülern gemalten Hauses. Die Fotos der Hausfassaden dienen zur Erinnerung und zur Dokumentation unseres Rundganges». Man kann sich leicht das Potential an Aufregung, an Wiedererkennenwollen, die Identifikation «mein Haus». «meine Haustür» vorstellen: «Als ich dann die Fotos von 27 Hausfassaden und 27 Türen auf einem großen Tisch vor den Kindern ausbreite, beobachte ich mit Erstaunen, wie schnell sie ihre eigene Tür, ihr Haus wiedererkennen. Mir scheinen die Fassaden, meist graue, monoton renovierte Altbaufassaden alle sehr änlich ... . Oft sind es winzige Details, an denen die Kinder ihre Haustür wiedererkennen: 'Ach ja, das ist meine Tür, da ist die Farbe so abgebröckelt!', 'Ich kenne meine Tür, weil da so eine komische, rauhe Glasscheibe drin ist!', 'meine Haustür ist oben rund, und außerdem ist da die Hausnummer drüber'....».

(23) Eucker/Ruppick

Abb. 5

(24) Eucker/Ruppick

Dann wird gemalt. Jeder malt sein Haus. Aber jeder kennt das Haus eines jeden anderen ein bißchen mehr. Dadurch, daß die Fotos, daß jetzt allmählich die fertig werdenden Malereien nebeneinander liegen, gesammelt, wird Fremdes und Eigenes in Erfahrung gebracht.

Abb. 6: Schülerarbeit ; (25) Eucker/Ruppick

Sammeln als Erkenntnis- und Gestaltungsweise

Um die Kapazität, die Reichweite dessen zu zeigen, was im ästhetischen Bereich und unter ästhetischer Fragestellung Sammeln heißt, stellen wir an den Schluß dieses Abschnittes zwei Beispiele für ganz und gar unterschiedliche, ja beinahe entgegengesetzte Sammelpraxis. In beiden Fällen geht es um weit mehr als um gegenständliches Sammeln. Sammeln ist hier nicht nur Modus, sondern Bedingung der Auslegung. Es handelt sich um ein Arrangement von Anna *Oppermann* und um eine Bild-Text-Argumentation zu einer auffälligen Korrespondenz zwischen NS-Ästhetik und aktuellem Mode-Design. In beiden Fällen ist ein deutlicher Bezug zur Prozedur des Sammelns gegeben. Beide Beiträge sind ohne spezifische Akte des Sammelns nicht denkbar.

Sammeln als Praxis des Bildermachens:
Anna Oppermanns Arrangements

Abb. 7 (S.117): Anna Oppermann, Lindenblütenblätter, 1978ff

Dietrich *Helms* hat den Vorgang und Hergang, die Entstehung und die Zustände von Anna *Oppermanns* Arrangements genau beschrieben:

«Es sind raumfüllende Arrangements von Fotos, Zeichnungen, Textblättern, kleineren Objekten – auf mit Laken bedeckten Podesten aufgestellt und ausgebreitet, die Wand, eine Raumecke, bis oben hin, dicht an dicht füllend auch auf dem Boden noch weitergeführt, dort durch Kreidelinien rechtwinklig abgegrenzt und beschriftet. Ein Ensemble ist an jedem Standort anders, die Teile werden je nach Raumgegebenheiten (z.B. Wandhöhe) zusammengefügt, manchmal bleibt etwas weg, anderes kommt hinzu. Vor allem kommen immer Fotos, Fotovergrößerungen, hinzu, die den vorhergehenden Zustand festhalten, mit einbringen in den

am
Beispiel
Lindenblüt

jetzigen. Der Ausbreitungsprozeß der Ensembles wird ergänzt, gehalten durch den fortschreitend mithaltenden Erinnerungsbeistand, den fortwährenden Rückblick.

Kern eines solchen komplizierten Bildvorgangs ist tatsächlich ein ganz einfacher Vorgang – wie der Titel des Ensembles angibt: Der Versuch, ein gefundenes, unscheinbares Objekt (Lindenblütenblätter), hingelegt auf einen Teller, einen Tisch, zu zeichnen. Dabei freilich Augenmerk und Bewußtsein auf das Komplexe dieses Vorgangs zu richten: nicht nur auf das Objekt, seine Umgebung, die Zeichnung, das Verhältnis der Zeichnung zum Abgezeichneten – sondern auch auf sich selbst in der Rolle der Zeichnenden, der Künstlerin. Die Hoffnung geht dahin, in diesem Vorgang etwas von sich selbst zu erfassen. Etwas von sich deuten zu können, verstehen zu können, mitteilen zu können.

Es läßt sich einsehen, daß dies ein Schritt in einem Prozeß ist, der immer wieder um einen weiteren Schritt fortgesetzt werden will, dessen Ende nicht abzusehen ist. (...)

Es sind selbstverfaßte Notizen oder abgeschriebene Texte, die sich mit psychologischen, soziologischen, philosophischen Fragen befassen. Wobei es merkwürdig ist, daß soche Fremd-Texte, die an ihrem Fundort in der wissenschaftlichen Literatur mit einiger Sicherheit etwas zu erklären scheinen, im Zusammenhang der Ensembles vage werden, sich wechselseitig entkräften, nur noch Möglichkeiten, zu etwas zu denken, beschreiben.

Die Ausgangspunkte, von denen der aufwendige perpetuierte Bildprozeß seinen Anlaß nimmt, sind durchweg wie in unserem Beispiel einfache, armselige Fundsachen oder Gebrauchs- und Ziergegenstände, im Haushalt (Bohnen, Schnittlauch, Handspiegel, Gardinen, Stickerei, Messer). Sie vertreten einen sehr eingeschränkten Erfahrungsbereich, die Haushalts-Welt, in der man sich gefangen fühlen muß.»

(26) Helms 1977

Worauf bezieht sich hier Sammeln? Auf die Spuren der Existenz, das eigene Nachdenken, auf «Lebensspuren». Sammlung als kontinuierliches Selbstprotokoll. Das Arrangement, das aus der Sammlung entsteht, gewinnt seine ästhetische Dimension aus der Vielfalt der Selbstbeobachtungen und der Auslegungsfähigkeit hinterlassener Spuren.

Sammeln als Entdeckung von Herkunftslinien: NS-Kunst und aktuelle Modefotografie

In dem zweiten Beispiel geht es inhaltlich darum, über Korrespondenzen nachzudenken, die sich anhand von aktuellen Werbefotos der Modeindustrie, Plastiken und Fotos aus der NS-Zeit aufzudrängen scheinen.

(27) K+U 98/1985

Der nachfolgende Text ist durch einen Zufallsfund ausgelöst, der nachdenklich machte und Fragen aufwarf: ein Foto, eine Pose – übrigens oft auch ein bestimmter Sprachgebrauch – erinnern, heute verwendet, an andere Zeiten, an die NS-Zeit zum Beispiel, oder an die 20er Jahre, an die 50er Jahre. Was liegt dem zugrunde? Äußern sich hier geistige Verwandtschaft, gemeinsames ideologisches Potential, ähnliche Zielsetzung? Oder können ähnliche ästhetische Signale unterschiedlichen Herren dienen – einmal der Uniformierung, ein ander Mal dem jugendlichen Protestverhalten, dann wieder dem Marktmechanismus notwendigen modischen Wechsels?

In einem Modejournal entdeckten wir im Sommer 1984 eine Fotoserie, die sowohl zur Verschönerung des Körpers durch Gymnastik als auch zum

Abb. 8: Rudy Molacek: Rhythmische Gymnastik. In: Vogue 1/1984, S,139

Kauf eines Badeanzugs anhalten sollte. Ein wie ein BDM-Mädchen 'gestyltes' Fotomodell übt mit Reifen und Keulen am Strand. Die blonden Zöpfe und der 30er Jahre-Badeanzug, dazu dieser Blick, diese Pose und die Untersicht als erhöhendes Darstellungsmittel, die dramatischen Wolken im Hintergrund – ist das ein «altes Foto»? Die Abgebildete müßte den rassischen Idealen der NSDAP genau entsprochen haben.

Diejenigen, denen der Badeanzug gefiel, bekamen in dem von der Redaktion als Bezugsquelle angegebenen Münchener Kaufhaus die Auskunft, sie seien einer Fehlinformation aufgesessen, sie könnten den Badeanzug hier nicht kaufen, aber schon ca. 200 Frauen hätten zuvor danach gefragt.

Da findet man «ideale Menschen» in Modezeitschriften, und die Werbung läßt im Jahre 1984 Erinnerungen an Menschenideale von vor 50 Jahren aufkommen. Frisur und Kleidung wirken wie Zitate aus der Sportfotografie, der Plastik und Malerei des Nationalsozialismus. Das allein würde noch nicht nachdenklich machen, bestünde nicht die Ähnlichkeit in der Pose, in der Haltung des Kopfes und in der verkrampften Entschlossenheit des Gesichtsausdrucks. All das wird auch nicht *jeden* stutzig machen. Die *Abb. 8*

Abb. 9: Werbung, Martinique, in: Avenue, September 1984
Abb. 10: J. Thorak, Faustkämpfer, Bronze, 1935

Rezeption solcher Fotos ist individuell unterschiedlich. Verschiedene Erinnerungen können durch Bilder ausgelöst werden: das BDM-Sportfest, Gymnastikfotos der 20er Jahre, Jugendbewegtes ebenso wie politische Erziehung. Aber die Assoziation der Ästhetik des «Dritten Reiches» bietet sich an, weil die Darstellung der Sportlerin mit denselben Mitteln stilisiert ist, die man damals gebraucht hat.

Weil die Dame im Badeanzug nicht allein steht – was gezeigt werden soll – wird hier weitergefragt. Unsere Vermutung ist: es gibt in den 80er Jahren eine erklärbare und nicht isoliert oder nur zufällig auftretende Faszination durch «schöne» Körper mit prachtvoller Gebärde, durch die Präsentation des muskulösen Körpers, ja auch manche gewalttätige Pose gehört in diesen Zusammenhang. Wir wollen näher untersuchen, was das alles bedeutet oder bedeuten kann. In einem so «extrovertierten Jahrzehnt» wie in den 80ern ist der Spaß am Vorzeigen des eigenen Körpers ein Teil dessen, was in anderem Zusammenhang als «Sprache der neuen Mystik» als Verbindungsstück zwiscben Hoheit und Hohlheit indiziert worden ist. Manche der folgenden Fotos legen die Annahmen nahe, der Narzißmus gehe mit dem Gefühl behaupteter Machtlosigkeit in der Gesellschaft, im Parteienstaat überein, die äußere Attitüde entspreche, wie man gelegentlich *Botho Strauss*'ens Sprachmustern nachsagt, «der modischen Wende des Antirationalen ins schwüle, jungmännlich verschwärmte Pathos». Dann aber wäre weiter zu fragen, ob die Bereitschaft zur Selbstinszenierung, die kraftstrotzende Präsentation, der Rückzug auf den eigenen Körper in der Wahl der Mittel die geschichtliche Erfahrung negierten? Deswegen sollen Analogien, die sich aufdrängen, diskutiert werden.

(28) vgl. FAZ-Magazin 256/25.1.85

(29) Fuld

(30) Fuld

Daß ältere ästhetische Darstellungsweisen und Inszenierungskonzepte offenbar neuerlich verwendet werden, soll in den Fotos aufgewiesen werden. die Hintergründe, auch die Zusammenhänge sind zunächst unklar. Daher gehen auch die folgenden Darlegungen kaum über Vermutungen, über Annahmen, zu denen Anlaß besteht, hinaus. Das Feld der Erörterung aktuellen Materials hat eine Reihe naheliegender Bezugspunkte: Körperbewußtsein, NS-Kunst, Gewaltförmigkeit, Körperkultur der Lebensreformer ....

Abb. 11: J. Thorak, Kameradschaft, Gipsmodell, 1937
Abb. 12: Werbung, Martinique, in: Avenue, September 1984

Die Herkunft des Bildmaterials ist unterschiedlich. Mithin unterscheiden sich auch die Zielgruppen und die beabsichtigtenWirkungen. Bei den Bildern aus der NS-Zeit handelt es sich um staatsoffizielle Plastik und Malerei und um Fotos aus dem Umfeld der Leibesertüchtigung. Gemeinsam ist ihnen die «erzieherische» Intention, die Funktion als Leit– oder Vorbild, als Idol oder «Überreder». Die aktuellen Fotos stammen aus den Modezeitschriften «Vogue» und «Avenue» und der Werbung der Bekleidungsfirma «Martinique» der Jahrgänge 1984 und 1985 (zur Verdeutlichung sind zum Teil Ausschnitte gewählt worden). (31) Maletzke

Für einige der nachfolgenden Interpretationen ist es wichtig, sich vor Augen zu halten, daß natürlich auch die NS-Ästhetik historische Wurzeln hat. Einzelne Analysen beweisen, daß sowohl in der Plastik als auch in der Malerei, in der Fotografie wie auch im Film und am deutlichsten in der Architektur, Merkmale, die wir heute der Zeit des Nationalsozialismus zuordnen, Produkte einer sowohl weltanschaulichen wie ästhetischen Entwicklung sind. Die politischen Absichten des Nationalsozialismus sowie die ästhetischen Mittel und Wege ihrer Symbolisierung, ihrer Veranschauli- (32) Hinz chung, Verbildlichung, waren keine einschneidend neuen Erfindungen des Jahrs 1933, wie ja auch die politische Ideologie nicht unvorbereitet oder gar plötzlich über die Menschen gekommen ist. Die bevorzugten Themen, wie Familie, Mutterschaft, 'Blut und Boden' und Kampfbereitschaft, die formalen Merkmale ihrer bildlichen Präsentation waren auf einer Traditionslinie völkischen Denkens, ausgemachter Intellektfeindlichkeit und rassischen Bewußtseins seit Ende des 19. Jahrhunderts vorbereitet. Dieser «Stil» hatte in Europa durchaus Entsprechungen und kann als tendenziell international gelten.

(33) Wolbert

Wenn heute Inszenierungen oder Präsentations- und Darstellungsweisen z.B. in Mode- oder Sportfotos an Inhalte und Ausdrucksgestus einer anderen Zeit erinnern, so sind Wahrnehmung und Nachdenken auf Sensibilität und Bewußtsein angewiesen, um die Konnotationen, die mitlaufenden Bedeutungen, so individuell verschieden sie wahrgenommen werden mögen, zu erfassen. Nur so kann rekonstruiert werden, welcher Formhülsen man sich jetzt, zu einer anderen Zeit, im Appell an eine andere Generation bedient. Das heißt: wir müssen uns fragen, ob wir auf Ideale verpflichtet werden sollen, die wir nicht verstehen, weil wir sie nicht kennen oder nicht erkennen.

«Helden » und «Kämpfer»

Im nächsten Schritt werden Ausdrucksqualitäten und ästhetische Mittel in NS-Plastiken und aktuellen Modefotos miteinander verglichen. In der NS-Plastik werden Körper zum Symbol stilisiert. Sie wirken wie Identifikationsangebote. Über die «äußere Hülle» wird eine innere Haltung ver-

Abb. 13: Der ideale deutsche Mann, aus: Heil Hitler, Herr Lehrer – Volksschule 1933-1945, Hamburg 1983
Abb. 14: Rudy Molacek, Rhythmische Gymnastik, aus: Vogue 1/1984

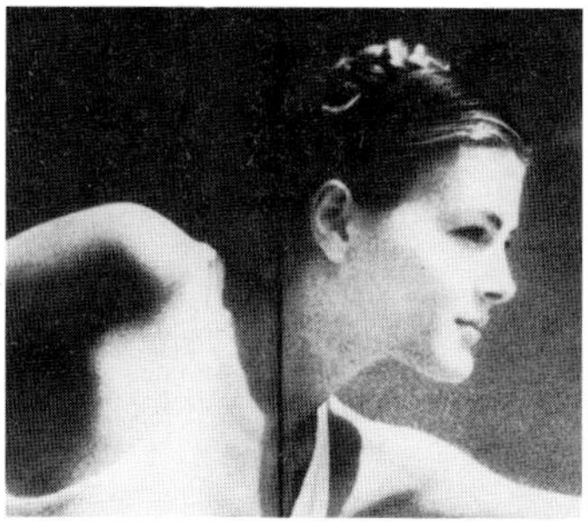

Abb. 15: W. Willrich, Steierische Bauerntochter, 1933
Abb. 16: Rudy Molacek, Rhythmische Gymnastik, aus: Vogue 1/1984

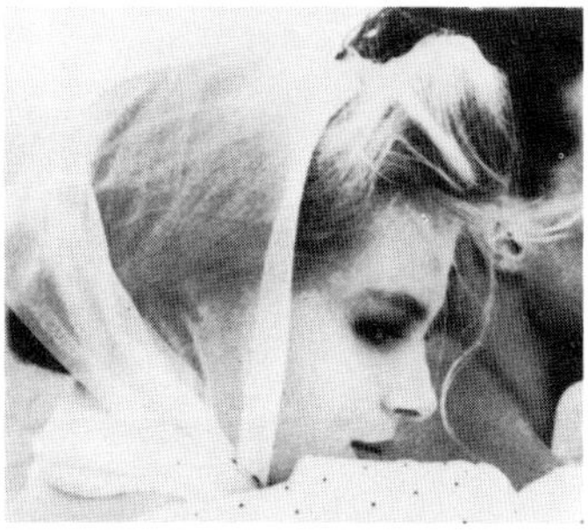

Abb. 17: Rudy Molacek, Modefoto, aus: Vogue 1/1984
Abb. 18: W. Willrich, Deutsches Mädel aus dem Baltenland, 1939

Abb. 19: Rudy Molacek, Rhythmische Gymnastik, aus: Vogue 1/1984 (Ausschnitt aus Abb. 8)
Abb. 20: Fahnenschwingerin, aus: Fischer, H. W., Menschenschönheit, Berlin 1935

mittelt. Identifikationsangebote dieser Art macht heute die Mode, präsentiert durch Fotos in Journalen. Die erzielte Breitenwirkung dieser Verteiler ist der der NS-Plastik durchaus vergleichbar, wenn sie nicht größer ist.

Das Vorbild damals: ein erzogener Leib. Ein idealer Körper hatte in jedem Fall nordisch zu sein und sich einem antiken Vorbild anzunähern. Rassisch und gesund im Kampf gegen den 'Untermenschen' war er der 'Elite' geweiht und zum 'Führer' bestimmt.

Die Körper von Männern und Frauen sollten fest und makellos sein, wie unter Folie, ohne Weichheit und Unregelmäßigkeiten. Damals konnten solche Körper an der Demonstration der «aufgeladenen Pracht der Leiber» teilnehmen; heute trifft man sie eher in James-Bond-Filmen an. Aufgeladen waren sie damals schon mit elitärem Geist, mit vitaler Macht und Pracht, mit irrationalen Seelenkräften und animierender Erotik. Sie sollten überzeitlich sein, losgelöst von den kleinen Individuen, groß für den Führer und das Volk und die Ewigkeit. Diese prallen Körper stehen für «Tugenden», für ersehnte oder erstrebenswerte Zustände und Zuständlichkeiten. Sie stehen für 'Selbstverleugnung' und 'Kampfbereitschaft', für Kampfeswillen und Gewalt, für Nationalstolz und Überlegenheit.

(34) Wolbert
(35) Wolbert
(36) Wolbert

Abb. 21: Adolf Frise: Revolution der Jugend, in: Die neue Linie, XI. Jg. (1940), Heft 12

Abb. 22: Leni Riefenstahl, Anmut, 1936
Abb. 23: Rudy Molacek, Rhythmische Gymnastik, aus: Vogue 1/1984

(37) A. Hitler, zit. nach Hinz

(38) Hinz

«Wer ein Volk zum Stolz erziehen will, muß ihm auch sichtbaren Anlaß zum Stolz geben».

Und sichtbar wäre diese monumentalisierte Leibeszucht nun gewiß: der Mann zum unüberwindbaren Sieger erhöht und die Frau in ihrer Mischfunktion als Madonna einerseits und Produzentin von Arbeits– und Wehrkraft andererseits. Ganz in 'frisch gewaschener Appetitlichkeit' war sie gut nutzbar für ein Konglomerat aus politischen Appellen, massiven Erziehungsabsichten im Verein mit volkswirtschaftlichen und erotischen Interessen. Kriegsbereitschaft fungiert als Leitlinie, auf der das Beispiel von Monumentalität und erstrebenswerter Übergröße gesteigert werden sollte.

Abb. 9, 10

Ein Held

Viel größer als der Rest der Menschheit und sehr mächtig, zunächst in seinen Körpermaßen (3,75 m hoch). Weil er so hoch steht und zu ihm hinaufgeschaut werden muß, ist er noch überlegener.

Abb. 10

So, ganz von unten nach oben gesehen, ist sein Kopf denn auch schmaler als einer dieser prächtigen Schenkel, und das ist wohl auch so gedacht.

Ob *Max Schmeling* wirklich, wie es heißt, Modell gestanden hat? Die breite gewölbte Stirn, die immer verhindert, daß Augen zu sehen sind, ist der des Boxers schon sehr ähnlich. Man ahnt die Entschlossenheit des Blicks in den dunklen Höhlen. Die zusammengebissenen Zähne lassen nun keine Schwachheiten mehr zu. Jetzt wird gekämpft. Den kräftigen Hals angespannt und ein energisches Kinn entschieden verkrampft, soll der ganze Körper eingesetzt werden. Er ist bereit. Der rechte Arm ist erhoben. Das Handgelenk neigt sich, man kann die Hand nicht sehen, aber ganz sicher ist sie zur Faust geballt. Dieser mächtige rechte Arm holt zum Schlag aus, und die linke Faust ist bereit, den nächsten schnell folgen zu lassen. Der Sieg scheint gewiß. Und wäre der Gegner stärker, er bliebe eingeschüchtert zurück, denn hier wird Macht demonstriert, erst über den eigenen Körper und dann über alles, was sich ihm entgegenstellt. Die Muskulatur ist trainiert, jede Faser wurde in Hochform gebracht, und was hier massiv wirkt, ist kein weiches Fleisch, das sind harte Muskeln an Ober– und Unterschenkeln, geformt im Training, für die Kraft und die Schönheit und ... ja wofür eigentlich? Bei diesem «Faustkämpfer» (1935) liegt es nahe, zu ergänzen ... für den Kampf.

(39) Skulptur und Macht

Abb. 10

Wozu aber die kraftvolle Gebärde des Modejünglings unserer Tage? Ist es nur Pose oder bringt Gewalttätigkeit neuerlich, oder immer noch, oder immer wieder Lust? Oder soll nur klar gemacht werden, wer hier «gewinnt»? Was als Gebärde für die Mode tänzerisch variiert wird, ist ein «Posen», das die Muskeln vorteilhaft zeigen soll.

Abb. 9

Darin ist verdeckte Gewalt, nicht offen kämpferisch oder eindeutig auf einen Gegner gerichtet, sondern bekleidet, verhüllt demonstrierte Manneskraft, muskelstark mit Macht über den eigenen Körper. Oder doch hohl? Unverhohlen dagegen der Faustkämpfer von 1935.

Abb. 24: Fidus, Lichtgebet, 1913
Abb. 25: Leni Riefenstahl, Schönheit im olympischen Kampf, 1936

(40) Hartwig

Hartwig akzentuiert in seinem Bericht über die Jugendkultur «Modeverhalten» als Fortsetzung der Körpersprache. Seine Aufmerksamkeit gilt hier speziell den subkulturellen Kleidungsgewohnheiten – also einem Herkunftsstrang, einem «Orientierungsmuster» für weite Bereiche der heutigen «Oberschichtmode». Interpretiert man die Posen und Gebärden auf aktuellen Modefotos als Symbolsprache, wie das Hartwig mit Kleidungsstücken und Accessoirs tut, dann treffen wir auch in unserem Material auf Männlichkeitssymbole, die einerseits zwar direkt nichts mit dem Faschismus zu tun haben, aber andererseits «für die körperliche Stärke bis zur Gewaltfähigkeit eine zentrale Rolle» spielen. Bezogen auf diesen Inhalt werde nach Symbolen gegriffen,von denen bekannt sei, daß sie historisch Gewalttätigkeit, Schrecken, Angst repräsentierten (ebd.).

Abb. 11: J. Thorak: Kameradschaft, Gipsmodell, 1937
Abb. 12: Werbung «Martinique», in: Avenue 1984

Der neue Mensch, ein Kämpfer

Gemeinsamkeit macht stark. Zwei entschlossene Kämpfer sind besser als einer. «Kameradschaft» ist als Tugend kaum schlagbar, und zwei Männer, die eng beieinander und fest zueinander stehen, sind ein Symbol dafür.

Wie bei Schildkröten ragt der kleine Kopf aus dem gepanzerten Körper hervor. Ungeschützt und hoch erhoben ist er doch vergleichsweise unerheblich, bezogen auf das mächtige Muskelschild. Den Blick auf Höheres gerichtet, ist das eigene kleine innere Wesen nicht bedeutend. Es wird verleugnet für das große Ziel, und das ist greifbar nahe, mit dem Kameraden an der Seite und dem gestählten Körper.

Wer wollte es bezweifeln: an diesen beiden kommt keiner vorbei. Sie bilden eine Einheit. Beide Oberkörper sind prächtig ausgestattet. Jeder Muskelstrang ist sichtbar, alles ist an seinem Platz und in die bestmögliche Form gebracht. Keine Fettschicht verhindert, daß sich der gespannte Muskel unter der Haut abzeichnet. Ein «körperliches Ideal», das dem der «Hochzeiten der abendländischen Kunst nahekommt, aber nicht erträumt ist, sondern von unseren Sportstätten, aus unserem heutigen Menschentum genommen und als Signum hingestellt wird ...». Breitbeinig kreuzt das rechte Muskelbein der einen Figur das linke der anderen, verbindet beide, läßt sie noch fester stehen und widerstehen.

(41) Die Kunst im Deutschen Reich; vgl. auch Hinkel

Abb. 12

Die Modemänner sind gepolstert. Bei gleicher Gebärde mit weniger Muskeln bedarf es schon eines Schulterpolsters, eines Brustweite vortäuschenden Sweatshirts. Weil die Männer auf den Fotos kleiner sind als ihre «Kameraden» (die sind 5 m hoch), mußten sie erst recht durch Untersicht vergrößert werden. Ihnen fehlt ein wesentliches Merkmal, das die anderen zu Kameraden macht: die kräftigen, ineinandergelegten rechten Hände. Jeder der Modemänner ballt für sich die Fäuste – in seinen Handschuhen. Der grimmige Blick in die Ferne wirkt ernsthaft entschlossen, man weiß nur nicht wozu – zumal sie nicht in die gleiche Richtung blicken.

Was 1937 als monumentalisierte Leibeszucht Tugenden symbolisierte, taucht 1984 in Modefotos wieder auf. Gerade die Ablösung von der ideologischen Fracht läßt den Gestus noch überheblicher erscheinen, macht die Pseudogeste womöglich noch gewalttätiger.

Der 'ideale deutsche Mann'. Die 'ideale deutsche Frau'. 'Nordische Rasse'

«Formen: großwüchsig, schlank; langköpfig, schmalgesichtig; Nase schmal, Haar wellig».

(42) Bilder Deutscher Rassen
Abb. 13: «Der ideale deutsche Mann»

«Farben: sehr hell, Haar goldblond; Augen blau bis grau, Haut rosig–weiß».

Das ist nicht das «Portrait eines Einzelnen, sondern die symbolkräftige

Abb. 26: Werbung, Martinique, in: Avenue, September 1984

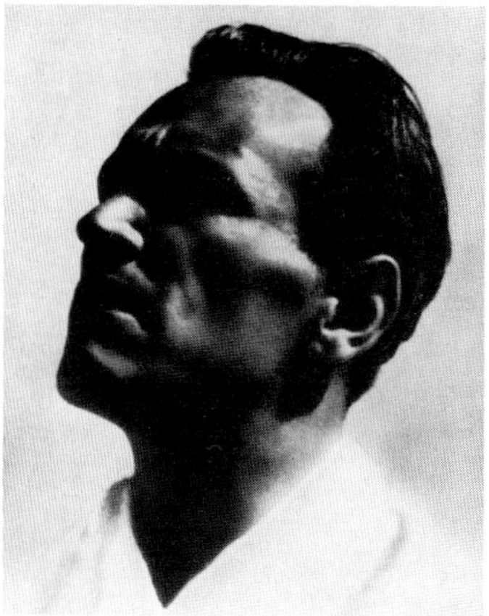

Abb. 27: Luis Trenker in dem Film «Heiliger Berg» von Leni Riefenstahl, 1933

Abb. 28: Werbung, Martinique, in: Avenue, September 1984

Abb. 29: Bild zu: «Das Programm der NSDAP wird erfüllt», 1939

Abb. 30: Teil einer Skulptur von Arno Breker, aus: Die Kunst im Dritten Reich, 1939

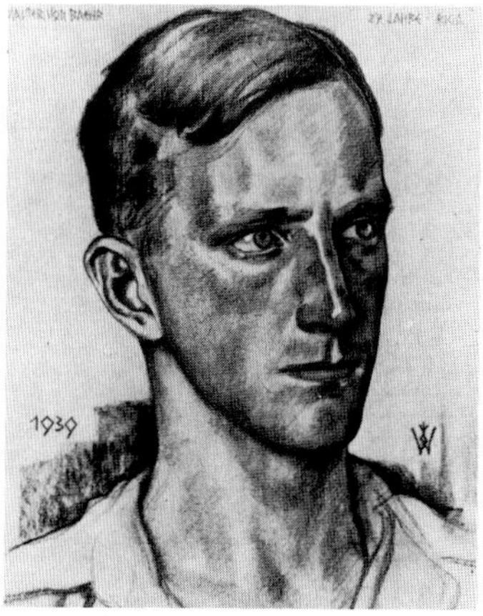

Abb. 31: W. Willrich, Deutscher Jugendbauernführer aus dem Baltenland, 1939

(43) Wolbert

Abb. 9-12, Abb. 19-24

männliche Gestalt als Gleichnis höherer Ordnungen, nicht das Individuum, sondern der Mythos». Die Augen sind wieder in dunklen Höhlen verborgen, hervorgehoben wird das überindividuelle, das zum Ideal erklärt wird. Diese Art der fotografischen Darstellung ist nicht zufällig. Sie ist Teil der Inszenierung. Und sie begegnet uns heute wieder. Das starke Licht mit den dunklen Schatten macht die Gesichter hart und markant. Die tiefen Schatten über den Augenhöhlen sind kein Zufall. Jeder Fotograf beherrscht heute das 'Aufhellen' des Gesichtes bei starker Sonne mit weißen Flächen oder Spiegeln. Ein Verzicht darauf geschieht also absichtsvoll in Hinblick auf die angestrebte Wirkung. Neben der Untersicht und den Übergrößen hat die Lichtregie wesentlich Anteil an den dramatischen Inszenierungen der Gewalt.

Abb. 13; Abb. 14-16,18-20

Abb. 15; Abb. 17

(44) Hinkel

Dieser 'ideale deutsche Mann' ist mit der 'idealen deutschen Frau' gemeinsam im Kampf gegen den 'Untermenschen' aktiv in der 'Aufnordung' der Rassen und kraftvoll in der Zucht des Leibes. Die 'steierische Bauerntochter' von *Wolfgang Wilrich* oder das 'Deutsche Mädel aus dem Baltenland' sind ideal; «dicke blonde Zöpfe, helle Haut, hart und sauber», mit einem gesunden und gut trainierten Körper.

Rückgriffe über die Vorbilder hinaus

Abb. 8, 14, 16, 19, 23
Abb. 8, 16, 19

Und wie werden 1984 Modefotos inszeniert: der blonden Frau wird der Zopf um den Kopf geschlungen zu einer bäuerlichen Frisur. Ihr Gesicht scheint ungeschminkt, sauber. Das energische Kinn vorgeschoben, den Blick nach oben gerichtet, gilt ihr Kampf den Oberarmen, die 'schnell schlaff aussehen' (Text im Bild). Der starke Mann steht hinter ihr, wie sie, die Hantel fest in der Hand und kraftvoll gestemmt, was ihm nach Aussage des Bildtextes naturgemäß viel leichter fällt.

Die Korrespondenz mit der Ästhetik des 'Dritten Reiches' ist auch ohne genaue formale Entsprechung zu einem Zeitdokument deutlich. Fast könnte man sagen, die NS-Merkmale werden in dem aktuellen Bildbeispiel in einer Weise gesteigert, die die so inszenierte Reinrassigkeit plakativer macht, als in den Dokumenten der damaligen Zeit.

Abb. 21-25
Abb. 17; Bildbeispiel S.113 in der gleichen Zeitschrift

Welche Absicht mag dahinter stecken, wenn uns in Fotos das ästhetische Repertoire des Faschismus wieder begegnet? Gegen einen Zufall spricht erstens, daß die einzelnen Stilmerkmale zu genau wiederholt werden, zweitens, daß es einigen Aufwandes, z. B. durch Filter, bedarf, die Dramatik der Wolkenbildung in dieser Weise kontrastierend als Hintergrund zu verwenden. Schließlich kann dieses Fotomodell auch ganz anders 'gestylt' werden. Dieses Modell sieht nicht zufällig wie ein BDM-Mädchen aus. Es wurde für diese Rolle präpariert.

Liegen die Wurzeln tiefer?

(45) Frecot u.a.
Abb. 18

Noch ein weiter in die Geschichte ausgreifender Zusammenhang bietet sich für dieses Bildbeispiel an: die Körperkultur– und Lebensreformvorstellungen von *Fidus*, einem «Beweger» der Jahrhundertwende drängen sich wie eine Vor-Bild-Vergangenheit, wie eine Kulise auf, aus der souffliert wird. Sich in Luft und Sonne bewegen, immer dem Licht entgegengereckt, mache gesund und schön – war Glaubenssatz.

Die Körperkulturbewegung und andere Lebensreformbewegungen um 1900 kehren zur Natur zurück. Möglichst unbekleidet und makrobiotisch ernährt soll der Mensch eins werden mit den Elementen, um in Schönheit und Harmonie leben zu können. Gymnastische Erziehung formt den Körper und stellt ihn – schon damals – in den «Dienst der Rassenverbesserung» und «Aufartung». Alle Schönheit wird dem nordischen Menschen zugesprochen: «Goldenes Haar, blaue Augen, rote Lippen, weiße Zähne und ein sammetbrauner Leib – das ist die Farbenskala des zukünftigen Menschen in Europa». (46) Frecot u.a. (47) Pudor (48) Frecot u.a.

Mit «Selbstreform» konnte jeder einen Beitrag zur «Höherzüchtung» leisten – lange bevor es den Nationalsozialismus überhaupt gab. In diesem jugend– und reformbewegten Beginn des Jahrhunderts waren die holden «Lichtschwestern» schon bildhafter Ausdruck von Deutschtümelei und Antisemitismus. Mit Freikörperkultur und Ernährungsreform wird die gymnastische Erziehung des Leibes zur «Selbsterziehung und Neugestaltung des persönlichen Lebens». (49) Frecot u.a. (50) Frecot u.a. *Abb. 12, 15*

In den Fotos *Leni Riefenstahls* steigert sich in der Folge die bildliche Dramatik. Die Wolkenbildung des Himmels als übermächtige Kulisse für ebenso graziös gemeinte Posen, wie pathetische wirkende, setzen das Fidus–Motiv in fotografischer Technik fort. In Ihrer Eigenschaft als Fotografin idealer Körper, schöner Köpfe und nationalsozialistischer Tugenden wirken ihre olympischen Deutschen wie Paten für die Fotoserie aus dem Jahre 1984.

Eingangs war vermutet worden, die Korrespondenzen in der Körpersprache, die ästhetischen Parallelitäten in Bildbeispielen aus der NS-Kunst und der aktuellen Modefotografie könnten nicht zufällig sein. Die Affinität zur Ästhetik des Faschismus muß freilich, wie das Verhältnis zu Fidus zeigt, nicht allein den Faschismus zum Partner haben. Der Trend zu «neuer Sinnlichkeit», zum «Körperbewußtsein», der Hang zur Präsentation, zur Ästhetisierung, zur demonstrativen «Vervollkommnung» körperlicher Merkmale (Bodybuilding) führt offenbar auch dazu, ältere Formhülsen des Körperkults als Zitate zu verwenden. Aber muß diese «Wiederverwendung» nicht stutzig machen? Belegt sie nicht den Satz von *Brecht*: «Der Schoß, aus dem das kroch, ist fruchtbar noch»? *Abb. 24*

«... aber Gundel Neumann, Tochter des Arztes, hat richtige Zöpfe, übrigens sogar blonde. Ihr gelingt alles mit Leichtigkeit, was andere sich vergeblich wünschen. Ihr legt zum Beispiel Herr Warsinski ohne besonderern Grund, nur so im Vobeigehen, die Hand auf die Schulter. Seele ist Rasse von innen gesehen. Rasse ist Seele von außen gesehen. Rektor Rasenak hat einen runden Kopf, ein kleines dunkles Bürstenbärtchen auf der Oberlippe und eine kleine, doch allmählich sich vergrößernde Glatze. Da kommt ihm die Kniescheibe durch, würde Bruno Jordan sagen, wenn es sich nicht gerade um den Rektor handelte. Wer wirklich ergriffen ist, denkt jetzt sicherlich nicht daran, daß er im Zeigefinger des rechten Wollhandschuhs ein Loch hat und diesen Handschuh abkriegen muß, ehe die Flaggenehrung beginnt und alle rechten Hände in die Luft fliegen. Wer wirklich ergriffen ist, sieht sicherlich nicht, daß dem Jungmädel, welches nun zur Fahne tritt, rechtsseitig der Unterrock mindestens 2 cm vorguckt. Der würde den Blick auf des Mädchens leuchtende Augen heften. – Mein Wille ist euer Glaube. Adolf Hitler.
«Hisst Flagge» (ChristaWolf 1979, S. 95).

Wer gelernt hat, die Sprache beim Wort zu nehmen, ist vielleicht zu empfindlich geworden, um unkritisch jedem Jargon und seinen versteckten oder impliziten Bedeutungen zu verfallen. Weniger sensibel reagieren offenbar Jüngere, wie Ältere, auf das, was uns noch appellativer umgibt: zum Beispiel Bilder, visuelle Botschaften und Appelle. Eine Aufgabe u.a. der

Ästhetischen Erziehung ist es, zu lehren, daß man Bilder nicht nur bei ihrem Aussehen nehmen darf. Vielmehr deckt erst die hartnäckige Reflexion auf, im Dienste welcher Inhalte die Ästhetik steht und, was die Sache so schwierig macht, daß dieselbe Ästhetik durch verschiedene 'Herren' verwendet werden kann: wie z.B. einmal bei Fidus, das andere Mal durch die Nationalsozialisten, das dritte Mal bei denen, die der Körperlichkeit ihre ganze Aufmerksamkeit schenken wollen. Aber dann ist nach deren 'Beziehungen' zu fragen, wenn der Rezeptionsprozeß nicht um seine historische Dimension verkürzt werden soll. Sonst wüßten wir keine, auch keine individuelle Antwort auf die Frage: werden wir derzeit wieder frisch, natürlich, gesund, prachtvoll, ja auch gewalttätig und auch überheblich geformt – nach dem Bilde derer, die uns nun Klamotten verkaufen wollen? Oder gilt Mode als harmloser?

Der Narzißmus, der auch eine Komponente des Körperbewußtseins, ist, kann auch unberührbar machen für die Gegenwart. Die Verhältnisse scheinen widrig und düster, nicht änderbar, und so wendet man sich der Ästhetik des eigenen Leibes zu. Hat *Berthold Hinz* recht: «Ein Klima greift Raum, in dem subjektiv Faschismus gedeihen kann und wenn er gedeiht, noch mit Selbstverständlichkeit und Respekt gedeiht»; die überzeitliche, jenseits von 1933 bis 1945 zu erörternde Seite des Faschismus sei nie verlorengegangen.

(52) Hinz

Zusammenfassung: Sammeln ist Auslegen

In den Beispielen dieses Kapitels wollten wir zeigen, welche Handlungs– und Erkenntnisprozesse in der Tätigkeit des Sammelns zusammenlaufen können

- o Neugier und Besitzstreben
- o die Suche nach Zusammenhängen
- o die Vergewisserung der Objektwelt und seiner selbst
- o die Dokumentation von Welt und die Entdeckung von Nähe und Ferne zum anderen
- o die Dokumentation eigener psychischer Zustände, Wünsche und Träume
- o die Erinnerungsarbeit, die Fernes mit Aktuellem zusammenfügt.

Sammeln kann heißen, Gegenstände, Lieblingsdinge horten, mehr und anderes haben als andere, Entdeckungen machen und auf Fragen, auf Brüche stoßen.

Sammeln bezieht sich auf Objekte und auf das Sammeln im Kopf. Sammeln geschieht mit den Augen, den Händen, im Herzen und im Kopf.

Sammeln ist eine mentale Haltung: ein Gedächtnis für Bilder haben, Bilder im Kopf haben, Betroffenheiten nicht vergessen, neue Bilder mit alten und alte Bilder mit neuen verknüpfen.

KAPITEL 6

BILDERMACHEN ALS AUSLEGUNGSPRAXIS

Bilder machen (nicht nur in der Schule)

Von den Routinen zur Problembearbeitung

- Köpfe ähnlich zeichnen lernen
- Ein Vorbild haben – ein Denkmal setzen
- Mona Lisa sein
- Köpfe modellieren
- Domschkes Klassik

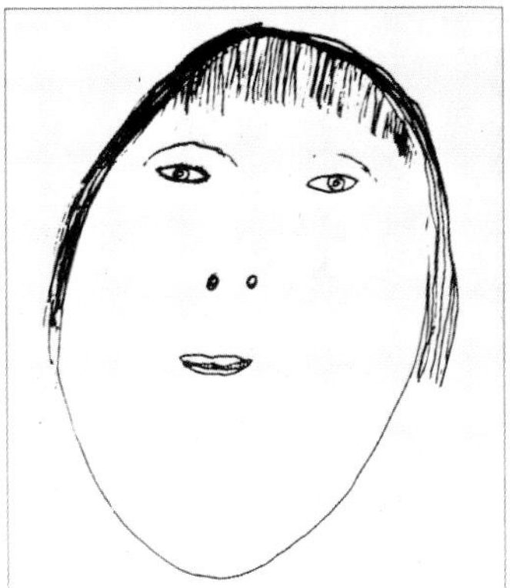

A.

KAPITEL 6: BILDERMACHEN ALS AUSLEGUNGSPRAXIS

Bilder machen (nicht nur in der Schule)

(1) Kaiser

In einer Studie aus dem Jahr 1967 werden für das Gebiet der Bundesrepublik im Zeitraum vom Ausgang des 19. Jahrhunderts bis in die 60er Jahre dieses Jahrhunderts 89 Formulierungen zur Bezeichnung von Kunstunterricht nachgewiesen. In der Fachliteratur finden sich 62, in der unabhängigen Diskussion 30, in der staatlichen Schulpolitik 23, in der Schulgesetzgebung 32 (die Mehrfachnennungen ergeben die über 89 Formulierungen liegende Gesamtzahl).

(2) Kaiser

Vor diesem verwirrenden Hintergrund besteht Anlaß, weit weniger differenzierte Wahrnehmungen und Einschätzungen der Betroffenen anzunehmen:

- die häufige Verbindung zwischen der Fachbezeichnung 'Zeichnen' und der fachspezifischen Tätigkeitsform 'Malen' hat niemandem Probleme gemacht – das bestätigt die Alltagssprache bis hin zu Kunststudenten noch heute.
- Die Annahme, wechselnde Namen für das Fach korrespondierten mit verschiedenen inhaltlichen Konzepten für den Unterricht, ist fahrlässig optimistisch.
- Daß man in dem Fach, wie immer es heißen oder sich verstehen mag, Bilder *macht*, 'eben malt', scheint verbreitete Auffassung zu sein. Bilder *betrachten* oder *beschreiben* oder *interpretieren* oder *analysieren* oder *auslegen* wird selten von Betroffenen erinnert.

(3) Vorlesungsverzeichnisse von Volkshochschulen

Bilder machen ist der verbreitet als selbstverständlich angenommene Inhalt der Ästhetischen Erziehung. Sieht man heute Veranstaltungsverzeichnisse z.B. der Volkshochschulen durch, ist das nicht anders: es gibt mit großer Regelmäßigkeit Kurse für Zeichnen, Aquarellieren, Aktzeichnen, Ölmalerei, Perspektivzeichnen, auch für Töpfern und Weben, für Fotografieren und Batik. Zuweilen kommt ein Kursus Ausstellungs– oder Museumsbesuch vor. Kurse über das Auslegen von Bildern (unter welcher Bezeichnung auch immer) stellen demgegenüber eine verblüffende Minderheit dar.

Für die Eröffnung eines Kapitels über das *Machen* von Bildern könnte daraus der Schluß gezogen werden, wir redeten von etwas, das selbstverständlich ist und keiner weiteren Begründung bedarf. Indessen unterscheiden wir uns

- von dem Absolutheitsanspruch, von der Gleichsetzung der Ästhetischen Erziehung mit der Praxis des *Bildermachens*. Ästhetische Erziehung ist in unserem Verständnis mehr.
- Genauer ist nachzufragen, *welche* Formen der Bildproduktion, *welche* Verfahren des Bildermachens kommen vor, vor allem: mit welchen Absichten ist eine bestimmte Form der ästhetischen Praxis des Bildermachens offenbar fest etabliert worden? Aber auch: sieht es dabei um Auslegung?

Um die Frage zu beantworten, muß bis zum Anfang des Jahrhunderts ausgeholt werden, weil viele Formen heutiger Praxis dort ihren Ausgangspunkt haben. In grober Vereinfachung läßt sich die Herkunft eines noch immer geltenden Fachverständnisses aus Positionen herleiten, die in der Kunsterziehungsbewegung in den ersten Jahren dieses Jahrhunderts vertreten wurden.

Abb. 1,2,3

Als Gegenentwurf zu Lernkonzepten des Zeichnens, die z.T. noch mathe-

Abb. 1a,b: Aus einem Zeichenheft, 1879/80 (Präparandenanstalt)

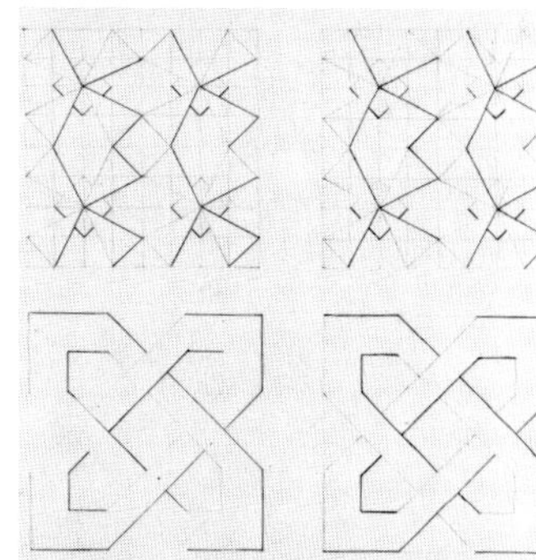

Abb. 2: Aus dem Zeichenheft von Anna Mühl, 1894
Abb. 3: Aus dem Zeichenheft von N. Decker, 1873/74

matisch begründet wurden – an die Methode des Vor-, Nach- und Abzeichnens gebunden, in der Schrittfolge festgelegt – zur Disziplinierung aufs Beste geeignet waren, als Gegenentwurf zu solchen Konzepten wurden die Programme zur Förderung der 'schöpferischen Kräfte' und Anerkennung der 'Kunst des Kindes' formuliert. Sie sind historisch zu begreifen im Kontext allgemeinpädagogischer Vorstellungen einer Pädagogik 'vom Kinde aus', im Kontext zeitgenössischer Kunstbegriffe, im Sinne der 'Expression' und der 'naiven' Grundlagen künstlerischen Schaffens überhaupt, als Protest gegen den damaligen Zeichenunterricht: weg von den Vorlagen und der Stigmograpie, hin zu jenen Vorstellungen, die sich zunächst in der Freilichtmalerei und dann im Expressiv–Elementaren verwirklichten. Das war in der Kunsterziehungsbewegung vielleicht eine der dynamischsten Positionen der Reformpädagogik, Teil lebensreformerischen Denkens der Gesellschaft an der Wende zum 20. Jahrhundert.

Abb. 1-3; Abb. 4,5

(4) Kunsterziehungstag 1902; Flitner/Kudritzky u.a.

(5) Sozialgeschichtlicher Kontext

Aus dem vorausgegangenen Verständnis von Schule, Unterricht und Zeichenunterricht kommend, resultierte

o eine anhaltende Akzentuierung der schöpferischen Tätigkeit, des Handelns, des Machens – woraus dann fatalerweise ziemlich geradlinig die These folgte, die künstlerischen Fächer kompensierten die intellektuellen Ansprüche der anderen Schulfächer, sie seien sozusagen die 'Erholungsfächer'. Viele Schüler, (nicht wenige Lehrer) haben das (ebenso wie die Schuladministration), wie wir wissen, sehr schnell in einer für sie vordergründig 'nützlichen' Weise in unterschiedlichen Formen wahrgenommen.

o Und die Akzentuierung des schöpferischen Handelns wurde mit einem spezifischen Vorverständnis verbunden: es sei, hieß es, und heißt es, an

Abb. 4, 5: Aus dem Muster-Zeichnen-Buch für Schulen und zum Selbstunterricht, ca. 1860

Maßstäben der *Originalität* zu messen; das 'kindlich Echte' sei das Wahre, Form sei entwicklungsgemäß zu finden; in heutiger Sprache würde man sagen, auf das 'innovative Potential' der Kinder sei zu setzen; realisiert werde in den ihnen gemäßen Ordnungen.

(6) Entwicklung und Ausdruck

Unser Verständnis von ästhetischer Erziehung, von ästhetischem Verhalten, vom Auslegen der Welt in Bildern, will sich von jenen historisch überkommenen Auffassungen als nur *einem* möglicherweise denkbaren Begründungszusammenhang für ästhetisches Verhalten entschieden absetzen. Auch wir sind dabei einseitig. Wir betonen im Ganzen durch den programmatischen Hinsweis auf die Praxis des Auslegens und speziell in diesem Kapitel über das *Herstellen* von Bildern mit Entschiedenheit das, was nicht als bewußtloses Quellen von 'Kräften', nicht als entwicklungsgebundener Ausdruck oder naive Bildersprache begriffen werden kann. Unsere didaktischen Leitlinien sind vielmehr:

- o Bilder machen ist eine 'historische Kategorie', d.h., es geschieht – gleichgültig durch wen – immer in Formen, die in einer bestimmten kulturellen Situation gefunden werden, heute z.B. anders als vor hundert Jahren;
- o auszugehen ist von der Tatsache, daß Kinder, die malen und zeichnen, von einer Welt von Bildern umgeben sind, deren Inhalte und Verfahren sie interessieren und beeinflussen;
- o zu beachten und nutzbar zu machen ist, daß andere auch schon Bilder gemacht haben;

—daß also Bilder unvermeidlich von Bildern kommen;
—daß man aus Bildern lernen kann, wie man Bilder machen kann.
—Schließlich: daß man aus Bildern Bilder machen kann.

(7) vgl. Kap. 9

Von den Routinen zur Problembearbeitung

Wer Bilder macht, ist von Bildern umgeben und hat (fast) immer schon Bilder vorher gesehen und/oder gemacht. Jeder kann daher im Alltag oft auf das verweisen, was er kann und was er nicht kann: «Leute nur, wenn sie nach links gucken», «Bewegung kann ich nicht», «Menschen kann ich nicht», «Köpfe sehen bei mir immer doof aus». Also jeder hat seine «Erfahrung» mit dem Medium.

(8) Inhalt, Thema, Motiv, Problem

Die Kunstdidaktik der 50er und 60er Jahre hatte in ihren Vorschlägen für Aufgaben einen doppelten Bezug: einen inhaltlichen und einen fachspezifischen; der inhaltliche schloß an Gegenständliches, an Erlebnis-, Umweltbezogenes an, der fachspezifische an Gestaltungsprobleme ('bildnerische Probleme' in der Sprache der Zeit) oder an (bildnerische) Verfahren. Der 'bleiche Bäckerjunge, der am nebligen Morgen blasse Brötchen' austrägt, sollte die Aufmerksamkeit auf das formale Problem der Herstellung einer langen Skala mit weiß oder grau getrübter Buntfarben lenken. Der 'schwarze Trompeter, der nachts im Schrank seines Hotelzimmers Trompete spielen übt', sollte mit dem Problem der Farbtrübung, mit der Leuchtkraft dosierter Akzente, mit Raumproblemen – Zimmer, Schrank, Trompeter drin – konfrontieren. Mit Recht ist an dieser 'Strategie' die Unerheblichkeit oder Beliebigkeit oder Austauschbarkeit der Inhalte kritisiert worden. Das Interesse der Schüler wurde in der Regel nur behauptet, oft waren die Inhalte für die Bearbeitung 'bildnerischer Probleme' instrumentalisiert, die die Schüler nicht hatten, sondern die der Lehrplan 'hatte', also gebot. Häufig wurde für die Kombination das große Wort 'Motivation' in Anspruch genommen. Ziel war die Erweiterung des bildnerischen Repertoires, die Anregung zum 'Denken im Medium des Bildnerischen'. Natürlich gelang das nur dann, wenn die Themen so gewählt wurden, daß sich die Schüler damit identifizieren konnten und wenn ihnen die bildnerischen Aspekte, die bearbeitet wurden, Spaß machten. Das kam (durchaus) vor.

Wir wollen in diesen Abschnitt Probleme des Bildermachens an einer Reihe von Situationen – aus der Schule und Hochschule – klarmachen, in denen es durchweg um Köpfe zeichnen oder um Köpfe malen geht.

Auch bei unseren folgenden didaktischen Strukturierungsversuchen bleibt die Notwendigkeit der Zuordnng von thematischen Aspekten und von ästhetischen Verfahren erhalten.

(9) Pfennig: 'bildnerisches Denken'

(10) Legler: Denken und Machen

(11) vgl. Eucker: zum Verhältnis fachlicher Gegenstände und inhaltlicher Bezüge

(12) Friedrich Jahresheft IV 1986

Köpfe ähnlich zeichnen lernen

Ein Mädchen von fast 8 Jahren zeichnet und malt immer wieder einen Kopf. Zwei Jahre lang füllt es Blätter mit großen flächigen Gesichtern, die untereinander ähnlich sind und immer das eigene sein sollen.

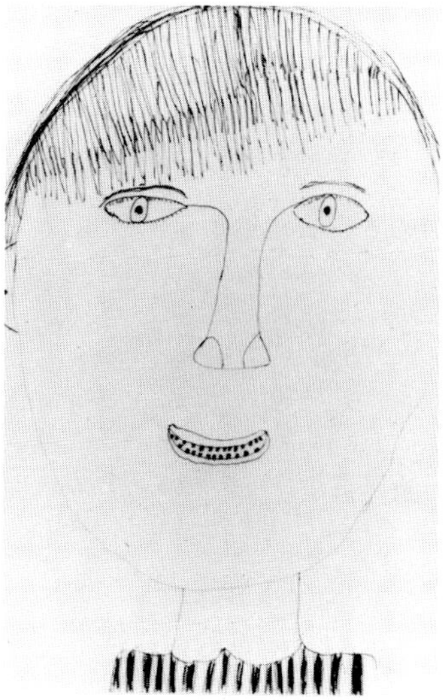
Abb. 6: Cornelia 7; 10 Jahre

Die erste Zeichnung des großen ovalen Kopfes (Abb. 6) füllt das Blatt bis an die Ränder. Für die kleinen Ohren bleibt da nur noch wenig Platz; weil die Ohrmuschel nicht glatt ist wie ein Löffel, werden die komplizierten Wölbungen durch einen Halbkreis mit Punkt vermerkt. Das WIchtigste an der Frisur ist der Pony, sind die Haarfransen, die seitlich ins Gesicht ragen. Offensichtlich hatte die mit der ersten Strichlage entstandene Länge nicht ausgereicht. In einem zweiten Anlauf wurde das Ponyhaar ins Gesicht hinein verlängert bis auf die Augenbraue des im Bilde linken Auges. Diese liegt wie eine Falte über dem geraden Lid. Über dem rechten, mandelförmigen Auge wölbt sich in größerem Abstand als beim linken die kurze Augenbraue. Das «Runde» im Auge, die Iris, ist etwas oval geraten, hat aber einen entschiedenen Punkt in der Mitte. Zwischen die Augen wird die Nase gehängt. Jeweils rechts und links aus dem inneren Augenwinkel führt die Nasenkontur erst im weichen Bogen zur Mitte und als Gerade in das Zentrum des großen Kopfes, zur Nasenspitze, die im ersten Anlauf nicht spitz, sondern stumpf und gerade geworden ist. Die Nasenlöcher werden ergänzt, als Rundung der Ecken innerhalb der Außenkontur. Darunter der Mund, wie ein Halbmond, freundlich nach oben gebogene

Abb. 7: Cornelia 9 Jahre

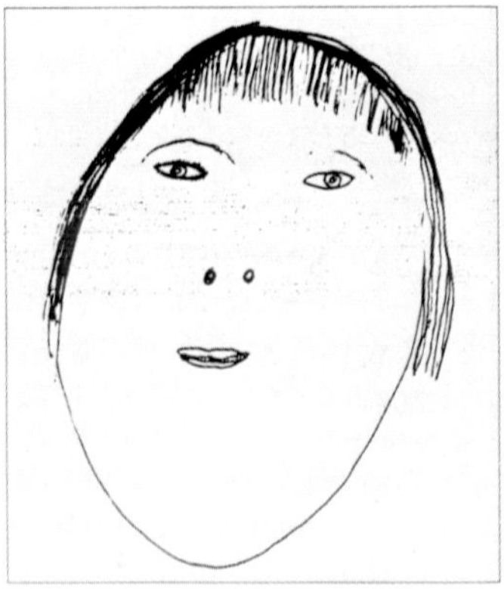

Abb. 8: Cornelia 9 Jahre

Abb. 9: Cornelia 9;6 Jahre

Mundwinkel – mit kleinen, regelmäßigen schwarzen Zähnchen. Ein fast gerader Halsansatz mündet in die Andeutung einer gestreiften Kleidung.

Abb. 7: Cornelia 9 Jahre

Abb. 7 (9 Jahre) ist eine Buntstiftzeichnung, bräunlich-rosa ('fleischfarben'), mit blauen Augen und rotem Mund. Die Frisur ist jetzt wichtiger als die Ohren. Das kurze Seitenhaar, etwa ohrlang, bräunlich, ist entschieden von der Kopfmitte aus entlang der ovalen Außenkontur mit durchgehenden Linien gezeichnet. Auf der Stirn liegt der kurze Pony und endet weit über den Augen. Die blaue Mandelform hat kleine Strichwimpern rundherum und einen großen blauen Kreis als Iris mit dem (unvermeidlichen) Punkt in der Mitte. In Abb. 6 war die Nasenlinie aus dem inneren Augenwinkel herausgeführt worden. Hier, in Abb. 8, ist sie die Verlängerung der immer noch dicht auf dem Lidrand liegenden Augenbraue. Der Versuch, der stumpfen Nasenspitze durch die Nasenlöcher die Kastenform zu nehmen, wird nicht wiederholt. Auch auf die Zähne wird verzichtet, zugunsten einer geschlossenen roten Mundform. Der breite Hals führt bis an den Blattrand.

Abb. 8: Cornelia 9 Jahre

Abb. 8 zeigt das große ovale Gesicht, jetzt etwas kleiner und – obschon noch viel Platz wäre, werden die Ohren zugunsten einiger Haare seitlich des Gesichts ausgespart. In die Stirn läuft ein jetzt kürzerer, rundlicher Pony. Seine in Abb. 6 einmal entschiedene Länge ist auch nicht verändert worden. Die Augen geraten hier klein wie Schlitze, das «Runde» ist rund geblieben und der Punkt in der Mitte auch. Die Zuordnung der großen gebogenen Augenbrauen zu den kleinen geschlitzten Augen scheint im Verhältnis zu der vorangegangenen Produktion eine Veränderung zu sein. Und tatsächlich wird innerhalb des immer wiederholten Typs variiert. Die Nasenlinie hatte sich nicht bewährt. Sie wird hier weggelassen, und die Andeutung der Nase beschränkt sich auf zwei Nasenlöcher. Der kleine Mund ist geschlossen, hat aber eine Mittelkontur. Den Hals gibt es nicht, vermutlich weil das Kinn zu groß geworden ist. Die Innenzeichnung war insgesamt zu klein geraten für die große Außenkontur, und da blieb – von oben nach unten gezeichnet – das große Kinn dann eben übrig.

Abb. 9: Cornelia 9;6 Jahre

Abb. 9 ist eine Wasserfarbenmalerei. Auf die Probleme, die sich aus dem

Wechsel der Technik ergeben, gehen wirhier nicht ein. Vielmehr interessiert uns die Fortschreibung des Typus mit kleinen Variationen. Unterteilte man den Typus Kopf in «Subtypen» für Frisur, Augen und Augenbrauen, Nase und Hals, so zeigt sich, daß der Subtyp «Frisur» konstant bleibt. Ebenso der für Augenbraue, Lidkontur und Mund. Eine Veränderung im Sinne einer versuchenden Variation ist nur beim Innern des Auges und der Nase festzustellen. Hier, in Abb. 9, fehlt das «Runde» im Auge, und die Nasenform knüpft an die Erfahrungen in Abb. 6 und 7 wieder an, allerdings freischwebend, ohne Halt am Auge oder der Braue.

Das Kind will sich verständlich machen, will zeigen, das bin ich; es sucht Wege, sich selbst darzustellen. Hier werden nicht schematisch Zeichen wiederholt, wiederholt wird die Problemstellung, auf die das Zeichnen eine Antwort ist. Der gefundene 'Typ' wird so lange nicht aufgegeben, wie das Kind mit der Darstellung seiner selbst zufrieden ist. Das Kind nimmt im Zeichnen eine Beziehung zu sich selbst auf, zu seinem eigenen Kopf.

Die Motivation reicht für eine anhaltende Auslegung des Themas hin, und das Thema bleibt relevant, obwohl sich die Lösung über zwei Jahre, von geringen Variationen abgesehen, immer wiederholt. Aber auch die Varianten innerhalb eines stabilen Darstellungsmodus sind Differenzierungs-, Wahrnehmungsleistungen.

Der Typus der Darstellungen hatte sich festgesetzt und konnte beliebig oft wiederholt werden. Ähnlichkeit im landläufigen Verständnis wurde dabei nur bedingt errreicht. Und eines Tages erfüllen die Zeichnungen nicht mehr den Anspruch an Ähnlichkeit, den das Kind selbst stellt. Aber Ähnlichkeit, die jeder bemerkt, war beabsichtigt; das Unbehagen des Kindes beim Zeichnen stieg. Das, was es konnte, reicht für das, was es wollte, nicht mehr aus. Die bislang selbstverständlich-'fraglose' Erfahrung im Umgang mit den vertrauten zeichnerischen Elementen wird 'fragwürdig'. Auf der bisherigen Grundlage konnte das Problem von Ähnlichkeit nicht mehr gelöst werden. In einem Altersabschnitt, der durch wachsende Aufmerksamkeit für Erscheinungen der realen Umwelt charakterisiert ist, vergleicht das Kind die Zeichnung mit der Wirklichkeit genauer als vorher. Ähnlichkeit wird als Problem neu formuliert.

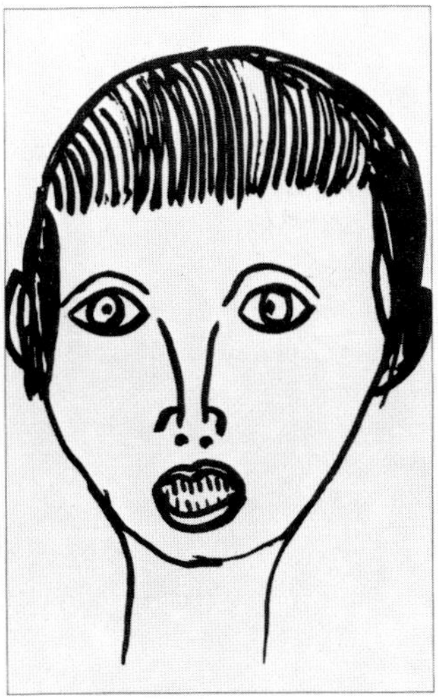

Abb. 10: Cornelia 10;3 Jahre

Problematisch wird die Situation für das Kind deswegen, weil in seinem Vorrat an Wissen, an Erfahrungs-, Handlungs- oder Deutungsmustern keine anderen, keine 'besseren' Lösungsmöglichkeiten für Ähnlichkeiten bereitstehen. Der unproblematische Zusammenhang zwischen vorausgegangener Erfahrung und neuer Handlung ist unterbrochen; Erwünschtes ist nicht mehr kongruent mit Vorausgegangenem. Dem Gegenstand – hier dem eigenen Gesicht – müssen nun neue Informationen abgerungen werden, um das entstandene Problem 'Ähnlichkeit zwischen Gesicht und Zeichnung' lösen zu können.

Die bisherige Selbstportraitproduktion ist unterbrochen. Das Kind ist traurig, fühlt sich mit seinen Zeichnungen nicht mehr identisch, der Vater bemerkt das und regt an: «Schau dich doch vor dem Zeichnen genau im Spiegel an». Die Anleitung, man könnte sagen, dieses kleine 'Lehrgangselement' eröffnet eine neue Phase in der Arbeit am eigenen Portrait. Die 'neue Frage' lautet: «Wie stelle ich Übereinstimmung zwischen Spiegelbild und Zeichnung her? Gelingt es dabei, ein der eigenen Erwartung, dem eigenen Anspruch entsprechendes 'neues Bild' zu finden?»

Mit kräftigen schwarzen Strichen wird in Abb. 10 die Außenkontur aus

Abb. 10: Cornelia 10;3 Jahre

Abb. 11: Cornelia 10;3 Jahre

dem Oval herausgeführt, in die Bezeichnung der jetzt im Spiegel wahrgenommenen Kopfform. Sie gelingt nicht gleich in einem Strich. Die Frisur aber hatte sich bewährt und verspricht auch weiterhin hinreichende Ähnlichkeit. Nur die Ohren müssen ergänzt werden. Der für die Augen schon gefundene Typ: Mandel mit Kreis und Punkt, scheint, gemessen an den Darstellungsmöglichkeiten, immer noch angebracht. Daß die Nasenkontur jedoch weder direkt mit den Augenbrauen noch mit den Augenwinkeln verbunden ist, zeigt der Spiegel jetzt deutlich. Jeder noch so routinierte Portraitzeichner wird zugeben, daß die frontale Darstellung der Nase oft problematisch ist. Auch ohne Spiegel hat das Kind diese Stelle des Gesichtes variiert. Die Entstehung des Problems 'Ähnlichkeit' war hier schon vorbereitet. Im Horizont seiner Möglichkeiten findet das Kind, ausgelöst durch den Blick in den Spiegel, einen neuen, angemessenen Typus für die Darstellung der Nase. Der neu gefundene Typ entsteht auf der Basis des vorhandenen Typs. Er enthält als Grundlage vertraute Elemente, die aber in Anordnung und Proportion verändert sind. Gleiches gilt für den Mund. Auch hier kann auf gemachte Erfahrungen und daraus 'abgelagerte' Typen zurückgegriffen werden. Die Neuorientierung durch den Spiegel führt zu einer Erweiterung der vorhandenen Repertoires und zu seiner Differenzierung.

Abb. 11 zeigt die Fortsetzung der Erfahrungen, die Abb. 10 schon dokumentierte. Die neu hinzugekommenen Wissenselemente werden wieder zur Darstellung eingesetzt, weil sie sich bei der Auslegung/Lösung des Problems bewährt haben. Innerhalb des jetzt neu entstandenen Typus gibt es geringfügige Variationen, z.B. Verschiebung der Proportionen, Differenzierung der Augenbrauen, Weiterzeichnung des Halses bis hin zu den Schultern usw. Der neue Typus jedoch bleibt vorerst konstant.

(13) vgl. Schütz/Luckmann; Merleau-Ponty; anders: Meyers

Wenn die Theorie (von Alfred *Schütz*) stimmt, bleibt der Typ konstant, bis eine neue Lösung gelernt werden muß, weil ein Problem entstanden ist, das aus dem angesammelten Vorrat an Wissen und Erfahrung wieder nicht mehr gelöst werden kann. Diesen Vorgang wollten wir beim Zeichnenlernen verfolgen. Er gilt nicht nur fürs Zeichnen.

In dem hier geschilderten Beispiel kommen drei Momente vor, die auf die spezifische Situation verweisen, in der sich das zeichnende Kind befindet:

o Aufgrund vorausgegangener Zeichnungen verfügt das Kind über Erfahrungen und Verfahrensweisen, einen Kopf zu zeichnen. Dies nennen wir: es verfügt über *Routinen*.

o Trotz zahlreicher Anläufe, den eigenen Kopf zu zeichnen, bleibt der Kopf für das Kind ein interessantes *Thema*.

Das besondere Interesse, das das Kind mit dem Thema verbindet, ist, einen Kopf hinzukriegen, der *ähnlich* wird, auch von anderen als ähnlich erkannt und anerkannt wird. Das Kind verbindet mit dem Thema Kopf sein *Problem*, Ähnlichkeit herzustellen.

Nun läßt sich auch erklären, warum das Kind immer neue Anläufe macht: weil die Routinen nicht ausreichen, das Problem zu lösen.

Zwei didaktische Forderungen an Aufgaben lassen sich also aus diesem Beispiel herauslesen, in dem sich das Kind sein Problem selbst gestellt hat:

o Themen, die im Unterricht gestellt werden, müssen für die Lernenden die Herausforderung und/oder die Möglichkeit enthalten, sie mit für sie relevanten Problemen zu verbinden;

o die Intensität des Lehr-Lernprozesses, auch der Anspruch, der gestellt

Abb. 12-14: Schülerarbeiten, 9. Schuljahr, Wilhelm Gymnasium, Hamburg

wird, nimmt in dem Maße zu, in dem die Routinen nicht ausreichen, die relevanten Probleme zu bearbeiten.

In der Bearbeitung des relevant gewordenen Problems wird das Thema 'ausgelegt'. «Das wär mir nie dazu eingefallen» oder «darauf wäre ich ja nie gekommen», sind die alltagssprachlichen Wendungen, an denen man den Vorgang erkennen kann, in dem jemandem an einem Thema etwas (für den einen oder anderen Überraschendes) relevant geworden, zum Problem geworden ist: «Deine Probleme möchte ich haben», sagt die ratlose Alltagssprache dazu. Dabei zeigt sich dann, was alles 'in einem Thema steckt', d.h. wie vielfältig es ausgelegt werden kann.

Ein Vorbild haben, ein Denkmal setzen

Voneinander unabhängig und mit einigem zeitlichen Abstand haben in den letzten Jahren mehrere Lehrer aus unterschiedlichem Anlaß in Klassen der Orientierungs- und der Sekundarstufe I das Thema 'Vorbilder' gestellt.

Abb. 12-14: Vorbilder haben

Bei den Abb. 11 – 13 wurde in der Phase der Hinführung an das Thema 'Bismarck-Denkmal in Hamburg', ein Standbild in der näheren Wohnumgebung der Schüler, in einer 9. Klasse die Aufgabe gestellt: «Wem würdest Du ein Denkmal setzen». Als Hilfsmittel konnte aus einem Angebot vorstrukturierter Blätter – Denkmalssockel, Teile eines Kopfkonturs, eines Reiterstandbildes, einer Büste – ausgewählt werden. Jeder sollte sich für einen 'Denkmalswürdigen' entscheiden. Wie aus dem Thema 'Denkmal' subjektiv gewendete Probleme entstehen, ist hier gut zu beobachten: «Liege ich richtig, wenn ich meinen Tennislehrer wähle», wo doch die anderen *Einstein* oder Che *Guevara* oder *Cicero* oder Martin *Luther King* genommen haben, fragt ein Schüler. Einer wählt einen bekannten Politiker und macht ihn dann wieder unkenntlich, weil er seine Entscheidung nicht zu begründen wünscht. Die Wahl von *Cäsar* und *Cicero* und *Marc Aurel* ist wohl eher als Problemvermeidung zugunsten schulischer Anpassung zu interpretieren.

(14) Otto, G.

Abb. 15-20: Gründe nennen

Die Begründungen der Schüler zeigen die Richtungen an, in denen die

Abb. 15-20: Vorbilder 14 bis 15-jähriger liegen auf einem breiten Spektrum

(15) Grünewald

Abb. 21, 22: Vorbilder aus dem Fernsehen

Schülerinnen und Schüler mit dem, was Vorbild genannt wird, oder überhaupt mit der Annahme, man habe ein Vorbild, 'ihre Probleme' haben. Unterricht sollte eine Veranstaltung sein, in der man die Chance hat, seine Probleme, die für den Zeichnenden relevanten, aber möglicherweise sehr unterschiedlichen Probleme zu bearbeiten. Unterricht ist dann also die Einladung, Themen, die gestellt werden, subjektiv auszulegen und die Auslegungen miteinander zu diskutieren.

Abb. 21 – 22 zeigen zwei Arbeiten aus der Grundschule. Die Bildunterschrift stammt von Dietrich *Grünewald*, dem Initiator dieses Unterrichts. Die Problematisierungsrichtung und wohl auch -tiefe ist eine ganz andere als bei den vorausgegangenen Beispielen. Das zeigt aber auch die Vielfalt der Problematisierungs*möglichkeiten*, die mit dem Thema korrespondiert.

Mona Lisa sein

(16) Kunst und Werbung

Erst wurde Mona Lisa unzählige Male reproduziert, damit sich jeder von ihr zu Hause anlächeln lassen konnte. Dann war sie Objekt der Künstler –

Marcel *Duchamp* allen voran. Schließlich wurde sie für den Unterricht entdeckt. Jetzt hat sie die Werbung in ihre andauernde Obhut genommen.

Schülerinnen und Schüler der Elementar- und der Primarstufe wurde zunächst das Bild gezeigt; dann erhielten sie ein Arbeitsblatt, auf dem stark vereinfacht der Umriß einer Halbfigur als Zeichenhilfe (Abb. 23) vorgegeben war. Die damalige Aufforderung, sich mit der Mona Lisa zu beschäftigen, erging nicht im Unterricht, sondern auf dem Weg über die Zeitschrift *Spielen und Lernen*. Sie lautete:

(17) «Spielen und Lernen»

— «Wenn so viele Nachdrucke von einem Bild da sind, dann darf man auch damit spielen. Du kannst an dem Bild weitermalen, Du kannst es verändern. So wird die Mona Lisa vielleicht Dein Bild ...

Zum Beispiel:

– wenn Du die Mona Lisa wärst, was soll die dann von Dir haben: Deine Brille, Dein T-Shirt, Deine Haare?

– Könnte Mona Lisa Deine Freundin sein? Wie würdest Du neben ihr aussehen? Was würdest Du für ein Gesicht machen? Lächeln?

– Wenn Deine Mutter Mona Lisa wäre; trägt sie dann Jeans oder ihren neuen Rock? Und wie geht das noch aufs Bild?

– Was für ein Gesicht würde Opa machen, wenn er neben Mona Lisa vor dem Fernseher säße?

– Oder: Mona Lisa in unserer Straße, vor dem Schulgebäude?»

(18) Mona-Lisa-Poster
Abb. 23, 24 a-k: Mona Lisa

Die Kinder haben Bilder gemacht (Abb. 24 a-k). Welchen Weg sind sie gegangen? Sie haben ein vorhandenes Bild angeboten bekommen und aufgegriffen. Das Bild war das angebotene Thema für die Kinder. Der Prozeß des Malens und Zeichnens kommt in dem Maße in Gang, in dem das (alte) Bild für die Kinder zum Problem wird: was kann man damit machen? Problematisierungsrichtungen sind in der obenstehenden Liste von Impulsen angeboten. Welche die Kinder aufgegriffen haben, läßt sich nicht sagen, da wir keine sprachlichen Äußerungen, keine Kommentare zu den Bildern haben. Aber im Blick auf mehrere Tausend solcher Blätter ist die ungewöhnliche Vielfalt der Reaktionen, der Art und Weise, wie das Thema verändert, verwandelt wurde, verblüffend.

Weil Bilder im Unterricht angeboten werden sollten, weil Bilder Medien für die Herstellung von Bildern sein können, müssen noch die didaktische Funktion von Bildern als Medien und der Typus, der hier gemeint ist, reflektiert werden.

Abb. 21, 22: «Die Bilder der Grundschüler ... sind an den Präsentationen der Massenmedien orientiert ... Das Vorbild korrespondiert mit derzeitigen Vorlieben ...»

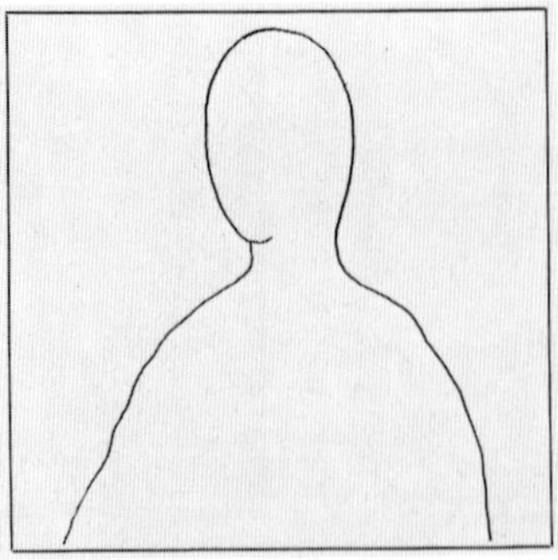

Abb. 23: Lernhilfe
Abb. 24 a-k: «Mona Lisa»-Bilder – aufgrund einer Anregung der Zeitschrift «Spielen und Lernen»

Abb. 23: Lernhilfe

(19) Offene Medien

(20) Wittern

Solche Lernhilfen, wie die hier vorgegebenen Zeichenblätter mit dem Umriß von Bildgegenständen und der Aufforderung 'weiterzumalen' gehören zur Gruppe 'offener Medien'. «Offen konstruierte Medien wollen Lernsituationen schaffen, die Beratung erforderlich machen; und zwar nicht nur durch den Lehrer, sondern auch durch den Mitlernenden bzw. andere mittelbar Beteiligte ...

Die Öffnung der Entscheidungsbereiche, auch für den Lernenden heißt, daß nicht von vornherein etwas über Verlauf und Abschluß des durch die Medien vermittelten Lernweges ausgesagt werden kann. Wie die Schüler über Medienelemente verfügen und sie benutzen, zu welchem Ziel schließlich die Lerngruppe gelangt, bleibt der Selbstorganisation der Arbeit überlassen. Trotzdem darf das Medium in seiner Konstruktion nicht über Anregungen und Angebote hinausgehen, da es sonst seine offene Form verliert.»

Wittern weist nachdrücklich darauf hin, daß bei der Verwendung solcher offenen Medien den Lernenden die Entscheidung über ihre Ziele und Wege nicht abgenommen werde, sondern im Gegenteil von ihnen selbst verlangt werde.

Köpfe modellieren

Abb.25,26

An einer Ausbildungssituation, an der künstlerischen Praxis von Studierenden (in der Universität Gießen), soll Spezifisches deutlich werden, damit es allgemein werden kann.

Hermann K. *Ehmer* berichtet über eine Lehrveranstaltung, deren äußere (21) Ehmer
Daten übersichtlich sind: Thema der Lehrveranstaltung ist 'Portraitplastik', Dauer ein Semester. Auslöser war der Wunsch der Studierenden, 'ein- (22) Ehmer
mal richtig ein Portrait zeichnen lernen', und «weil es leichter ist als Portraitzeichnen, habe ich mich für Portraitplastik entschieden», sagt der Veranstalter. Die Ankündigung des Seminars wies darauf hin, daß jeder (23) Ehmer
Teilnehmer den Kopf eines «Modells» nach eigener Wahl modellieren sollte.

Einige Hinweise aus der Begründung des Vorhabens von *Ehmer:* (24) Ehmer

o hätte man sich statt der Herstellung von Portraitplastiken auf das Herstellen einer auf 'Kugel, Conus und Zylinder' reduzierten Plastik verständigt, so wäre dies die Weigerung gewesen, die Individualität des Modells anzuerkennen...

o es sei weder um die Verabsolutierung von Form, noch darum gegangen, das Problem der Form zu überspringen; es habe kein Interesse bestanden, die Form Selbstzweck werden zu lassen ...

○ Absicht war: «zu erfahren, wie man es anstellt, daß der Schädel an der Stirn hart unter der Oberfläche 'drückt', daß ein Ohrläppchen knorpelig erscheint und eine Lippe 'lippig', um dann an seiner Wahrnehmung festzustellen, wie ihr die dargestellte Realität – das 'zu eigen gemachte' Gesicht, anders, eben reicher erscheint ...»

(25) Ehmer

○ Die Absurdität herrschender kunstpädagogischer Praxis, sich an 'bildnerischen Gesetzmäßigkeiten' zu orientieren, sollte zurückgenommen werden zugunsten der Intensivierung von Wahrnehmungsbeziehungen ...

○ Innerhalb eines institutionellen Rahmens, wie der Universität, sollte eine Situation hergestellt werden, in der alltägliches Wahrnehmungsverhalten und von normativen Ansprüchen freie ästhetische Praxis verbunden, private Verhaltensweisen als gleichsam öffentliche erprobt werden können: «Den anderen ansehen und zugleich etwas daraus machen; vom anderen angesehen werden und dabei erleben, was daraus werden kann ... . Sich dabei eigener, und zwar bisher weder gekannter, noch auch nur vermuteter Fähigkeiten versichern.»

(26) Ehmer

Alle Teilnehmer haben erstmalig in ihrem Leben eine Plastik gemacht.

Das Beispiel zeigt zunächst die programmatische Absicht, die Orientierung an tradierten ästhetischen Normen, an Formenkanons oder irgendwo niedergelegten Gesetzmäßigkeiten beim Aufbau eines Kopfes zu vermeiden. Was tritt an deren Stelle: die Zuwendung zu einem Modell, das eben kein Modell ist, sondern ein Mensch, den man kennt, der einem so nahe ist, daß man ihn auswählt und – der ein Semester lang jede Woche mit zu der Seminarveranstaltung kommt; die Neugier auf eine Produktionsweise, die man nicht kennt und von der man nicht weiß, ob man sie beherrschen lernt; man weiß nur, wenn du das nicht schaffst, kann das Portrait nichts werden. Man weiß aber auch, daß es um viel mehr geht, als um Routinen der Tonbearbeitung.

Wir gehen noch einmal an den Ausgangspunkt zurück. Die Studierenden hatten festgestellt, daß sie keine Köpfe zeichnen können; das ist in ihrem Studiengang aber notwendig, ist vielleicht auch ihre eigene Vorstellung, von dem, was zur Ausbildung dazu gehört. Das Thema ist also Köpfe zeichnen, das Problem ist die im Zusammenhang damit auftretende Schwierigkeit. Den ersten Auslegungsschritt macht der Lehrer für alle: er formuliert das Thema um. Aus Köpfe Zeichnen wird Portraitplastik. Er gibt dafür allein didaktische Gründe an. Den zweiten Auslegungsschritt tun die, die den ersten des Lehrers akzeptieren: sie bringen ein Modell ihrer Wahl mit. In der Auslegung wird das Problem – allgemeiner gesagt, wird Portraitieren bearbeitet. Weil die Routinen fehlen,weil die Lippe nicht 'lippig' aussieht, wird der Auslegungsprozeß immer intensiver. Die Suche nach und der Erwerb von Routinen und die wachsende Sensibilität der Schritte im Umgang mit dem Problem treiben die Auslegung voran: er guckt mich immer noch an, und ich muß sie immer genauer ansehen. Das nennt *Ehmer* «eine Verknüpfung privater Sinnbedürfnisse mit dem offiziellen Sinn der Lehrveranstaltung».

(27) 'Problem' im Sinne von Schütz/Luckmann

Abb. 25, 26

(28) Ehmer

Unter besonderen Bedingungen

Wir wollen das Problem Köpfe modellieren an einem weiteren Beispiel als Auslegungsprozeß erörtern. Seit geraumer Zeit wird an einigen Orten in Vollzugsanstalten mit Häftlingen und in psychiatrischen Kliniken künstlerisch gearbeitet.

(29) vgl. Ehmer/Kämpf-Jansen; Neuenhausen; Steinmetzgruppe

Abb. 25, 26: Köpfe modellieren, persönliche Beziehungen

Aufschlußreicherweise werden in allen Projekten (mindestens auch) Portraitplastiken von Laien gemacht. Vieles an dieser Arbeit wirkt wie eine lineare Steigerung der Absichten und Bedingungen, von denen Ehmer bei seinem zuvor geschilderten einsemestrigen Projekt in der Universität ausgegangen war: In einem institutionellen Zusammenhang sollen alltägliche Wahrnehmung und freie ästhetische Praxis gegen normative Ansprüche stehen, private Verhaltensweisen sollen als gleichsam öffentliche erprobt werden können: sich eigener nie geahnter Fähigkeiten versichern können, Intensivierung von Wahrnehmungsbeziehungen ...

Für eine Phase, in der Köpfe in der Justizvollzugsanstalt Butzbach modelliert wurden, liegt eine sensible Reflexion des Gefängnispsychologen vor, der an dem Kurs *teilgenommen* hat. Wir zitieren aus seinem Text, weil uns die Außensicht des Nicht-Kunstpädagogen besonders wertvoll scheint:

«Das Verstehen oder doch Verstehenwollen des anderen war aus meiner Sicht ein bestimmendes Moment des ganzen Kurses. Und zwar ging es nicht darum, eine Tat, einen Täter zu verstehen, oder – in meinem Fall – den Anstaltspsychologen. Auf eine merkwürdige und erklärungsbedürftige Art sind sich Menschen näher gekommen, für den anderen menschlich geworden.

Erklärungsbedürftig ist auch, wie das Medium 'künstlerisches Arbeiten' dies zustande bringt. Warum führt hier ein Umweg zum Ziel, wo der 'direkte Weg' – das Gespräch – versagt? Heute, aus der Distanz heraus, scheint mir, daß das 'wörtelnde' Gespräch das Subjekt vor lauter Worten und analytischen Gedanken eher verliert, daß das 'Sich-Auseinandersetzen' die Gesprächspartner wirklich auseinander setzt und nicht näher bringt. Psychotherapeuten ist es eigentlich bekannt, daß man dem anderen 'näherkommt', wenn man von der verbalen Oberfläche absieht, umso mehr, je mehr der andere redet. Wenn man den anderen erlebt, in der Art, *wie* er redet, auch wie er sich bewegt, wie er sitzt, geht, steht. /...

Je mehr ich darüber nachdenke, desto mehr glaube ich daran, daß es das gemeinsame Handeln, insbesondere das gemeinsame produktive Tun ist (und sei es auch das miteinander Sprechen), das Menschen erlebbar und dann auch verständlich macht. Dies träfe dann nicht nur auf gemeinsame künstlerische, sondern auch auf andere gemeinsame produktive *Arbeit* zu. Ich nehme an, das haben andere bereits vor mir gedacht. /...

Je weiter die Köpfe gediehen, umso mehr wurde es nötig, den anderen genau wahrzunehmen, den anderen anzuschauen oder sich anschauen zu las-

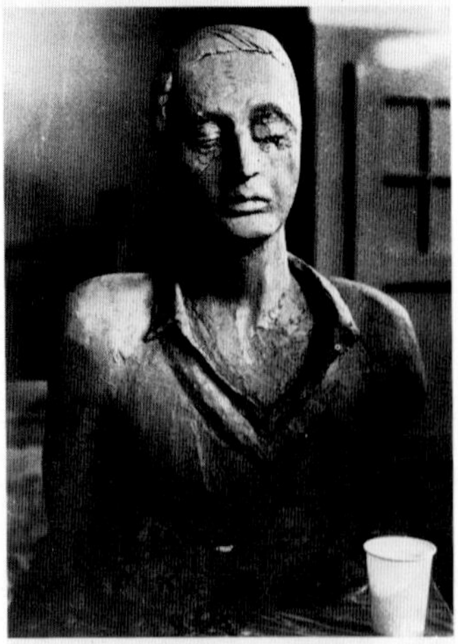

Abb. 27, 28: Portraitplastik Justizvollzugsanstalt (Gießen)

sen. Beides ist offenbar schwierig, weil es auf seine Weise ebenfalls den Abstand verringert: Jemanden in unserer Gesellschaft unverwandt anzuschauen, bricht ebenfalls das Nähe-Tabu. Es wird vom Betrachteten als unschicklich und anstößig erlebt. Der Betrachter beugt sich diesem Tabu, indem er einem Blick zurück des anderen – eine bereits ausreichende Sanktion – sehr schnell ausweicht.

Abb. 27, 28

Man versteht diese Prozesse sehr gut, wenn man mit einem beliebigen Partner übereinkommt, eine längere Zeit nichts anderes zu tun, als sich gegenüberzusitzen und sich ins Gesicht zu sehen. Insbesondere, wenn man die Spielregel einführt, daß es nicht erlaubt ist, auszuweichen auf das Fixieren einzelner Teile des Gesichts (Auge, Nasenspitze, Mund). Angst, Unsicherheit, Abwehrtendenzen (Wegschauen, Fixieren, Lachen, Grimassieren) treten auf. Die Veranstaltung ist äußerst anstrengend. Gleichzeitig sei jedoch gesagt, daß sich der andere auf diese Weise in erstaunlichem Maße *erleben* läßt. Das Sich-Erleben scheint jedoch gerade tabuisiert. Hiervon sind nicht einmal intime Freundschaften und Liebesbeziehungen, auch nicht intensive psychotherapeutische Beziehungen befreit. Meist geht auch hier das Erkennen nur bis zum Wiedererkennen, mehr scheint nicht verlangt. Fragt man jemanden nach einem Freund oder seiner Ehefrau, so sieht die Antwort in aller Regel wie das Ergebnis einer erkennungsdienstlichen Behandlung aus: Größe, Haar- und Augenfarbe, Körperfülle, allenfalls noch Äußerungen zur «Schönheit», zu Beruf, Alter, Einkommen, «Intelligenz». Ob derjenige heiter oder depressiv ist, böse ist oder ein «gutes Herz» hat, am Leben leidet oder sich daran freut, davon erfährt man nichts. Auch deswegen, weil es der Befragte häufig nicht zu sagen weiß.

Abb. 29, 30

Noch später im Kurs kam man sich näher, schaute noch genauer, nahm

Abb.29,30: Portraitplastik Justizvollzugsanstalt (Bremen)

Abb.31: Paar, Plastik, Psychiatrie Wunstorf, 1983

Maß mit Geräten. Geräte erleichtern, weil sie das Wahrnehmen versachlichen. Er war vom Objekt bereits zum erlebten Subjekt geworden.

Später noch reichte das genaue Hinschauen – ganz abgesehen vom Ausmessen – nicht mehr. Der andere wurde mit den FIngern ausgemesen, ansatzweise wurde auch der Tastsinn bemüht, wenn auch versteckt hinter dem 'Maßnehmen-müssen'./...

Pädagogik war darauf reduziert, die Kursteilnehmer Erfahrungen mit künstlerischer Arbeit machen zu lassen, Erfahrungen gleichzeitig mit sich selbst und anderen mit einem 'freien Umgang' miteinander (im Gefängnis).»

(30) Joletzka

(31) Domschke

Domschkes 'Wegweiser' aus dem Jahr 1870

Die zuvor dokumentierten Projekte konfrontieren wir mit Vorlagen für das akademische Zeichnen in der zweiten Hälfte des vergangenen Jahrhunderts. Wir wählen als Beispiel den 'Atlas zu Domschkes Wegweiser für den praktischen Unterricht im Freihandzeichnen', Berlin 1870. Abt. IV/Tafel 20, A und B.

Unser Interesse ist nicht historisch rekonstruierend, sondern zielt auf Problemorientierung, auf die spezifischen Formen des Erkenntnisprozesses, des Auslegens, des Verstehens eines Anderen beim Köpfezeichnen. Köpfezeichnen steht als Beispiel für Bilder machen. Die beiden Köpfe sind einem vierbändigen Tafelwerk entnommen. Es handelt sich um Zeichnungen nach Gipsen, die als Vorlagen für das Zeichnen von Köpfen bei Schülern und Studenten fungieren. Bei *Domschke*, dem Autor dieses Lehrwerks, wurde in Berlin im Rahmen seines anatomischen Unterrichtes fleißig nach Knochen gezeichnet. Wenn auch im Stil der Anekdote, ist sein Verhalten bei der Korrektur seiner Schüler überliefert. Knochen-Domschke genannt, sagte etwa zu einem, der einen Schädel nicht zu seiner Zufriedenheit gezeichnet hattte: «Det soll der Schädel sein? Hm, och nee doch! Det is ja 'n Selleriekopp. Det machen se man wieder wech.» Die

Abb. 35: Domschkes Wegweiser, 1870

Abb. 36: Musterzeichenbuch, ca. 1860

Anekdote zeigt sehr schön, wo *Domschke*s Interesse liegt. Also auch: die Festigkeit des Schädels, das Widerständige der Knochen müssen in der Zeichnung spürbar werden. Wie das Lippige der Lippe. Nur die Wege sind grundsätzlich anders: wo *Ehmer* von einem Problem der Studierenden ausgeht, Köpfe zeichnen lernen *wollen*, wo er einen sozialen, ja emotionalen Zusammenhang herstellt, in dem das Problem ausgelegt werden kann, wo er Alltagswahrnehmung mit 'Kunst`-Wahrnehmung verbindet, wo er den Einzelnen auf den Mangel an Routinen stoßen läßt – da lehrt *Domschke*, wie die Vorlagen erweisen, Routinen, die weder mit Themen noch mit Problemen der Lernenden verbunden sind: Lichter werden mit Kreide weiß gehöht, der Papierton ist der mittlere Grundton, Schatten sind Dunkelheiten, die mit Stift und Estampe (zum Verreiben) auf die Form 'aufgelegt' werden. Gewählt wird für die Übung ein stilisierter, d.h. von aller Individualität gereinigter Kopf. (32) Oswald

Die Dokumente aus den Vollzugsanstalten zeigen deutlich, was Priorität hat: wie ich mich wahrnehme, wie ich den Anderen wahrnehme, wie ich eine Form für den Anderen finden muß, die mit ihm zu tun hat und mit dem, was ich verwirklcihen will. Dagegen steht bei *Domschke* die Orientierung an einer fremdgesetzten zeichnerischen Norm.

Natürlich gibt es für den Schulgebrauch eine Steigerung dieses reduktionistischen Verfahrens. Die Abb. 36 zeigt eine Übungsreihe, bei der der links außen vorgegebene Kopf zweimal wiederholt werden muß, kopiert werden muß. Die Vorlage ist einfacher als bei *Domschke*, die Zeichnung ist schlechter, die Mittel, mit denen gearbeitet wird, sind bescheidener: Für den Gebrauch an Schulen ca. 1860. (33) Musterzeichenbuch

Abb. 32, 33, 34: Portraitplastik Justizvollzugsanstalt (Hamburg)

KAPITEL 7

VON DEN BILDERN ZUM PROZESS IHRER HERSTELLUNG

Morandi: Stilleben, 1964

Vogelgesang: Selbst mit Bild, 1982

Colville: Luftpistole mit Mann, 1980

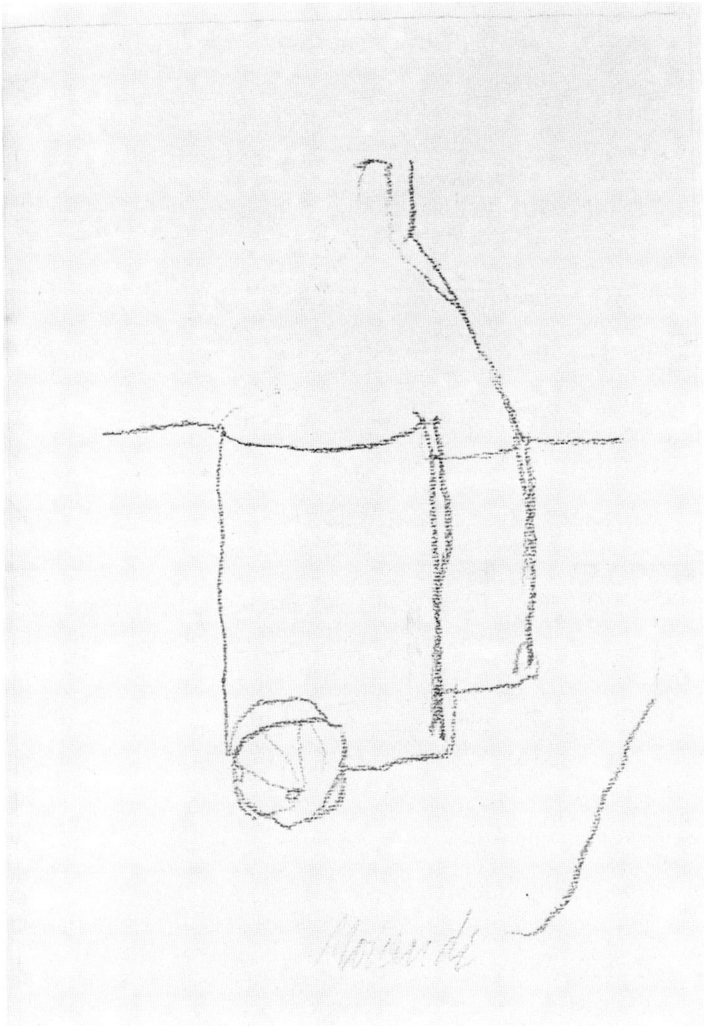

KAPITEL 7: VON DEN BILDERN ZUM PROZESS IHRER HERSTELLUNG

Die nachfolgende Auseinandersetzung mit drei ausgewählten Bildern steht nicht für die notwendige Komplexität von Auslegungsprozessen. Vielmehr wird ein Aspekt der Auslegung bearbeitet: die Rekonstruktion des Herstellungsprozesses. Wie ist das Bild gemacht, was hat beim Machen, was hat für den Bildermacher eine Rolle gespielt – so lauten unsere Fragen. Dabei stoßen wir auf formale und auf inhaltliche Probleme, auf Fragen des Konzeptes und der Allocation. Es handelt sich also um Erörterungen der Bildkontexte in dem Sinne, in dem wir den Begriff im dritten Kapitel eingeführt haben.

vgl. Kap. 2 und 3

Eine unserer Ausgangsbehauptungen war, Bilder machen setze immer schon voraus, daß es Bilder gebe. Die andere Behauptung ist, in Bildern, die einer macht, legt er Wirklichkeit aus. Bildproduktion ist Auslegung. Auslegung ist Produktion.

(1) vgl. Kap. 1/Anm. (41): Schleiermacher

Diesen beiden Thesen soll an drei Beispielen nachgegangen werden. Die drei Maler, die wir hierfür ausgewählt haben, unterscheiden sich nach Mal- und Zeichenweise, nach den Sujets, die sie wählen, nach dem Lebensalter und nach der Nationalität. Die Prinzipien, auf die unsere Beispiele verweisen, sind nicht systematisch ausgewählt. Andererseits ist nicht jedes Bild geeignet, wenn es darum geht, den Entstehungsprozeß als Auslegung zu rekonstruieren.

Aus der Rekonstruktion des Herstellungsprozesses kann man lernen, wie man Bilder machen kann – nicht nur so, aber auch so. Dabei kommt neuerlich zur Sprache, welche Funktion das Sammeln für das Machen haben kann.

Die drei Maler, mit deren Bildern wir uns beschäftigen wollen, sind: Giorgio *Morandi* (1890-1964), Klaus *Vogelgesang* (geb. 1945) und Alex *Colville* (geb. 1920).

Morandis Stilleben aus dem Jahre 1964

Abb. 1-4

Unsere vier Abbildungen verweisen auf den gleichen Vorrat an Gegenständen, aber sie sind nicht zur gleichen Zeit entstanden. Die Anordnung der Objekte ist auf der Zeichnung (1963), Abb. 2, anders als auf dem Bild (1964, 25,5 x 30,5 cm), Abb. 1, und das Foto, Abb. 4, entspricht weder dem Aufbau des Bildes, noch dem der Zeichnung. Das Arrangement auf dem Atelierfoto, Abb. 3, kommt dem Bild näher als der Zeichnung. Das Foto der Gegenstände, Abb. 4, dürfte ein Ausschnitt aus dem Atelierfoto sein. Die Unterschiede und Gemeinsamkeiten sprechen für eine lang andauernde Aufmerksamkeit für den kargen Objektbestand.

Morandi malt und zeichnet sein Leben lang Stilleben. Abb. 2 zeigt eine der späten Zeichnungen Morandis, im Jahre vor seinem Tode entstanden. Weil so wenig auf dem Blatt ist, einige sehr dosiert und bewußt wirkende Linien, ist die Zeichnung schwer zu beschreiben. Ist es eine Büchse und eine Kanne auf einem Tisch, davor eine Kinderrassel? Ist es richtig, angesichts der Linien von Gegenständen zu reden?

Das Stutzen, die Unsicherheit des Betrachters gegenüber dem kleinen Blatt (26,5 x 18,5 cm groß), die Unzugänglichkeit für routiniertes Sehen und gegenständliches Zuordnen eröffnen den Auslegungsprozeß, lösen die Auslegungsbewegungen aus. Aber in welcher Richtung: wenn die

Zeichnung auf Gegenstände verweisen will, erfährt man vieles nicht, was man wissen möchte. Aus welchem Material sind die Objekte, von welcher Beschaffenheit sind sie? Der Information über Gegenständliches sperrt sich auch der auf dem Original erkennbar wegradierte Kontur der Kanne und der Öffnung der Büchse. Daß es sich bei dem kleinen Gegenstand um eine Kinderrassel handelt, wissen wir nur aus der Literatur. Entscheidet man sich dafür, daß sich die Zeichnung vorrangig mit den Problemen von Form, mit einer Formkonstellation beschäftige, ist der Bezug zu Gegenständen dennoch nicht zu übersehen: ist eine Gruppe von Objekten, oder ist ein Formzusammenhang gemeint? (2) vgl. auch Bockemühl

Die Unsicherheiten des Betrachters führen unmittelbar in die ästhetische Struktur der Zeichnung. Gefäße sind das *Thema*: Deren «Zusammen, Miteinander, Beieinander, Aneinander, Hintereinander», ist das *Problem*, das der Zeichner bearbeitet. (3) vgl. Jochims Weil es nicht um Gefäße als Gegenstände geht, bleibt die Frage nach der Stofflichkeit unbeantwortet. Stattdessen löst sich die Form wie im Licht auf. Dadurch entsteht etwas Doppelsinniges: nach oben wird die Form leicht, schwebend, nach unten schwer. Dazu trägt auch der an den Formkomplex rechts und links anschließende 'Horizont' bei und die Offenheit der sparsam angegebenen Tischplattte nach unten. In Wahrheit ist nichts eindeutig oder endgültig auf diesem Blatt. Die Linien «umschreiben und gestalten: Leere». (4) Jochims

Alles, was geschieht, geschieht durch Wahrnehmung und Auslegung des Zeichners und durch Wahrnehmung und Auslegung des Betrachters.

Da unsere Frage auf die Herstellung von Bildern zielt, lohnt die genauere Untersuchung der Bildentstehung. Abb. 3 und 4 sind Fotos aus Morandis Atelier. *Abb. 3,4* Auf Abb. 4 sehen wir die Gegenstände, die wir bei Abb. 1 assoziierten (nicht identifizierten) auf dem Tisch aufgebaut. Davon ging Morandis Zeichentätigkeit aus. Abb. 3 zeigt es noch genauer, zeigt die alte Kanne mit ihrer z.T. lädierten Oberfläche, mit Schrammen, Flecken und Dellen, die rechts davon stehende Büchse, deren Wandung bemalt ist; bei genauem Hinsehen kann man vermuten, daß rechtsseitig der Schatten dunkel aufgetragen ist. Zwischen den beiden Gefäßen liegt die Kinderrassel. Die hintere Tischkante verläuft parallel zum Bildrand wie ein heruntergezogener Horizont. Die Wand steht wie eine Fläche hinter der Gefäße-Gruppe. Nehmen wir einmal an, wir fänden diese Aufnahme in einer Fotozeitschrift, dann würden wir sie wahrscheinlich für das Beispiel einer gut ausgeleuchteten Fotografie, eines überzeugend gewählten Bildausschnittes halten.

Die Abb. führen uns zu der Arbeitsweise von Morandi hin, die auch für unser Bild gilt. Wir wollen hinter die Herstellung von Bildern kommen. (5) vgl. Growe Die einzelnen Arbeitsschritte waren folgende:

- Morandi wählt aus einem gar nicht so großen Fundus von Gefäßen – er malte hunderte von Stilleben, auf denen nur (und häufig dieselben) Gefäße sind – einige aus (vgl. Sammeln!);
- er arrangiert sie mit großer Sorgfalt auf dem Tisch neben der Staffelei (vgl. Abb. 3);
- er präpariert die Objekte, indem er Glasflaschen mit Gips oder Farbe füllt, Dosen bemalt;
- er markiert die Standflächen der Gefäße auf der Unterlage. (6) Growe

Dann beginnt die Arbeit auf der Leinwand: als erstes wird die Gruppe der Gefäße auf der Bildfläche «zentriert». (7) Growe In unserem Beispielfall wird also der Formenblock mit der davor liegenden Rassel fixiert. Zugleich wird die Höhe des Horzontes festgelegt. Das ist wichtig, weil die Waagerechte des Horizontes mit der Senkrecht-Waagerecht-Struktur des Formblocks ver-

Abb. 1: Morandi, Stilleben, 1964
Abb. 2: Morandi, Stilleben, 1963

Abb.3: Morandi, Foto
Abb.4: Morandi, Atelierfoto

mittelt ist. Der Horizont klärt auch das Verhältnis von Standfläche zu dahinter stehender Wandfläche.

Dann wird die Farbigkeit der Gefäßgruppe entschieden und ausgeführt.

(8) vgl. detaillierter bei Growe

Schließlich wird der Umraum um die Gefäßgruppe gemalt.

Aber das ist fast zu eindeutig gesagt, gemessen an der Differenziertheit der Malerei.

Abb. 1,2

Das sieht man an unserem Beispiel: In einer ähnlichen Weise wie in der Zeichnung (Abb. 2) fließt der Umraum (in Abb. 1) wieder in die Kanne hinein. Umraum und Formblock sind sowohl im Sinne der orthogonalen Ordnung auf der Fläche wie in der Korrespondenz des farblichen Gesamtklanges des Bildes miteinander verschmolzen.

In Kenntnis des Arbeitsverfahrens und in Fortsetzung der rund ein Jahr vor dem Bild (Abb. 1) entstandenen Zeichnung (Abb. 2) lassen sich die zentralen Probleme näher beschreiben, mit denen der Maler sich beschäftigt. Es sind Probleme des Bildermachens:

(9) Strauss

o Die Dinge, die er in seinem Atelier aufbaut, sind Anlaß für ein Form- und Farbgebilde, das im Verhältnis zu der im Atelier aufgebauten Gegenständlichkeit den Charakter einer zweiten Wirklichkeit hat;

o insofern ist das Bild Auslegung durch Wahrnehmung und Gestaltung der gegenständlichen Wirklichkeit;

o in der Auslegung spielt die Beziehung zwischen den Gegenständen – bildbezogen also zwischen den Formen – eine größere Rolle als die Gegenstände selbst;

(10) Böhm

(11) Böhm

o die Malerei macht dem Betrachter das Angebot einer «doppelten Lektüre»: er kann das Formgefüge ablesen und sich darauf einlassen, die Form gegenständlich einzulösen;

(12) Böhm

o Morandi spricht deswegen mehrfach von einer «sogenannten Wirklichkeit», der gegenüber sich die Gegenstände wie Rätsel verhalten;

o die Gegenstände sind *gegeben*, und sie *entstehen* auf der Bildfläche und noch einmal in der Wahrnehmung des Betrachters. Oder: sie entstehen durch die Auslegung des Malers und die Auslegung des Betrachters.

o Der Prozeß der Auslegung wird gerade dadurch vorangetrieben, daß die Gegenstände ihrer stofflichen Natur, ihrer materiellen Eigenschaften durch den Maler beraubt werden;

o dem entspricht die Gleichzeitigkeit, mit der sie im Bild sowohl Flächenstücke als auch Körper sind, die Gleichzeitigkeit, mit der die Flächenstücke unterhalb und oberhalb des «Horizontes» zugleich Indikatoren für Raum sind.

(13) vgl. Pfennig

Von Morandi kann man Malen nicht durch die *Imitation* der Bilder, wohl aber durch die *Rekonstruktion* jener Probleme und Prozesse lernen, an deren Ende die Bilder stehen.

(14) vgl. auch Bartsch

Malen lernt man weder durch das Wiederholen von schon vorhandenen Bildern, noch durch das Einüben von Fertigkeiten, von denen niemand weiß, wozu er sie braucht, sondern durch die Rekonstruktion und Bearbeitung von *Problemen*.

Klaus Vogelgesang «Selbst mit Bild», 1982

Abb. 5, Abb. 6-13: Elemente aus Vogelgesang «Selbst mit Bild»

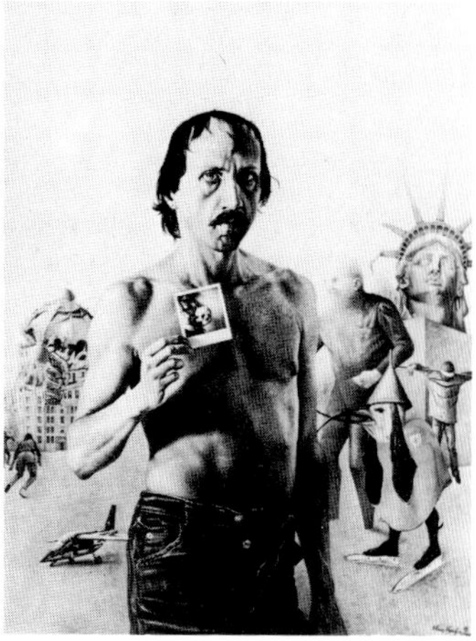

Abb. 5: Klaus Vogelgesang, Selbst mit Bild, 1982

Links von dem kritisch dreinblickenden bildbeherrschenden Mann steht ein lächerlich klein wirkendes Flugzeug (vgl. Abb. 12); hinten rechts guckt das Haupt der Freiheitsstatue herüber, streng, aber auch leer, hohl (vgl. Abb. 8). Darunter steht einer mit verbundenen Augen wie zur Hinrichtung (vgl. Abb. 9); zwischen der grimmigen «Freiheit» und dem großen Dünnen vorn einer wie ein Scherge (vgl. Abb. 10), davor ein Kobold (vgl. Abb. 13). Der Freiheitsstatue auf der rechten entspricht auf der linken eine Ruine (vgl. Abb. 7), ein zusammengefallenes Gebäude mit einer vormaligen Kuppel, davor unstet Hastende (vgl. Abb. 11). Nichts fügt sich dem registrierenden Blick zur Einheit. Nur Stücken, die man z.T. kennt, zu kennen glaubt oder tatsächlich wiedererkennt; die Dame aus New York, den Kobold von Bosch, das Flugzeug aus der Zeitung.

Der Mann vorn, der uns fixiert, hält mit betont vorsichtiger Geste ein Polaroidfoto in der Hand (Abb. 5 und 6). Man kann eine nackte Frau, große Brüste und einen Totenkopf darauf erkennen. Das scheinbar Widersinnige der Bildteile wiederholt sich auf dem kleinen Polaroidbild.

Von allen Bildgegenständen unterscheidet sich der Mann im Vordergrund. Der Bildtitel «Selbst mit Bild» klärt, daß es sich um den Künstler handelt. Er ist sinnlich faßbarer gezeichnet als alles andere auf dem Blatt. Die Hose hat alle stofflichen Qualitäten, die sperrige Festigkeit des Materials, die erstarrten Falten und die doppelten Nähte – also Jeans. Der nackte Oberkörper wendet sich dem Betrachter unmittelbar zu. Die Haut ist Haut. Knochen sind darunter spürbar. Sehnenstränge am Hals, Muskel und Fleisch am Arm, am Bauch. Im Betrachten nimmt man wahr, wie die Haut sich anfaßt. Dieser Direktheit entspricht das Gesicht, durchgeformt mit diagnostizierendem Blick, konzentriert. Ein «Seht her»-Gestus, der aber stärker von dem fordernden Gesicht als von dem hergezeigten Foto ausgeht. Der Betrachter versteht seinen Platz, seine Rolle vor dem Bild: er ist der Konfrontierte, und er wird aus der Konfrontation nicht entlassen. Der Zeichner zwingt ihn in das Nachdenken über die Bruchstücke, über die Wirkung, die sie haben, zwingt ihn zur Auslegung.

Wie ist der Zeichner vorgegangen? Das Bild soll auf dem Weg über das Bildermachen in Erfahrung gebracht werden.

Alle Teile des Bildes sind authentisch: Fotos aus dem «Stern» (Abb. 10, 11), ein Titelbild der «ADAC Motorwelt» (Abb. 8), ein Auszug aus «Geo» (Abb. 7) Bilder aus der Tagespresse (Abb. 12), eine Figur aus einem Bild von Hieronymus Bosch (Abb. 13). Und was nicht von dort ist, ist vorher fotografiert worden, z.B. der Maler selbst (Abb. 6), aber auch der mit der Binde vor den Augen (Abb. 9), so daß alles, was auf dem Bild vorkommt, vorher schon als Bild existiert.

Der Eindruck der Stückhaftigkeit ist also berechtigt. Die Stücke sind aus einem Fundus ausgewählt. Unter welchem Gesichtspunkt? Die Freiheit am linken Bildrand korrespondiert der Ruine am rechten Bildrand. Beide sind in etwa gleicher Grauwertigkeit und Formausprägung durchgezeichnet. Die Freiheit steht auf einem konstruierten Postament, das Dach des Bauwerks fällt ein. Ganz heil ist die Freiheit auch nicht davongekommen, ein Zacken aus der Krone ist abgeknickt. Im Gegensatz dazu der monumentale Ausdruck, den die pathetische Dame trägt.

Die Ruine, das Statuenzitat und der vorn stehende Zeichner markieren ein Dreieck im Bildraum, in dem offenbar nichts geschieht. Alles was geschieht, ist an den Ecken oder auf den Seiten des Dreiecks angesiedelt.

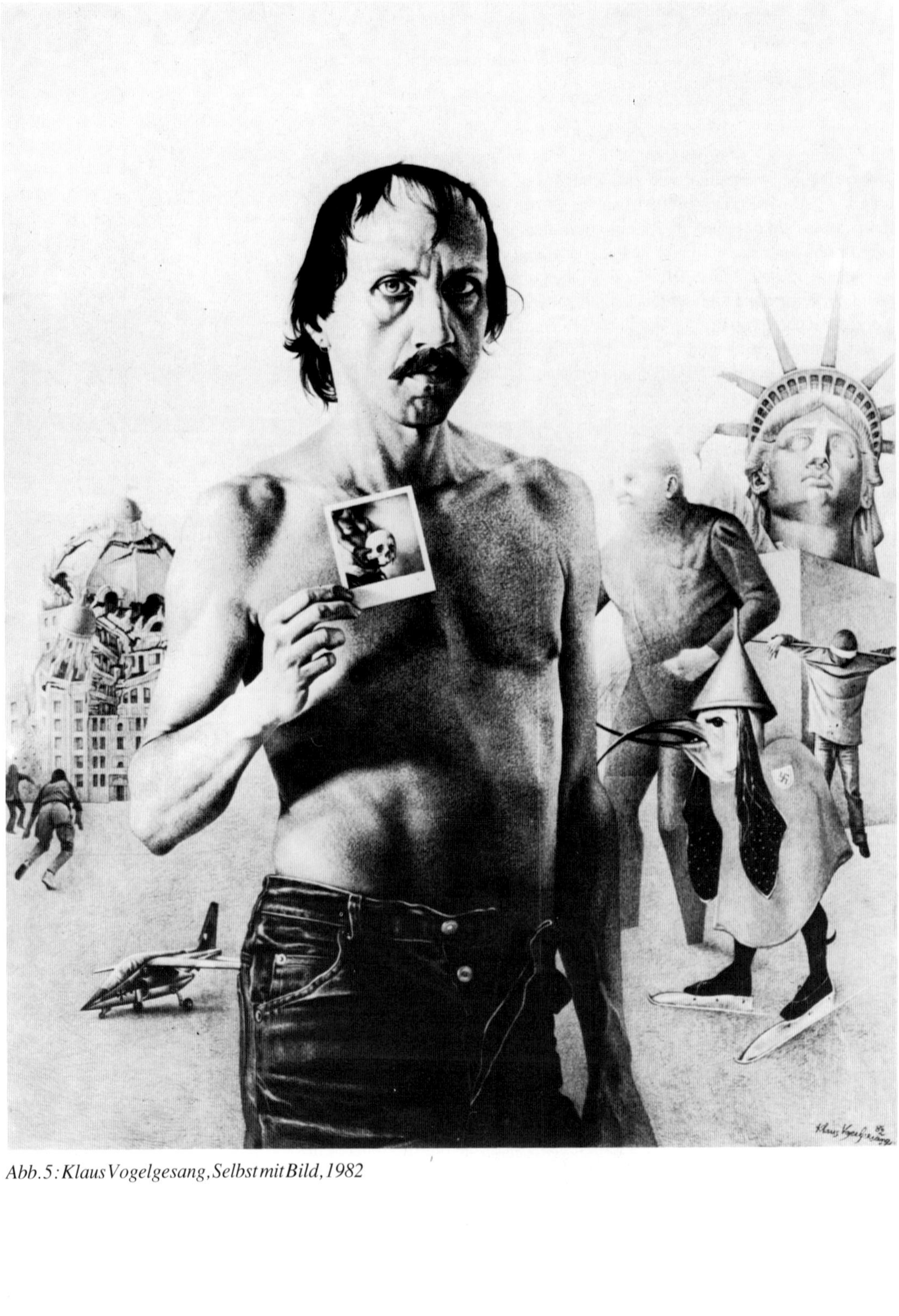

Abb. 5: Klaus Vogelgesang, Selbst mit Bild, 1982

Abb. 6: Polaroidfoto für «Selbst mit Bild»

Abb. 7: Zeitungsfoto aus «Geo»

Abb. 9: Polaroidfoto Klaus Vogelgesang

Abb. 8: Zeitungsausschnitt aus ADAC-Motorwelt

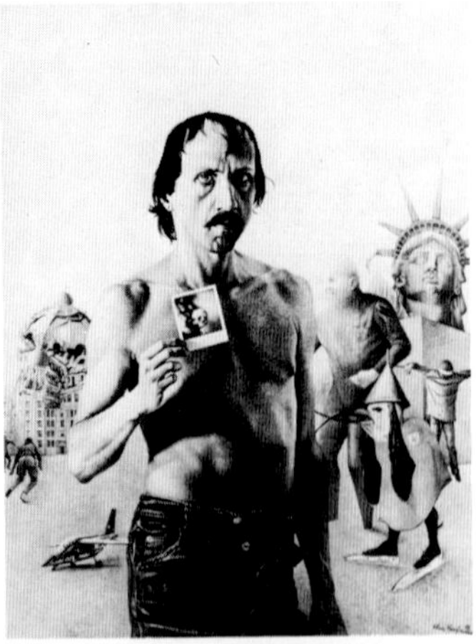

Abb. 5: Klaus Vogelgesang, Selbst mit Bild

Abb. 10: Zeitschriftenausschnitt aus «Stern»

Abb. 11: Zeitschriftenausschnitt aus «Stern»

Abb. 12: Zeitungsausschnitt ohne Quellenangabe

Abb. 13: Ausschnitt aus Hieronymus Bosch, Versuchung des heiligen Antonius

Dem Hinzurichtenden und dem Schergen auf der rechten entsprechen auf der linken Seite zwei unstet hastende Figuren, vielleicht auch Verfolgter und Verfolger. Dem Flugzeug korrespondiert – ganz und gar inadäquat – die Boschfigur. Alles Gegensätze, die bei einigem Nachdenken auf Polaritäten, also auf Zusammenhänge hinweisen. Keine Gegensätze, sondern real vorhandene Widerprüche: Freiheit und Zerstörung, Liquidation und Flucht, Kriegsgerät und Groteske. Davor steht der Zeichner, er blickt nicht in die, auf die Szene, weil er deren Teil ist; er sieht den Betrachter, an, zieht ihn in das Bild hinein.

Vogelgesang montiert sein Bild aus Stücken zusammen. Die Dinge im Bild erscheinen «in Gestalt von Reminiszenzen, Assoziationen und Erinnerungsfragmenten in einer überdeutlich gezeichneten Greifbarkeit vor unserem Blick». Aber die Wirklichkeit, die Vogelgesang zitiert, ist schon second hand.

(15) Roters

Hier zeigt sich nun etwas für den Standpunkt des Betrachters Aufschlußreiches. Wir haben nämlich erst nach der Niederschrift der voraufgegangenen Passage bemerkt, daß wir einem Teil des von Vogelgesang verwendeten Materials einen anderen Sinn unterlegt haben, als den, für den es in den Herkunftsquellen steht. Das ist hier leicht zu erkennen, wenn man die Texte einbezieht, die den beiden aus dem Stern stammenden Abbildungen, die Vogelgesang benutzt, beigegeben sind: der, den wir einen Schergen genannt haben (Abb. 10), ist ein maskierter jugendlicher «Sympathisant in den katholischen Vierteln der nordirischen Städte» (so der Bildtext), die z.B. in Belfast Polizei und Militär mit einem Steinhagel eindecken (vgl. Bildtext). Die «unstet hastenden Figuren, vielleicht auch Verfolgter und Verfolger» (so unser Text zu Abb. 11) sind miteinander solidarisch; es sind Berliner Demonstranten, die heranrückende Polizei mit Steinen bewerfen (so die Bildlegende).

Unsere zunächst nur auf die Bildstücken innerhalb des Verwendungszusammenhangs bei Vogelgesang bezogene Auslegung macht in ihrem Unterschied zu den nachträglichen Feststellungen klar, daß Vogelgesangs Vorgehensweise nicht 'technisch', sondern nur inhaltlich zu begreifen ist. Er übernimmt Bildstücken, um Sinn zu konstituieren.

Der Sinn, den die Bildstücken haben, entsteht also innerhalb des Kontextes, von dem sie ein Teil sind. Aber richtig ist auch: «Es ist gleichgültig, in welcher Weise wir uns dem Bild nähern – wir sind immer im Netz unserer eigenen Gedanken». Das gilt übrigens für den Bildproduzenten ebenso wie für den Betrachter. Beide legen aus. Wer will entscheiden: hat Vogelgesang dem Bildmaterial neuen Sinn zugeschrieben, oder haben wir das getan. Die Frage ist nicht beantwortbar.

(16) Burnett

Klaus Vogelgesang zitiert Bilder aus der Wirklichkeit, Bilder aus den Massenmedien, aufbereitete Wirklichkeit. Montieren heißt verdichten, durch Zusammenführung steigern, durch Konfrontation erhellen, «aufklären». Dem Betrachter werde die Empfindung suggeriert, durch einen einzigen kleinen Schritt neben sich selbst in einen Wachtraum-Alptraumähnlichen Zustand von Wahrnehmung der trivialen Realität unseres gemeinsamen Alltags geraten zu sein.

(17) Roters

Vogelgesang verknüpft nicht nur aus verschiedenen Bildmedien stammende Inhaltsfragmente, sondern er verbindet auch Verfahren der Darstellung. Die souverän beherrschte Zeichnung bestimmt das Bild ebenso wie eine an die Fotomontage erinnernde Schnittechnik. Nicht-Zusammenhängendes wird durch die Intensität des Zeichnens im Bild aufeinander bezogen, «als seien die Heterogenitäten organisch miteinander verwachsen, der Scherge mit dem Troll, der zu Liquidierende mit der Statue, der Maler mit alledem, was um ihn versammelt ist». (18) Roters

Auf welche Probleme und Prozesse treffen wir, die fürs Bildermachen wichtig sind, die in diesem Fall wichtig waren:

- o Der Bildermacher ist zunächst ein Bildersammler – er geht von Bildern der Wirklichkeit aus;
- o die Bilder, die er sammelt, sind wie der splitternde Spiegel der Welt, in der wir leben; mit den Splittern operiert Vogelgesang;
- o er zeichnet nicht ab, was darauf ist, sondern er integriert die Stücke, die er auswählt, in einen Bildzusammenhang, der durch seine ästhetischen Mittel bestimmt wird; dadurch kommt die Homogenität einer Vogelgesang-Zeichnung zustande, aus gesammelten Materialien, die durch Druck, durch Größe, durch Sichtweise unterschieden waren;
- o Bildinhalte werden aus Spannungsverhältnissen konstituiert, in denen wir leben; sie sind so provozierend, weil sie in der Zeichnung den Sinnen näher rücken als im Hochglanzfoto und weil die Pole im Bildviereck dichter beieinanderliegen. Es ist, als sähe man zwei Fernsehfilme gleichzeitig: einen affirmativen, systemkonformen und einen protestierenden, kritischen; einen, der Normen symbolisiert, einen, in dem Normen brechen oder gebrochen werden.

Alex Colville: Luftpistole mit Mann, 1980

Abb. 14-17

Das Bild (Abb. 14) ist verhältnismäßig klein – ein Quadrat von 60 cm Seitenlänge. Es wirkt in der Reproduktion viel größer. Der Ausdruck des Mannes zieht an, hält fest – und grenzt ab. Säße auf der dem Betrachter zugewandten Seite des Tisches auch einer, könnte er sowohl der Verhörte wie der Verhörende sein. In einer schwer zu klärenden Weise kann man den Mann sowohl als offen als auch als verschlossen wahrnehmen. Der Kopf wirkt kräftig, aber die Schultern sind schmal, die Hände zwar groß, aber nicht zupackend, sondern eher zart übereinander gelegt. Er wartet ab und ist präsent. Er ist stabil, aber ungewiß.

Was ist mit der Pistole?

Wir wollen dahinterkommen, wie das Bild hergestellt ist, welche Probleme sich der Maler gestellt hat, welche bei der Bildherstellung entstanden sind, wie er sie bearbeitet hat. Durch welche im Bild getroffenen Maßnahmen kommen wir auf die ersten Assoziationen, auf die obenstehenden tastenden Auslegungsschritte?

Dank einer sorgfältigen Arbeit von David Burnett wissen wir einiges über Colvilles Arbeitsweise und verfügen über die Studien zu dem Bild. Colville arbeitet immer nur an einem Bild. Der Herstellungsprozeß ist langwierig. Aber er hat offenbar Bilder, die er malt, schon lange vorher «im Kopf». Aus dem Jahr 1967, also dreizehn Jahre vor unserem Bild, gibt es ein kleines Selbstportrait, eine Silberstiftzeichnung (Abb. 15), die in Anlage und Ausdruck auf das Bild von 1980, als der Maler sechzig Jahre ist, hinweist. Auf beiden Arbeiten sieht der Maler den Betrachter an. In beiden Fällen wird er in eine Architektur eingebaut, auf der früheren Arbeit nicht ganz zentral in die Dachschrägen eines mansardenartigen Raumes, auf der späteren in die festgefügte Architektur des Bildraumes. Das Bild wirkt wie die Präzisierung der frühen Zeichnung. Alles was in der Zeichnung situa- (19) Burnett

Abb. 14: Alex Colville, Luftpistole mit Mann, 1980

Abb. 16: Vorstudie für «Luftpistole mit Mann», 1980
Abb. 17: Vorstudie für «Luftpistole mit Mann», 1979

Abb. 15: Alex Colville, Selbstportrait, 1963

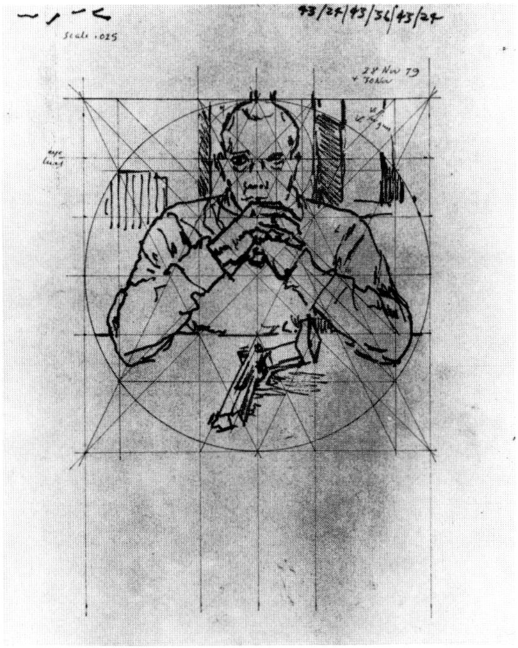

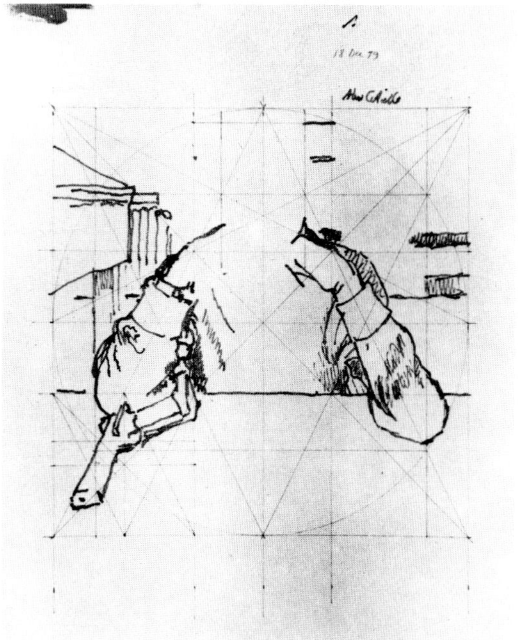

tionsbedingt wirkt, ist auf dem Bild konstruiert: Die Mittelachse des Bildes verläuft z.B. strikt durch die Mitte des Gesichts. Das Bild wirkt anonymer, weniger 'privat' als die kleine Zeichnung.

Anhand der vorliegenden Studien (Abb. 16 - 17) zu dem Bild von 1980 lassen sich unsere ersten Wahrnehmungen präzisieren. Colville geht von einem Bildbau aus, bei dem ein Kreis konzentrisch in ein Quadrat eingeschrieben ist. Der Kreis ist der Ort der 'Handlung' oder 'Nichthandlung' oder der 'potentiellen Handlungen'. Streng symmetrisch aufgebaut sitzt die Figur im Kreis. Gegenüber der Skizze 1 (Abb. 16) wird in Skizze 2 (Abb. 17) die Position der Ellenbogen leicht revidiert. Der rechte geht nicht bis an den Kreisumfang heran (wie in Abb. 16), der linke berührt ihn. Unter dem Kreis liegt der Raster des Quadrates. Aus Colvilles Konstruktionszeichnungen kann man das Verhältnis zwischen Kreis und Raster ablesen: Die Senkrechten und die Waagerechte stabilisieren die Form im Kreis, verklammern sie mit den Bildkanten.

Bleibt die Pistole; davon später.

Mit unseren Wahrnehmungen, untersützt durch die Vorstudien zum Bild, korrespondiert Burnetts Beschreibung:

«Die zentrale vertikale Achse teilt die Figur des Mannes in zwei Hälften; horizontal ist das Bild in drei Teile gegliedert, indem das Fenster mit seinem Rahmen, der Tisch und die dazwischenliegenden Bereiche von Wand und Boden je ein Drittel der Bildhöhe einnehmen. Der Eindruck von Stabilität entsteht durch die Art, in welcher der Mann von einem Kreis umschlossen wird, der sich innerhalb des quadratischen Bildformats befindet, wobei sein Herz das Zentrum beider geometrischer Figuren bildet – dieser Kreis bestimmt die Haltung seiner Ellenbogen und seines Kopfes und den Neigungswinkel seiner Arme». (20) Burnett

Wir waren am Anfang von einem widersprüchlichen ersten Eindruck, von Brüchen ausgegangen und haben es doch mit einer ganz durchschaubaren Konstruktion zu tun. Also viel eher mit Ruhe, mit Ausgewogenheit? Die Bildstruktur ist konzentrisch, vielleicht sogar spannungslos?

(21) Burnett

Burnett spricht dagegen von einem Gefühl der Unruhe, das von dem Bild ausgehe. Er erklärt sie aus grundlegenden Asymmetrien innerhalb der Bildstruktur: Der linke Ellenbogen des Mannes sei uns näher als der rechte, und vom direkten Blick seiner Augen werde dadurch abgelenkt, daß wir auf der einen Seite mit der Pistole, auf der anderen mit dem Fenster konfrontiert seien. «Wir sehen an ihm vorbei, wie auf der Suche nach einem Fluchtweg». (22) Burnett Was wir als Brüche oder Widersprüchlichkeiten vermerkt hatten, ist für Burnett die Ambivalenz des Bildes. Einmal ist es das Oszillieren zwischen der Stabilität der Konstruktion und Unruhe, die beim Betrachter durch die Bildordnung ausgelöst wird. Dann ist es die Widersprüchlichkeit, die von der Szene ausgeht: Sie ist so gemalt, als ob sie stattgefunden haben könne, und sie ist zugleich konstruiert künstlich. «Dieser Konstrast teilt unsere Wahrnehmung in den gefühlsmäßigen, psychologischen Effekt des Bildes und in die intellektuelle Befriedigung festzustellen, wie schön und exakt es aufgebaut ist». (23) Burnett

Das Bild ist privat. Wer sich selbst malt, sagt etwas über sich. Wer sich malt, sagt, was er sagt, denen, die das Bild betrachten, also anderen. In diesem Sinne wird das Bild öffentlich. Aber hier ist der so eindringlich Gemalte absolut unkommunikativ, ebenso ist der Raum, in dem er sitzt, ohne persönliche Signale. (24) Burnett Ambivalenz heißt es bei Burnett, sei nicht eine Barriere auf dem Weg zum Verständnis der Bilder von Colville, sondern die Voraussetzung des Verstehens. Die Bilder sind ambivalent.

Das läßt sich schließlich noch in einem letzten Zugriff an der naheliegenden Pistole zeigen. Von dem, der dem Betrachter gegenüber an einem Tisch sitzt, mit einer Pistole vor sich, weiß man nicht, obe er einen Mord oder einen Selbstmord plant. Nun hat Colville interessanterweise die Position der Pistole zwischen der ersten (Abb. 16) und der zweiten Studie (Abb. 17) verändert. Sie lag zunächst zentral, zwischen seinen aufgestützten Ellenbogen, aus der Konstruktion des Bildes heraus also eher auf den dasitzenden Mann bezogen. Jetzt liegt sie, gegenüber der zweiten Skizze auch noch einmal verändert, mit Distanz zu seinem rechten Ellenbogen und in Richtung auf den Betrachter. Sie spannt den Bogen zum Betrachter hin, aus dem Bild heraus. Also eher Mord als Selbstmord?

Burnett gibt eine uns überzeugende Interpretation, die von dem Typ der Pistole ausgeht und von einer (weiteren) Vorstudie, die wir nicht zur Verfügung haben. Auf dieser Skizze nämlich liegt unter der Pistole eine Zielscheibe. Die Pistole ist eine Luftpistole. «Sie ist also kein Instrument, das zum Zwecke des Tötens oder Verletzens entworfen wurde, sondern allein um die Konzentration und Zielsicherheit desjenigen zu testen, der es bedient. Es verlängert sozusagen seine Reichweite, verbindet das durch die Kimme anvisierte Ziel mit einer Markierung auf der Zielscheibe, die die Genauigkeit seiner Konzentration angibt. So gesehen, kann die Pistole irgendeine Pistole und der Mann jedermann sein». Aber hier wissen wir, (25) Burnett
daß die Pistole auf dem Bild eines bestimmten Malers liegt, der bestimmte Absichten damit verbindet.

Das Bild ist das Ergebnis der «zielgerichteten Reichweite» des künstlerischen Handelns, des auf die Verwirklichung des Bildes gerichteten Handelns. Der Künstler wird – aufmerksam, konzentriert, zielsicher – zum Scheibenschützen. Scheibenschiessen – und *darauf* verweist die Luftpistole – ist im Verständnis von Alex Colville die *Metapher für Bildermachen.*

Nimmt man den Bildtitel hinzu, läßt sich Burnetts einfühlsame Überlegung vielleicht noch einen Schritt weiter führen. Das Bild heißt «Luftpistole mit Mann». Der Mann ist dem Gerät nachgeordnet. Er ist im Verhältnis zur Pistole instrumentalisiert, derjenige, der das Gerät bedient; er ist Medium oder Membrane, durch die die Wahrheitssuche in Gang gesetzt wird. Das Bild steht auch für einen Begriff von Kunst und Künstler.

Unser Problem sind in diesem Kapitel Herstellungsverfahren; was läßt sich an Colvilles Bild zeigen:

o die Intensität der Bearbeitung, auch die Verschlüsselung eines Problems;

o die kaum auflösbare Einheit von Inhalt und Form; jede millimeterweise Veränderung der Stellung eines Ellenbogens, der Lage einer Pistole veränderte Aussage und Ausdruck des Bildes, gäbe der Auslegung eine andere Richtung;

o der schrittweise Entwicklungsprozeß, der Entfaltungs- und Präzisierungsprozeß der Bildidee, des Bildkonzepts;

o die Erfahrung, daß zwischen mathematischer Konstruktion und inhaltlicher Offenheit, zwischen Exaktheit und Ambivalenz kein Widerspruch bestehen muß.

o Man sollte die Probe aufs Exempel machen:

Deckt man z.B. das Fenster mit einem in der Farbe der Wand eingestrichenen Papier ab, entsteht ein anderer Bildinhalt; erst recht, wenn die Pistole abgedeckt wird; schon wer den Heizkörper abdeckt, wird das merken.

KAPITEL 8

VERFAHREN DES BILDERMACHENS – AM BEISPIEL DES ZEICHNENS

Verfahren lernen

- o Bahnhöfe und Eisenbahn: Wie unterschiedlich Peter Ackermann und Saul Steinberg verfahren
- o Menschen zeichnen: noch einmal Saul Steinberg
- o Räumlich zeichnen: Wie unterschiedlich Alberto Giacometti und George Grosz verfahren
- o Kinder zeichnen Räume anders

Ein Systematisierungsversuch – nicht nur für die ästhetische Praxis in der Schule

Zeichnungen von Peter Ackermann (1968 bis 1977)

KAPITEL 8: VERFAHREN DES BILDERMACHENS – AM BEISPIEL DES ZEICHNENS

Wir vertreten in diesem Abschnitt die Auffassung, daß es notwendig ist, Verfahren zu beherrschen, um Bilder machen, also um Wirklichkeit auslegen zu können, daß diese Verfahren lehrbar sind und gelernt werden sollten. Andererseits geht eine Praxis in die Irre, die die Verfahren isoliert, um sie leichter lehren zu können, wie das mit so vielen komplexen Inhalten in der Schule geschieht. Ebenso ist es abwegig, die Lehre allein an außerfachlichen Inhalten orientieren zu wollen. Wenn «*Graustufen* erzeugen» lernen mit Recht die Frage aufwirft: wofür und wozu denn?, dann löst «*Häuser* zeichnen» lernen mit eben der Berechtigung die Frage aus: warum denn?

(1) vgl. Eucker 1982

Das Problem des Zeichnens z.B. und des zeichnerischen Verfahrens entsteht überhaupt nur dann, wenn ein inhaltliches Interesse oder eine situative Notwendigkeit vorhanden sind, auf die mit einer oder in einer Zeichnung geantwortet werden kann; mindestens *auch* mit einer oder in einer Zeichnung.

Mit dem Zeichnen muß eine Absicht verbunden sein oder verbunden werden können; die Absicht, etwas festzuhalten, die Absicht, mit der Zeichnung etwas auszudrücken, die Absicht, mit der Zeichnung ein formales Problem zu bearbeiten, die Absicht, mit der Zeichnung etwas mitzuteilen, etwas auszuprobieren. Die Absicht kann vorhanden sein, oder sie kann durch einen äußeren Anstoß – z.B. durch Unterricht – geweckt worden sein.

Verfahren lernen

Wenn wir hier im weiteren von Verfahren reden, dann ist damit immer die Einheit von Verfahren und Bearbeitung relevanter oder relevant gewordener Probleme gemeint. Das soll in Beispielen belegt werden.

Bahnhöfe und Eisenbahn: Wie unterschiedlich Peter Ackermann und Saul Steinberg verfahren

Im ersten Schritt untersuchen wir an einem Beispielpaar die Entscheidung für ein ganz bestimmtes Darstellungsverfahren in Verbindung mit einer Ausdrucks- oder Wirkungsabsicht. Beide Zeichner, auf die wir uns beziehen, haben so ziemlich denselben Gegnstand gewählt: Bahnhof, Eisenbahn. Peter Ackermann hat eine Radierung, Saul Steinberg eine Federzeichnung gemacht. Diese Grenze zwischen Druckgraphik und Handzeichnung ignorieren wir hier weitgehend, weil in beiden Fällen mit den gleichen Mitteln, mit Linien, Lineamenten, Helligkeiten und Dunkelheiten gearbeitet worden ist.

Abb. 1

Peter Ackermann: S-Bahnhof Lindenthaler Allee, 1968.
Radierung: 35 x 40 cm.

Dieser S-Bahnhof steht im Berliner Stadtbezirk Zehlendorf an einer Stelle, an der sich die Straße, die Lindenthaler Allee, platzähnlich erweitert; er ist umgeben von kleineren Grünanlagen mit Bänken, auf denen oft ältere Menschen aus den umliegenden Altersheimen sitzen. Auf der Höhe des Bahnhofsgebäudes treffen, wenn ich recht erinnere, sechs Seitenstraßen auf die Lindenthaler Allee, eine vorfahrtberechtigte Durchgangsstraße mit starkem Autoverkehr. An den Straßenecken, den Rändern des Platzes befindet sich ein rundes Dutzend von Ladengeschäften für den alltäglichen Bedarf und ein Hotel.

Unser Blatt nimmt die Jugendstilelemente der Bahnhofsarchitektur auf und ist von dem großen und dunklen Gebäudekomplex bestimmt, der an der rechten und der linken Blattkante angeschnitten ist. An der linken Blattkante wird der Kontur des Bauwerks durch ein hinter dem Baukörper erkennbares Brückenelement variiert; an der rechten ragt unmittelbar hinter dem Bahnhofsgebäude ein Turmstumpf mit offenbar achteckigem Grundriß bis zur halben Höhe auf. Auch diese beiden Architekturstücke sind angeschnitten. In wesentlich lichterer Linienführung werden hinter dem Baumassiv ein sich lang hinstreckendes Gewächshaus und einige Architekturumrisse deutlich, die durch die verwendeten graphischen Mittel als in der Ferne stehend charakterisiert sind.

Der Bahnhofskomplex ist unzugänglich und unheimlich, Fenster und Eingänge sind vergittert. Wo man hineingehen könnte, guckt man in

Abb. 1: Peter Ackermann, S-Bahnhof Lindenthaler Allee, 1968. Radierung: 35 x 40 cm.

dunkle Schlünde. Durch die Kuppel mit den beiden darunterliegenden ovalen Fenstern und die mehrfach geschwungene Traufenkante kann man das Ganze auch als den Ausdruck eines überdimensionalen Molochs ablesen, an dem kein Vorbeikommen ist.

Die graphischen Mittel, mit denen der Eindruck erzeugt wird, sind dichte, in unterschiedlichem Winkel übereinander gelagerte Kreuzschraffuren und Lineamente, die z.T. der Form folgen. Durch Ätzung sind große Flächenanteile weiter abgedunkelt. Als Lichter bleiben Gitter und Kanten stehen.

vgl. Abb. 1/Kap. 2

(2) Dyckers

In seiner undurchdringlichen Bedrohlichkeit ist das Blatt dem schon in Kap. 2 vorgestellten Brandenburger Tor ähnlich. «Diese Architekturen dehnen sich über die ganze Bildbreite aus, kein Weg führt an ihnen vorbei oder durch sie hindurch, die starre Frontalität steht für ihre Unüberwindbarkeit».

Der Eindruck der Undurchdringlichkeit und Bedrohlichkeit wird durch die Detaillierung und Modellierung des Architekturmolochs noch verstärkt. Das, was einen da nicht vorbeiläßt, woran man nicht vorbeikommt, hat einen sorgfältig architektural durchgeformten Corpus – und ist doch kein Bau, ist aber auch kein Tier. Es bleibt unentschieden. Unheimlich durch die Verwandlung der Wirklichkeit mit graphischen Mitteln.

Abb. 2: Saul Steinberg, Railway 1951. Ink on paper, 52 x 64,4 cm.
New York: Museum of Modern Art.

Abb. 3: Saul Steinberg, French Engine, 1949

Beim Brandenburger Tor (vgl. Kap. 2) war auch kein Durchkommen. Auch hier ist kein Durchgang. Auch der S-Bahnhof Lindenthaler Allee antwortet, so wie Ackermann die Architektur des Bahnhofsgebäudes in seiner Radierung auslegt, auf eine politische Situation: die S-Bahn funktioniert nicht mehr als ein Verkehrsmittel zwischen den beiden Hälften der Stadt; sie ist eingestellt worden, die Einrichtungen, die dem Verkehr dienten, veröden.

Saul Steinberg: Railway 1951. Ink on paper, 52 x 64,4 cm. *Abb. 2*
New York: Museum of Modern Art.

Wir wissen nicht, ob auch Steinberg von einem real vorhandenen Bauwerk ausgegangen ist.

Drei Bahnhofshallen, von drei Türmen verschiedener Form gekrönt, *Abb. 3*
zum Betrachter hin durch niedrigere Bauten verlängert, die an überdachte Bahnsteige denken lassen. Zahllose Schienenstränge laufen nach vorn aus dem Bild heraus. Durch die Hallen kann man hindurchblicken, unter den Überdachungen kann man hineinsehen, die Wege der Schienen kann man mit dem Auge verfolgen. Steinberg nennt das Blatt nicht Bahnhof, sondern Eisenbahn. Er zeichnet auch keinen Bahnhof, sondern eher die Konstruktion von Eisenbahnbauten, perspektivisch, mit zahllosen

Abb. 4: Saul Steinberg, Zeichnung, 1978
Abb. 5: Saul Steinberg, Zeichnung, 1976

Fluchtpunkten – und mit einigen dekorativen Elementen, besonders an den Türmen.

Der räumliche Eindruck, daß man hinein- und hindurchsehen und -gehen und -fahren kann, ist das Bestimmende der Zeichnung. Der Konstruierbarkeit seiner Gegenstände entspricht die Konstruktion der Zeichnung. Linien sind, wo immer möglich, mit dem Lineal gezogen. Nur selten entstehen kleine Dunkelheiten, durch Verdichtung der Linien. Sie schaffen den Eindruck von Raum.

Und doch 'stimmt' nichts: weder die Perspektive, noch der Bahnhof, nicht einmal die Schienen. Erstens ist es zweifelhaft, ob man überhaupt von Schienen sprechen kann. Es sind ja 'nur' Linien da. Und wie verlaufen sie? Wie es der Rhythmus des Blattes braucht, nicht wie die Eisenbahndirektion es will. Wo führen sie hin? Das bleibt ebenso unklar wie die Architektur der mittleren Bahnsteigüberdachung. Vertrauen flößt das verwendete *Verfahren,* flößt der Schein des Konstruierten ein, flößen nicht die dabei entstehenden Gegenstände ein. Und doch ängstigt den Betrachter an der Zeichnung nichts. Eher ist man amüsiert über das Spiel, das der Zeichner treibt, darüber, daß man auf einmal das Verhältnis zweier Linien zueinander als Eisenbahnweiche abgelesen hat, über die Leichtigkeit, mit der die Eisenbahn daherkommen kann. Verweilt man dann noch einmal bei den großen architektonischen Elementen, dann könnte das im Grunde auch der Eingang zu einem Zirkus sein. Da bleibt vieles offen.

In welch hohem Maße der Ausdruck, den jedes der beiden Blätter von *Bahnhof* und *Eisenbahn* vermittelt, an den gewählten graphischen Verfahren, am Einsatz der Mittel hängt, wird gleich klar, wenn man sich vor-

Abb. 6: Saul Steinberg, Zeichnung, 1976
Abb. 7: Saul Steinberg, Zeichnung, 1976

stellt, die beiden Zeichner tauschten. Ackermann könnte die Undurchlässigkeit seines Blattes nicht mit einem transparenten Konstruktionsnetz erzeugen, das Steinberg sorgfältig und durchdacht herstellt. Und Steinberg könnte mit den Mitteln von Ackermann nur eine *andere* Zeichnung machen. Diese nicht. Diesen Gebrauch der Mittel kann man nicht lernen, ohne daß man die Mittel braucht, um ein Problem zu lösen, eine Wirkung zu erzeugen, um seine Absicht zu verwirklichen. An Zeichnungen kann man ablesen, wie Mittel und Verfahren im Dienst von Absichten und Wirkungen verwendet worden sind.

Um der billigen Annahme entgegenzutreten, wie einer zeichne, hänge allein von seiner 'Veranlagung' ab, für die man nun 'mal nichts könne', schließen wir hier noch eine Bildfolge allein von *einem* Zeichner an, freilich wieder von Saul Steinberg; da kann man studieren, wie bewußt, mit wieviel Absicht jeweils besondere graphische Verfahren angewandt und unterschiedliche zeichnerische Mittel absichtsvoll eingesetzt werden.

Menschen zeichnen: noch einmal Saul Steinberg

Es ist geradeso, als ob er sich sein Problem selbst formuliert hätte; etwa folgendermaßen:

o Zeichne Menschen und bringe die Unterschiede, die Gemeinsamkeiten oder die Beziehungen zwischen ihnen durch graphische Verfahren und Mittel zum Ausdruck.

Steinberg legt Charaktere und Rollen auf dem Weg über Zeichnen aus.

Abb. 8: Saul Steinberg, Zeichnung, 1976

*Vierergruppe (Abb. 4)*Wir kennen die verwandtschaftlichen oder sonstigen Beziehungen nicht, wir haben also keine Kontextinformation. Aber die Macht- und Dominanzverhältnisse, das Durchsetzungsvermögen eines jeden gegenüber jedem anderen können wir aus der Zeichnung ablesen.

Durch spitze Striche auch noch innerhalb der runden Form des Leibes ist nur einer gekennzeichnet, und der ist auch noch die größte zusammenhängende dunkle Fläche; spitze Nase, spitzes Kinn, nach vorn gestreckt, leicht erhoben; kein Hals, Masse hält zusammen; der runde Leib drängt vorwärts, ins Bild hinein, also an allen vorbei; er steht rechts, am weitesten vorn.

Hinter ihm und gegen die Logik des Bildes, es sei denn der Mann vorn rechts wäre extrem klein, eine Frau; *die* Frau im Bild; durchaus Aufmerksamkeit erweckend, aber mit anderen Mitteln; das Haar formiert den Kopf und hält das Gesicht zusammen; der imposante Busen, an dem der Alte vorbei und über den er hinwegsieht, wie in Blech, gepanzert; die Hals- und Schulterlinie wie nach einer Marmorbüste gezeichnet; von der Magengrube bis zum Rocksaum Dekor; ein zentrales Element des Musters weist zwar präzis auf das Geschlecht; der Aufwand an Stoff und Falten und Rüschen vertut dann alles wieder; aus dem Rock kommt die Beinkonstruktion; mit abstützenden Linien wird die Kontur wiederholt; das Ganze steht in spitzen Schuhen: Aggression? Ach wo: Stöckelschuhe! Mit solchen Schuhen kann man allenfalls kämpfen, wenn man sie in der Hand hält und nicht an den Füßen hat. Um Halt bemüht.

Von links kommt ein zweites Paar; gegenüber den beiden rechts viel stärker als Einheit gesehen. Das Paar ist mit Kreide summarisch hingestrichen, deutlich heben sich die beiden Gesichter heraus – als hellere Flecken. Die kleinere Figur der beiden, etwas eingeknickt, ist als Form fester gesetzt als die hintere, hat auch mehr Gesicht. Bei der dahinterstehenden kann man nicht sehen, worauf sie steht. Nach oben ist sie durch einen waagerechten Strich begrenzt. Links kommt gegen rechts nicht an. Unser Problem wiederholt sich bei den nächsten Paaren: Abb. 5, 6, 7.

Abb. 1

Abb. 5, 6, 7

In Abb. 7 kann man lernen, wie sich männlich zeichnerisch von weiblich unterscheiden läßt. Beide sind mit graphischen Mitteln auf das gängige Vorurteil über Rolle und Geschlecht reduziert. Der Mann: geradlinig, mit den Beinen auf der Erde, breite Schultern, entschlossen, Blick geradeaus. Die Frau: Masse, aber graziös, schwammig, schwellend, also formlos, unbestimmt; kindlich übergroßer Kopf.

Jede formale Entscheidung, jede zeichnerische Handlung ist hier auslegbar als Übersetzung von Geschlechtsspezifik – gleichgültig ob tradiert, angenommen oder real – in Bildform (Abb. 5).

Abb. 8 zeigt, daß Frau nicht gleich Frau ist, wie Abb. 5 nahelegen könnte. Die eine (Abb. 8, links) weiß entschlossen, wo's langgeht, die andere (Abb. 8, rechts), vieldeutig: gelassen, sich ihrer selbst gewiß? Oder im Schlepptau unterlegen? Oder: hat sie die schrillen Töne nicht nötig, weil ihr alle Türen offenstehen? Oder gelangweilt, weil sie weiß, was sich hinter den Türen abspielt? Oder: nunmehr chancenlos?

Räumlich zeichnen: Wie unterschiedlich Alberto Giacometti und George Grosz verfahren

(3) vgl. K+U 105/1986

Wir wenden uns mit Giacometti zunächst einem Bildhauer zu, der auch zeichnet. Die Auseinandersetzung mit Raum und Körper – sei es zeichnend, bauend oder formend – ist sein Problem. Die Themen sind aus seiner Welt: Atelier und Wohnzimmer, Straßen, Häuser, Menschen.

Die in Abb. 9 abgebildete Bleistiftzeichnung im Format 50,3 x 36,4 cm aus dem Jahre 1954 macht den Vorgang des Zeichnens auch noch im vorliegenden Ergebnis wahrnehmbar. Wenige Gegenstände: ein Tisch mit gedrechselten Beinen und dicker Platte. Über dem Tisch eine Hängelampe, ein älteres Modell, das an eine Petroleumlampe der Jahrundertwende mit einer Glasglocke erinnert, die das Licht sanft macht. Die Lampe hängt über dem Schnittpunkt der Diagonalen der Tischplatte. An der linken, abgewandten Tischseite steht ein Stuhl, an der rechten Seite ist eine Stuhllehne zu erkennen. Links hinter Tisch und Stuhl steht wohl ein Sofa. Die Strichlagen hinter Lampe und Tisch und an der Basis legen die Annahme nahe, daß der Tisch in einer Raumecke steht. Auf dem Tisch eine Blumenvase und ein Schälchen. Das ganze Blatt wirkt intensiv durchgezeichnet, so daß die Gegenständlichkeit durch Strichlagen, die der Form jeweils folgen, konstituiert wird.

Mathematisch gesprochen haben wir es mit einer Übereckperspektive zu tun. Das Blatt ist aus freier Hand gezeichnet. Aber wie: die Linie schafft nicht nur die Gegenstände, sondern umhüllt, umspinnt sie auch. Tisch und Lampe stehen in einem Gespinst von Linien, das sie gleichermaßen entstehen läßt und auch, gleichsam schützend, umschließt. Körper – Tisch und Lampe – sind im Raum und sind selbst raumschaffend. *Giacometti* ist Plastiker, auch wenn er zeichnet.

Dazu gehört ein Strich, der die Form beim Zeichnen erspürt und nicht vorher schon 'weiß'. Mit den Gegenständen, die wir kennen, entsteht der

Abb. 9: A. Giacometti, Interieur mit Tisch und Lampe, 1984

Raum, zu dem sie werden, den sie beanspruchen, in dem sie sind.

(4) Giacometti

Ein mittlerer Bleistift – HB oder B, gut gespitzt – ist das Werkzeug dafür und hartes Papier, auf dem die Linie genau 'steht'.

(5) vgl. K+U 105/1986

Schluchten und Kammern

George *Grosz* schafft Raum von oben

Die zeichnerischen Mittel, mit denen George *Grosz* Raum auf der Fläche herstellt, sind einfach, aber zugleich auf vertrackte Weise miteinander kombiniert. Die Wirkung ist eindeutig: Straßen führen in die Tiefe, Nah und Fern sind klar unterschieden. Der Betrachter wird angehalten, von oben in die Straßenszene hineinzusehen. Der Blick wird geführt.

Abb. 10

Auf Abb. 10 werden von links und rechts wie zwei Kulissen Hauswände schräg ins Bild geschoben und begrenzen – nach außen – den Bildausschnitt und – nach innen – die Szene 'Straßenkreuzung'. Der Zeichner hat einen Standpunkt etwa auf Höhe der Dachkanten der vorderen Häuser. Die Aufsicht wird durch den Bürgersteig betont, der um das rechte Haus herum-

Abb. 10: G. Grosz, Vorstadt 1917

läuft. Ein Mann geht darauf und sieht zu der Gruppe vorn links hinüber. Ein anderer verschwindet hinter der Ecke. Ganz vorn vier Gestalten: die ins Bild hinein kleiner werden. Erst der große Kopf, dahinter einer mit Glocke, schon kleiner, links davon die aus dem Bild herauskommende Frau mit Hund, hinter ihr wieder einer, der kleiner ist und ins Bild hineingeht. Die Größenunterschiede und das Hin und Her der Laufrichtungen schaffen Raum. Der Blick wird schrittweise in die Tiefe geführt. Wer auf die Kreuzung will, steht erst vor dem Leichenwagen, dann ragt ein Haus wie ein Schiffskörper von links herein. Die Kirche ist der Kulminationspunkt. Darum werden die Häuser gehäuft, d.h., es werden wieder lauter Fassaden vor- und hintereinander gestellt. Je kleiner und dichter die Fassadenflächen wie Versatzstücke dastehen, je dichter sind sie zeichnerisch detailliert: Fenster, Simse, Schornsteine. Aber um die Bauten ist wieder Platz, um herumzugehen, Bewegungsraum, mit Bäumen und Kreuzen, Friedhof.

Der Horizont liegt an der oberen Blattkante. Verlängert man die schräg laufenden Linien, wie die vordere Bürgersteigkante oder die Standlinie der

Abb. 11: G. Grosz, Cafe, 1919

Kirche bis zum Horizont, wird deutlich, wie viel Fluchtpunkte die Zeichnung hat. *Grosz* konstruiert keine Räume, sondern komponiert sie, schiebt Flächen vor- und hintereinander, spielt freie Flächen gegen eng bezeichnete aus, verkleinert die Objekte von vorn nach hinten. Viele Möglichkeiten der Raumdarstellung werden miteinander verbunden – und an ihrer Wirkung gemessen.

Auf Abb. 12 wiederholt sich vieles von dem, was aus Abb. 10 herausgelesen werden konnte. Aber zu den Flächen kommen annähernd parallelperspektivisch gezeichnete Körper dazu: der Hauskubus weiter hinten, der dahinterstehende Architekturkomplex, zwei Zirkuswagen im Mittelgrund und die von hinten gesehene Bude auf dem Rummelplatz. Das Zirkuszelt steht dagegen fast wie eine Fläche auf dem Platz. Nur die verdickten Konturen lassen so etwas wie Volumen ahnen.

Worauf es ankommt: Raum entsteht auch, wenn verschiedene Verfahren miteinander kombiniert werden. Es kommt nicht auf die Reinheit der Methoden an, sondern auf die Wirkung, die man mit ihnen erzielen kann.

Jeder Fensterausblick aus dem dritten Stockwerk ist geeignet, um das unkonventionelle Verfahren auszuprobieren. Viel liegt natürlich an der Bescheidung, mit der hier strikt nur mit der kargen Linie – also ohne Grautöne – gezeichnet worden ist. Dunkelheiten entstehen durch gegenstands-

Abb. 12: G. Grosz, Vorstadt, 1919

Abb. 13: G. Grosz, Quergebäude, 4 Treppen

bedingte Häufung von Linien.

Bei Abb. 11 und 13 ist die Aufsicht auf die Szene beibehalten – aber nicht überall durchgehalten. Der Kleiderschrank in Abb. 13 hinten an der Wand ist wieder nur als Fläche gegeben, aus der die Tür herausragt. Das Fenster dagegen folgt einer frontalperspektivischen Sichtweise (Einfluchtpunktperspektive). Das Bett, der kleine Tisch daneben, der Stuhl, der Raum als Ganzes haben mehr oder weniger ein parallelperspektivisches Konzept, der Waschtisch auch, die Kanne daneben ist wieder ganz und gar Fläche. Aber selbst zwischen Tisch (neben dem Bett) und Stuhl (vorn links) bestehen bei genauem Hinsehen auch noch Unterschiede: der Stuhl ist eindeutiger parallelperspektivisch, der Tisch schon wieder leicht frontalperspektivisch verzerrt. Demgegenüber ist. Abb. 11 nun in der Tat 'konsequent'. Jede Tischgruppe ließe sich in einen parallelperspektivisch konstruierten Kubus hineinsetzen. Runde Tischplatten bleiben fast rund, die auf dem Fußboden umrissenen Flächen sehen wie Unterseiten von Kuben aus. In ihren Ecken wären die Senkrechten zu errichten. Ansonsten die vertrauten Mittel: vorn größer, hinten kleiner, vorn mehr weiße Fläche, hinten mehr zeichnerische Dichte.

(6) G. Grosz; Mynona; Schneede

(7) zuerst in K+U 105/1986

Kinder zeichnen Räume anders

Abb. 14-20: Zeichnungen aus der Vor- und Grundschule

Die abgebildeten Zeichnungen (Abb. 14 – 20) stammen von sechs- bis elfjährigen Kindern. Sie setzen sich alle mit konkreten Situationen, mit Handlungen auseinander, in denen dreidimensionale Gegenstände oder weiter vorn und weiter hinten im Raum stehende Menschen vorkommen. Die Blätter belegen «gleichberechtigte Sichtweisen« von Kindern, in denen sich die «wahrhafte Gestaltung ihrer Erfahrung» äußert.

(8) Meyer-Drawe; Merleau Ponty

In jedem Fall liefern die Inhalte, oder die Situationen, Anstöße zur Auseinandersetzung mit räumlichen Gegebenheiten. Bearbeitet werden ganz und gar übliche Probleme, wie sie sich überall, z.B. auch aus dem unterrichtlichen Zusammenhang in der Vor- und Grundschule ergeben können: «Wir waren draußen» (Abb. 14), «Wir wollen uns ein Haus bauen und machen zunächst einen Plan»(Abb. 15, 16), «Wir waren an der Kirche» (Abb. 17), «Hänsel und Gretel im Wald»(Abb.18), «Das Haus neben der Schule» (Abb. 19), «Wir toben auf dem Schulhof» (Abb.20). Alle Zeichnungen knüpfen an Inhalte an, die für die Kinder eine Rolle gespielt haben, über die ausführlich mit ihnen gesprochen worden ist und die – mit Wahrnehmungs- und Handlungserfahrungen, oder wie bei Abb. 15 und 16, mit weiteren Handlungsplänen der Kinder zu tun haben. Die Kinderzeichnungen machen auf frühe Lösungsmöglichkeiten für Probleme der Darstellung von Raum auf der Fläche aufmerksam. Dem stehen die in Abb. 21 von Hans *Daucher* zusammengestellten «klassischen» Möglichkeiten der räumlichen Darstellung gegenüber, wie sie einerseits im Schulunterricht oft vermittelt werden und andererseits in der Kunst entdeckt werden können. Wir haben uns dabei freilich aufs Zeichnen beschränkt und lassen die handgreifliche Möglichkeit von Klebebildern und Collagen außer acht. Hier wird das, was vorn ist, auf das, was dahinter ist, oft einfach draufgeklebt.

(9) Die Vorlagen für die Abb. 15 und 16 verdanken wir Rudolf Seitz, München

(10) vgl. Daucher

Wie Kinder «Raum» auslegen oder ignorieren.

Abb. 14 zeigt jene häufige Lösung, bei der die Streifenaufteilung der Bildfläche meint, das Untenstehende soll als das Vornliegende abgelesen werden. Die realen Größenverhältnisse bleiben dabei meist erhalten. Was groß ist, bleibt auch groß, wenn es weiter weg ist.

Abb. 14: Wir waren draußen

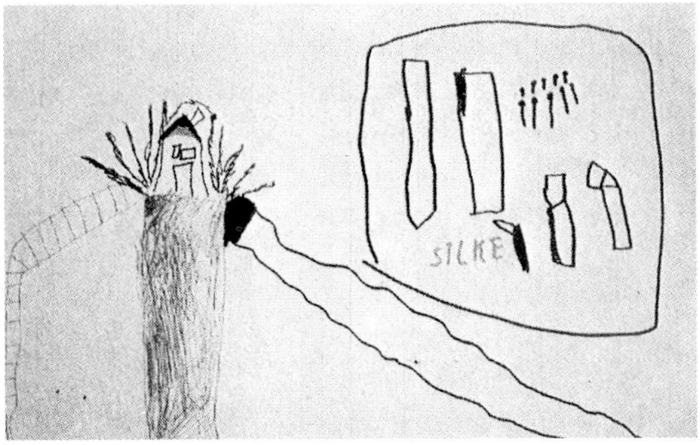

Abb. 15, 16: Wir wollen uns ein Haus bauen

Abb. 17: Wir waren an der Kirche
Abb. 18: Hänsel und Gretel im Wald

Abb. 19: Das Haus neben der Schule
Abb. 20: Wir toben auf dem Schulhof

1. Vorderes verdeckt Hinteres

2. Das Vordere ist im Bild meistens unten.

3. Vorderes ist größer als Hinteres

4. Schatten modellieren die Form.

5. Eine gleichmäßige Struktur wird nach hinten enger und feiner.

6. Parallele Linien, die vom Betrachter weglaufen, treffen sich in einem Fluchtpunkt.

7. Helligkeitskontraste sind vorne stärker als hinten (Luftperspektive).

Abb. 21: Daucher's Möglichkeiten räumlicher Darstellung, 1984

Abb. 15 und 16 sind Pläne für Baumhäuser. Daß man hochklettern muß, ist das eigentlich Aufregende. Für das Haus genügt die Angabe der Fassade in der «gekonnten» Schemaform. Raum ist hier also «oben» und «unten». Die Dreidimensionalität des Hauskörpers oder «vorn» und «hinten», sind nicht das Problem, das die Kinder in den Blick nehmen.

Auch die *Abb.17* zeigt «Häuser». Der räumliche Charakter der gezeichneten Gegenstände wird für das Kind offenkundig nicht zum Problem, weil anderes wichtiger ist: die Vergewisserung nämlich, daß man die Kirche auch als Kirche erkennen kann; dafür ist die an der signifikanten Seitenansicht orientierte Darstellung am ehesten geeignet.

Daß das Haus ein Wohnhaus ist *(Abb. 19),* in dem Menschen wohnen, gelingt am besten, wenn man einen Schnitt durch das Haus zeichnet. Raumprobleme entstehen dabei nur als Probleme der Flächenausdehnung.

Anders bei den *Abb. 18 und 20:* Hänsel und Gretel sind *im* Wald *(Abb. 18).* Der Schulhof, auf dem wir toben *(Abb. 20)*, ist groß; man kann herumlaufen, nach allen Richtungen wegrennen.

In *Abb. 18* wird der Bildinhalt offenbar durch Addition der «Elemente» Wald, Wolf, Hänsel und Gretel, hergestellt. Zuerst sind die Kinder und der Wolf gezeichnet worden. Sie sind das wichtigste. Dann wurden die Baumstämme mit äußerster Sorgfalt so plaziert, daß sie die Figuren, die Hauptakteure, nicht «verletzten». Ein erster Schritt ist in räumlicher Hinsicht gelungen: die Kinder stehen *vor allem zwischen den vorderen Bäumen.*

Auf *Abb. 20* ist manches anders. Die Kinder sind auf der ganzen Fläche verteilt. Vornstehende sind größer als hinten Tobende. Hinten ist es enger als vorn.

Auf mehreren Blättern ist der Übergang zu Problemlösungen erkennbar, die in Abb. 21 zusammengefaßt sind.

Wie Lehrerinnen und Lehrer reagieren können.

Wer Aufgaben stellt, muß davon ausgehen, daß auch innerhalb einer Lerngruppe ganz unterschiedliche Verfahren der Bearbeitung oder der Vermeidung räumlicher Probleme gewählt werden können. Dazu muß es aber für die Kinder erst zum Problem werden, daß sich z.B. auf Abb. 17 Hänsel und Gretel *im* Wald nicht verlaufen haben, weil sie immer noch *vor* dem Wald stehen oder daß die Leute, die in dem Haus auf Abb. 18 wohnen, auch nach hinten 'raus ein Zimmer haben.

Bleibt angesichts der Unterschiedlichkeit, in der sich die Kinder auf Raumprobleme einlassen oder ihnen auch ausweichen, weil in ihren Handlungen und Vorstellungen anderes zum Problem geworden ist, bleibt angesichts dieser Vielfalt die Frage: wie sollen Lehrer, besonders in der Grundschule, reagieren? Vielleicht helfen einige Leitlinien, die eher allgemeinpädagogisch als fachdidaktisch orientiert sind

o einsehen, daß die dem Erwachsenen bekannte Variante der Raumdarstellung nicht die prinzipiell «richtige» sondern meist nur eine unter vielen mögliche ist (vgl. Abb. 21).

o akzeptieren, daß es verschiedene Lösungen für dasselbe Problem geben kann und darüber miteinander sprechen;

o hinnehmen, daß für dieses Kind etwa anderes wichtiger sein kann, als für jenes.

Das heißt mit anderen Worten – ohne daß man dafür die Kreativitätstheorie bemühen müßte – die Vielfalt der Problemlösungen zulassen und im Unterricht fruchtbar machen.

(11) Zur Problematik der Darstellung von Raum auf der Fläche vgl. Lit.-Hinweise in Anm. 11

Ein Systematisierungsversuch – nicht nur für das Verfahren lernen.

Bei einem vorläufigen Einordnungsversuch unseres Praxisverständnisses greifen wir auf ein Schema zurück, das sechs Autoren gemeinsam für die ästhetischen 'Lernfeldern' Bildende Kunst, Darstellendes Spiel, Musik,

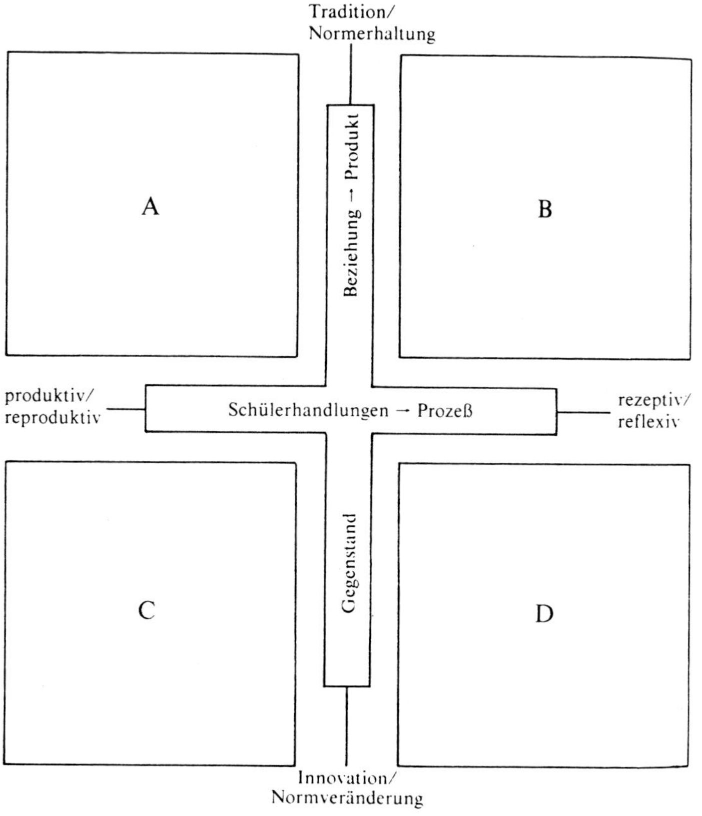

Abb. 22: Vierfelderschema zur Beschreibung und Strukturierung ästhetischer Lernprozesse in den ästhetischen Aufgabenfelder Kunst, Musik, Literatur, Bewegung und Darstellendes Spiel

Bewegungserziehung und Literaturarbeiten, vorgelegt haben. Dabei leitete die Autoren der Wunsch, Vorschläge für die Methoden- und Medienwahl in den einzelnen Fächern besser mit dem Nachdenken über Ziele und Inhalte zu verbinden. Und sie haben unterstellt, dies könne auf einer den Fächern gemeinsamen Grundlage geschehen: Das Schema soll, haben die Autoren gesagt, der «Strukturierung ästhetischer Lernprozesse» dienen.

(12) vgl. Bergmann u.a.; den Versuch einer Rekonstruktion von Traditionslinien und der Konstruktion einer Leitidee der ästhetischen Teilbereiche; vgl. auch Beckers

In den beiden Hauptrichtungen wird von zwei Gegensatzformen ausgegangen, mit deren Hilfe *alle* ästhetischen Lehr- Lernprozesse im Sinne größerer Nähe oder Distanz zu dem einen oder dem anderen Pol beschrieben werden können: Ästhetische Erziehung findet idealtypisch gesehen immer in der Spannng statt:

o zwischen Traditionsbezug und Innovationsabsicht, oder anders formuliert, zwischen der Orientierung an als gültig akzeptierten pädagogischen, inhaltlichen und gestalterischen Normen, Konventionen, Regeln oder dem Bedürfnis, überkommene Normen, Konventionen, Regeln zu brechen (senkrechte Achse);

o zwischen den vielfältigen Handlungsformen von Produktion (für die Musik ist das oft auch Reproduktion), und den nicht minder vielfältigen Formen des Aufnehmens und Verarbeitens, der Rezeption oder Reflexion vorfindlicher Werke und Objekte (waagerechte Achse).

Ein erster Konkretisierungsversuch soll zeigen, daß es nicht schwierig ist, die vertraute unterrichtliche Praxis in diese vier Felder einzuordnen, d.h. im Sinne von vier häufigen Akzentuierungen zu unterscheiden:

Feld A steht für Nähe zu Tradition und Produktion. Hier kann der als Aufgabenstellung vertraute «Kunsterzieher-Fisch», an dem bildnerische Verfahren geübt werden, ebenso eingeordnet werden wie das an einer Gestaltungslehre orientierte Üben von Graustufen mit Bleistiften unterschiedlicher Härtegrade.

Feld B steht für Nähe zu Tradition und Rezeption. Die unterrichtliche Vermittlung *einer* vom Lehrer vorher ausgewählten Standardinterpretation von Rembrandts Nachtwache oder Dürers Ritter, Tod und Teufel wäre hier richtig eingeordnet.

Feld C steht für Nähe zu Innovation und Produktion. Eine Lerngruppe, die Manets «Frühstück im Freien» in unsere aktuelle Campingsituation hinein auslegt und Darstellungsformen dafür erprobt, setzt sich – auf sozialer und auf ästhetischer Ebene – mit tradierten und vorfindlichen Normen und Konventionen in Manets Bild oder in eigenen Bildern auseinander.

Feld D steht für Innovation und Rezeption. Diese Konstellation kann entstehen, wenn der Auslegungsprozeß offenbleibt für die Sicht des Themas oder des Bildes aus subjektiver, z.B. aus biographisch bedingter Perspektive der Lernenden.

Unsere allgemeine These ist:

Auslegung geschieht in *jedem* der vier Felder. Sie kann traditionsgebunden sein oder, vertraute Sichtweisen durchbrechend, innovativ. Sie kann Auslegung von Welt in Bildern sein, indem Lernende Bilder herstellen, Auslegung im Medium der Bildproduktion also, oder sie kann in der Zuwendung zu Bildern, im Auslegen von Bildern geschehen.

Die Bildbeispiele in diesem und dem vorigen Kapitel zeigen indessen auch, daß wir es immer wieder mit Mischformen zu tun haben und, daß die eindeutige Zuordnung der ästhetischen Praxis zu einer der Tafeln unseres Vierfelderschemas wohl eher den Unterricht als die Kunst charakterisiert.

Schule hat immer die Möglichkeit größerer Nähe zu pädagogischen, inhaltlichen, gestalterischen Traditionsmustern oder zu pädagogischen, inhaltlichen oder gestalterischen Innovationslinien.

Freilich muß man sich klarmachen: was einmal innovative Tat war, kann zu anderer Zeit von der Entwicklung überholte Traditionslast werden. Kein Mensch wird die Brechung von Erziehungsnormen des 19. Jahrhunderts bestreiten, die im Programm der Kunsterziehungsbewegung am Anfang dieses Jahrhunderts intendiert war. An die Stelle der Infiltration von Lernstoffen und Lehrvorgängen, die der Dressur näher waren als der pädagogischen Zuwendung, traten die Sensibilität für das 'Eigenrecht des Kindes', 'Weckung der Jugend', der 'pädagogische Takt' und der 'pädagogische Bezug'. Das war vor 60 oder 80 Jahren. Und heute: ist es Tradition, z.T. aber auch Traditionslast, weil wir aus heutiger Sicht *auch*, vielleicht sogar *eher*, die zivilisationskritischen, die antiintellektuellen, die der Gegenwartskultur abgewandten Seiten bemerken. Wer also eine bestimmte Praxis und ihre Legitimationsmuster einem Feld in unserer Tafel zuordnet, muß sich bewußt halten: zu welchem historischen Zeitpunkt geschieht die Zuordnung, wofür tritt ein Programm ein, wogegen hat es sich einmal gerichtet? Ist die Gegenposition heute noch virulent?

Innovationsimpulse dürfen sich von solchen Rückfragen nicht dispensieren. Für die heutige Praxis ästhetischen Verhaltens sind auch Momente solcher Konzepte aufzugreifen, die als Ganzes den traditional orientierten Feldern A und B zugeordnet werden. Akzeptiert man es als Aufgabe (nicht nur von Wissenschaft), auch Traditionslinien produktiv in die Gegenwart hinein auszulegen, gibt es stets auch eine 'Senkrechtbewegung' zwischen den Tafeln A und C sowie B und D. Aber eben eine unter den Fragestellungen der jeweiligen Gegenwart selektive. Tradition ist keine Last, übrigens auch nicht zwangsläufig eine Verpflichtung, sondern ein Arsenal von Möglichkeiten.

Das heißt konkret:

o Das *Herstellen von Bildern* greift reformpädagogisches Gedankengut in der Forderung nach 'Eigentätigkeit' der Lernenden, nach Erproben, Selbermachen und Werkvollendung auf – vertraut aber dabei nicht auf eine gesetzmäßig verlaufende Entwicklung kindlichen Ausdrucks, die den Unterricht tendenziell zum Störfaktor erklärte und verzichtet auf jede irrationale Überhöhung der Kunst, sei sie mystischer, völkischer, rassischer oder sonstwelcher Art.

o Das *Verstehen von Bildern* schließt an die reformpädagogische Aufmerksamkeit für Kunst überhaupt an – versteht Kunst aber nicht nur als Gegenstand des erlebnismäßigen Anschlusses oder der emotionalen Versenkung, sondern als einen Erkenntnisgegenstand mit dem ihm zugeordneten Erkenntnisprozeß sui generis.

Zusammengefaßt: in der Weiterführung vieler Prozesse, die ihren Ausgang in der Tradition der Ästhetischen Erziehung haben, ordnen wir unsere Vorschläge primär in die Tafel C und D ein. Die Argumentation zielt auf Infragestellung tradierter Normen, die das Potential ästhetischen Verhaltens in zweierlei Weise abgeschnürt haben: sie haben die unterrichtlichen Aspekte aus einem zuweilen mystifizierenden Vorverständnis von 'Kind' und 'Kunst' aus heutiger Sicht vernachlässigt; und sie haben die spezifische Rationalität des ästhetischen Verhaltens zugunsten eines falschen Kompensationsdenkens ignoriert.

(14) vgl. die Aufarbeitung bei Otto, B.

KAPITEL 9

BILDER AUSLEGEN – UM BILDER ZU MACHEN

Bilder als Grundlage – oder über die Verwendung von Fundstücken

Beispiele für unterschiedliche Formen der Anleihe
- o Willikens: Das Abendmahl
- o Rainer: Hiroshima
- o Janssen: Kopf
- o Schwarz: Babel
- o Ipousteguy: Alexander
- o Prechtl: Raub der Apostel
- o Bacon: van Gogh

Konsequenzen in didaktischer Absicht

Was geschieht, wenn Bilder den Status von Fundstücken bekommen?

Was heißt das für die Didaktik der ästhetischen Erziehung?

Dokumente aus dem Unterricht
- o Lenz-Johanns: Kollwitz
- o Grünewald: Laokoon
- o Hoche: Manet

EIS

KAPITEL 9: BILDER AUSLEGEN – UM BILDER ZU MACHEN

Bilder als Grundlage – oder über die Verwendung von Fundstücken

(1) vgl. auch die Historismus-Diskussion u.a. bei Mai
(2) vgl. Otto; zuletzt K+U 106/1986
(3) Nachbilder
(4) Mona Lisa
(5) Janssen
(6) Rainer
(7) Willikens

Der Hinweis auf das Prinzip Umgestaltung in der Kunstdidaktik, Ausstellungstitel wie «Nachbilder» oder «Mona Lisa im 20. Jahrhundert», aber auch das, was Horst *Janssen* «Kopie» nennt, was bei *Rainer* «Übermalungen» sind, ebenso wie die Projekte von *Willikens* – all das steht bei großer Vielfalt und Gegensätzlichkeit in einem Verweisungsverhältnis zueinander. Es handelt sich bei alledem um eine für unseren Zusammenhang ergiebige Entwicklung der Kunstpraxis und des Kunstbegriffes nicht erst, aber verstärkt seit Mitte der 70er Jahre, nicht nur in Europa, sondern ebenso in den USA. Ekkehard *Mai* bezieht in diesen Problemzusammenhang auch die erstaunliche Aufmerksamkeit für historisch orientierte Ausstellungen – Tut-anch-Amun, Gold der Skythen, El Dorado, der Hamburger Zyklus über das 18./19. Jahrhundert, 'Luther und die Folgen' – mit ein. Dies steht für ein auf Seiten der Künstler, der Betrachter und Ausstellungsbesucher, der Kunstvermittler und -verkäufer auffälliges und, wie sich zeigen läßt, produktives Interesse an der Kunst der Vergangenheit und an vielen Stellen für überraschende und produktive Reaktionsformen. Nicht zufällig tauchen die Begriffe «Zitat», «Paraphrase», «Hommage», «Nachbild», «Transformation» oder «Umgestaltung» häufig als Ausstellungstitel, in Publikationen und in der Kunst-Berichterstattung auf.

(8) Mai

Was hier gemeint ist, läßt sich auch durch Anleihen auf ganz alltäglichen Ebenen belegen, gewiß nicht nur in der Alkoholwerbung, die häufig bei der Kunst vergangener Jahrhunderte (Jägermeister, Whisky) Anleihen macht, sondern ebenso in der «postmodernen» Architektur, z.B. an dem von der Kritik ziemlich einhellig als «historistisch» eingestuften Neubau der Stuttgarter Staatsgalerie, aber natürlich auch an den Bildthemen und Bildkonzepten eines so erfolgreichen Malers wie Paul *Wunderlich*; und daß dies ein überregionales Phänomen ist, zeigt das Œuvre des DDR-Malers Werner *Tübke*; *Mai* bringt viele Belege für Analogien in Amerika.

(9) Geese u.a.
(10) vgl. Wunderlichs Paraphrasen zu Manet
(11) vgl. Mai

Das didaktische Interesse, das an solchen «Bezugnahmen» besteht, hatten wir 1974 zweifach begründet. Zum einen geschehe im Umgestaltungsprozeß die gedankliche Annäherung an ein Kunstwerk der Vergangenheit im Medium konkreter Handlungen, *praktischer* (und nicht nur verbaler) Untersuchungen. Zum anderen stoße derjenige, der sich auf das Ineinander von Erkenntnis und Handlung auf der Grundlage «alter Bilder» einlasse, auf materielle und gesellschaftliche Veränderungsprozesse, die sich in der Spanne zwischen der Vergangenheit des Bildes und der Gegenwart des heute Malenden abspielen.

(12) Otto, G.

Hier kann im Blick auf die vehemente Entwicklung der letzten zehn Jahre angeknüpft werden. Freilich ist die Aufmerksamkeit für das Arsenal historischer Kunst und unterschiedliche Weisen der Bezugnahme heute so intensiv und vielfältig, daß niemand an kurzschlüssige Entsprechungen «fürs Bildermachen» oder für «didaktische Umsetzungen» glauben kann. Vorschnelle Systematisierungen sollen vermieden werden, um zunächst die Aufmerksamkeit auf das Phänomen zu lenken: für eine Entwicklungslinie in der Bildproduktion, für ein Potential, dessen sich alle beim Bildermachen bedienen. Welche didaktische Relevanz hat solche Praxis – nicht nur für Kunstadepten? Welche Relevanz hat sie zumal dann, wenn man sich daran erinnert, daß die Orientierung an Vorbildern, das Aufgreifen tradierter Gestaltungsnormen, der entschiedene Normbruch, der ja die Normkenntnis voraussetzt, daß das produktive Anverwandeln von Traditionsgütern ebenso wie deren Suspendierung stets ein *didaktisches* Problem des Bildermachens und des Bildverstehens waren und sind. (13) vgl. Bergmann u.a.

Ekkehard *Mai* verweist auf eine große Zahl von Beispielen für das Arbeiten mit «patterns» aus überlieferter Kunst in der amerikanischen Malerei – *Warhol, Lichtenstein* oder *Mel Ramos* kennen wir alle – und stellt die grundsätzliche Frage, die wir weiter verfolgen wollen: «... Bildinhalte, Analyse der Form, Bereitstellen von Hintergründen als Hintergrundwissen – auf diese Weise erfolgt zwischen Ernst und Parodie, objektivem Bemühen und subjektiver Bild-, Welt- und Selbstauslegung ein wechselnder Prozeß, der viele in Beschlag genommen hat. Die Poesie der Dinge liegt in der Kraft der Sprache und der durch Geschichte und Geschichten vorgegebenen Bedeutungen... überall stehen Bild und Zeichen für Wissen, Benennung und Bedeutung, deren Konvention zu 'hinterfragen', durch neuen Kontext aufzulösen ist». (14) Mai Diese Art von Bildbefragung geschehe zwar jeweils vereinzelt und müsse als Methode verstanden werden. Sie sei nicht «bewußter Rückgriff auf Kunstgeschichte, auf Inhalt, Stil, Person oder die durch Werk und Leben in der Zeit bewußt gewordene Gesinnung». (15) Mai Für eine größere Zahl von Künstlern gehe es vielmehr darum, mit dem visuellen Angebot, mit «patterns» der Kunstgeschichte zu arbeiten. Seine Erklärung dafür heißt «Auch die Kunst ist per Museum und Reproduktionsvervielfältigung zu einer geläufigen, in den letzten Winkel dringenden Ware geworden. Auch die Klassiker der Kunst zählen mittlerweile zu den Gebrauchsmythen des Alltags und unterliegen Trivialisierungsprozessen des Konsums». (16) Mai

Es kann kein Zweifel sein, daß solcherart Rückgriffe, die wir bei Künstlern finden – sei es auf historisches Material, sei es auf eigene Arbeiten, die Ausgangspunkt für neue Problemannäherungen werden – großen didaktischen Anziehungswert haben: In den Rückgriffen liegt eine Untersuchungsabsicht und eine Erkenntnismöglichkeit. «Man geht den Bildern auf den Grund». (17) Mai Das gilt für die alte Akademie ebenso wie für die Serien von Rainer oder Bacon oder Willikens. Unsere folgenden Beispiele sollen das belegen.

○ Beispiele für unterschiedliche Formen der Anleihe

Ben Willikens: Abendmahl, 300 x 600 cm, Acryl

Abb. 1

Ben Willikens setzt sich mit Lionardos Abendmahl (1495/98) aus dem Refektorium des ehemaligen Dominikanerklosters Santa Maria della Grazie in Mailand auseinander. Produkt dieser Auseinandersetzung ist das (18) Willikens große Bild gleichen Titels, das heute im Architekturmuseum in Frankfurt hängt und in den Jahren 1976/79 entstanden ist (vgl. Abb. 1). Zu diesem Bild gibt es über zwanzig durchgeführte Skizzen im Format 73 x 102 cm (19) Willikens und annähernd so viele «Variationen» kleineren Formats (42 x 56 cm).

Abb. 2, 3: Vorarbeiten zum Abendmahl

Über das Bild kennen wir keinen besseren Text als den von Lothar *Romain*:

«Zu einem großangelegten Projekt, das den auf Anregung und Zitat bedachten Dialog zwischen Vergangenheit und Gegenwart weit übersteigt, wurde

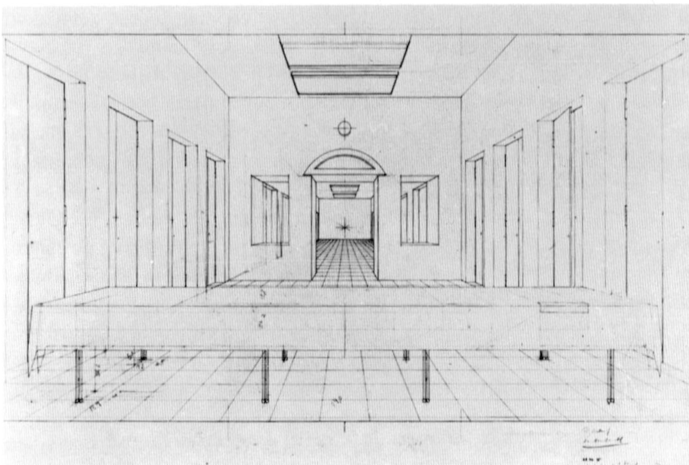

Abb. 1: Ben Willikens: Abendmahl, 300 x 600 cm, Acryl.
Abb. 2,3: Vorarbeiten zum Abendmahl

Ben Willikens Auseinandersetzung mit Leonardo da Vincis Wandgemälde 'Das letzte Abendmahl', von 1495-1498 geschaffen, im Refektorium des ehemaligen Dominikanerklosters Santa Maria della Grazie in Mailand. Der erste Entwurf von Willikens datiert von 1976. Fertiggestellt wurde das 300 x 600 cm große Bild 1979. Es ist nicht der Versuch einer Neuinterpretation des biblischen Geschehens, sondern Auseinandersetzung und analytische Erprobung eines vollendeten Beispiels der Renaissancekunst mit ihrer neuen, zentralperspektivischen Raumvorstellung und des ihr eigenen strengen Konzepts von Maß, Gleichgewicht und Proportion.

Beidem gilt das Interesse von Ben Willikens an Leonardos Werk, wobei er in einer langen Entwicklung von Skizzen, Studien und Bildern immer mehr auf gesonderte Effekte verzichtet und in einer radikalen Transformation die Geschlossenheit, Strenge und Proportionalität des Vorbilds er-

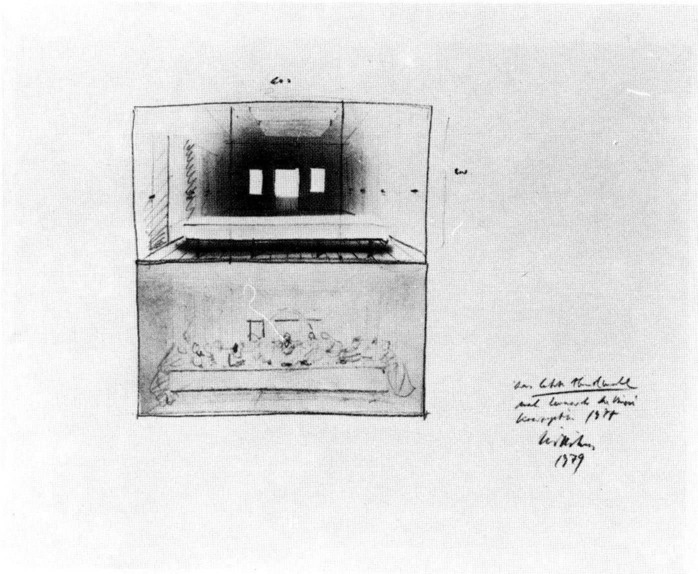

hält, allerdings in monumentaler Askese und Aussparung christlicher Hoffnungsbilder. Die Erlösung findet hier nicht statt.

Willikens hat Leonardos Dreiteilung sowohl der Fläche als auch des Raumes übernommen, sowie die Proportionierung und Verklammerung der Einzelteile zum Baukörper durch den Wechsel von Licht und Schatten. Seitenwand, Querwand, Seitenwand entsprechen dem zum Betrachter hin offenen Raum vor dem weißen Tisch, dem dahinterliegenden und dem durch das dreiteilige Tor/Fenster in der Querwand sichtbaren, sich im gleißenden Weiß auflösenden dritten Raum. Der dunkle Boden und die ebenfalls dunklen stählernen Türen in den Seitenwänden stützen und umgreifen zugleich die hellen Wände. Der Raum wird so in seiner Substanz, aber vor allem auch in seiner Struktur und deren Relationalität sichtbar.

Willikens hat Leonardos biblischen Raum, den dieser in die Perspektive und menschenbezogene Erfahrung der Renaissance übertragen hatte, nicht einfach von Jesus und seinen Jüngern geleert, sondern auch in einen gänzlich anderen Kontext gebracht. Religiöse Motive, auch ihre Umkehrung in Form von Nihilismus, bleiben ausgespart wie jede Andeutung von Leben. Die Ordnung erscheint nicht sinnstiftend, sondern von tödlicher Konsequenz. Harmonie zeigt ihre schreckliche Kehrseite. Anstatt erhaben zu stimmen, wirkt die Monumentalität wie eine einzige Bedrohung. Ihre Maßlosigkeit liegt – nur scheinbar paradox – in der Strenge und Präzision des Bildes, das in Bildaufbau und Maltechnik keinen subjektiven Eingriff, keine Spur des Malvorgangs und keine Zonen der Befindlichkeit zuläßt.» (20) Romain

Arnulf Rainer: Hiroshima

Arnulf Rainer hat 57 Fotos, die von unbekannten Fotografen nach dem Atombombenangriff auf Hiroshima im Jahre 1945 aufgemommen worden sind, übermalt. Alle Übermalungen sind als Katalog zu einer Ausstellung, die in 18 europäischen Städten gezeigt worden ist, im Format 30 x 36 cm veröffentlicht. (21) Rainer

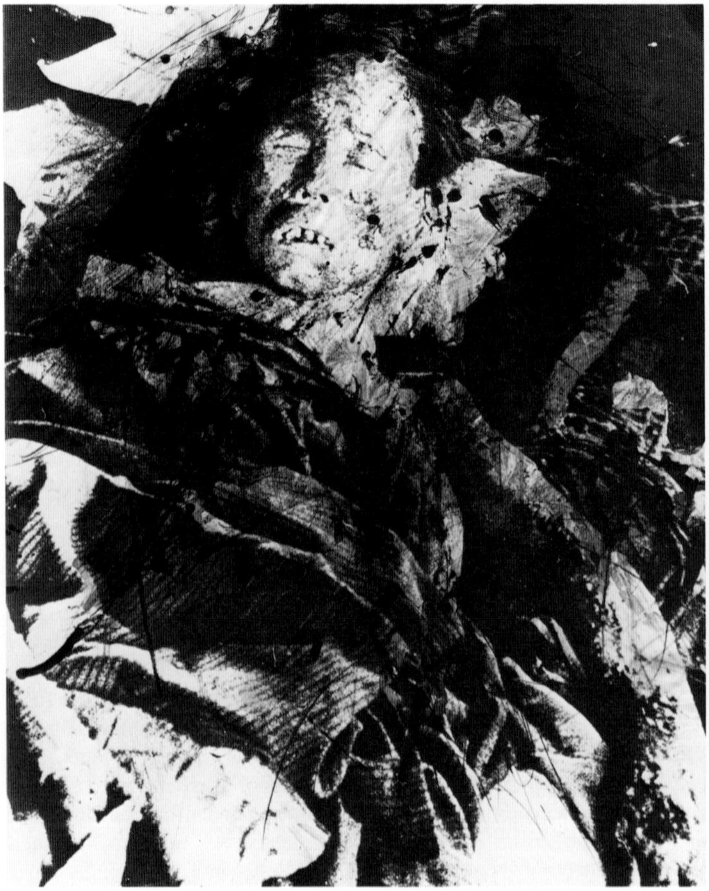

Abb.4: Arnulf Rainer: Hiroshima, 1982

Abb.4

Wir bilden ein Foto ab.

Das ist der Versuch, die authentische Aufnahme von Wirklichkeit aufzugreifen, ohne ihr etwas zu nehmen. Diese Wirklichkeit läßt sich auch nicht mehr 'gestalten'. Übermalen heißt hier allenfalls, das Grauen stärker wahrnehmbar zu machen – wenn das geht. In unserem Blatt vielleicht: Zufälligkeiten tilgen, den toten Menschen zur zentralen Aussage werden lassen. Dafür sorgen, daß nichts anderes wahrgenommen werden kann. Daher die Schwärzungen im oberen Bilddrittel. Aber die «Bettdecke» bleibt, wie das Foto sie festhielt: mit der Zufälligkeit von Streifen und Falten. Dieser Tod ist Alltag. Kein konstruiertes oder inszeniertes Bild, sondern der Maler versucht, nicht mehr nachvollziehbare Wirklichkeit wahrnehmbar zu machen. Dieses Bild war ohne Foto nicht möglich – und beruht darauf, daß über das Foto hinausgegangen wurde.

(22) Janssen
Abb.5

Horst Janssen: Kopf – nach Piero di Cosimo.
Blei- und Farbstift, 39,5 x 28,5 cm, 1973

Das Blatt trägt den Untertitel «Vielleicht Schack». *Schack* ist Gönner, Helfer, Freund von *Janssen*. Von Janssen gibt es hunderte von Übermalungen, Kopien, Variationen von vorhandenen Bildern – neuerer und älterer, naher und ferner Herkunft.

Wie so oft bei Janssens Zeichnungen, ist zwischen dem Duktus seiner und der fremden Hand kaum mehr zu unterscheiden. Hat er sich angepaßt, oder hat er *Piero* gewählt, weil er seinem Zeichenstil ähnelt? Eine Symbiose.

Wer ist dargestellt? Der Kopf erinnert Janssen offenbar an seinen Freund Schack. Diese Verbindung ist wichtig. Ist es Schack oder ist es ein anderer? Auch Anleihen lassen vieles offen. Eine aktuelle Beziehung im Medium einer alten Zeichnung oder eine Aktualisierung der alten Zeichnung? Beides.

Martin Schwarz: Der Turm von Babel (nach Brueghel d.Ä., 1974/75)

(23) vgl. Schwarz *Abb. 6*

Mit dem Bild von *Brueghel* haben wir uns weiter vorn schon beschäftigt (vgl. S. 61ff).

Die Herkunft von Martin *Schwarz*"Bild ist klar. Wir erkennen die Landschaft und die Reste des Turms. Walter Aue gibt (vielleicht) einen Hinweis auf das, was Martin Schwarz meint. Es ist ein Hinweis auf Gewohnheit und

Abb. 5: Horst Janssen: Kopf – nach Piero di Cosimo. Blei- und Farbstift, 39,5 x 28,5 cm, 1973

Abb. 6: Martin Schwarz: Der Turm von Babel (nach Brueghel) 1974/75

Geschichte: «Gewöhnt an das Syndrom für Zuverlässigkeit, erblindet im Ordnungsprinzip der wissenschaftlichen Karteikästen, beobachten wir staunend und fassungslos die Zweitgeburt der europäischen Klassiker. Martin Schwarz sagt, wir erkennen durch die Gegensätze: Sehen und nichtsehen, anwesend und nichtanwesend, vorher und nachher». Der Schlußsatz seines Textes lautet: «... wenn möglich: ohne Wörter, und wenn möglich: als Leben im Kopf».

(24) Schwarz

(25) Schwarz

Am Himmel sind mehr Wolken als bei Brueghel, aber sie sind aufgerissen. Blau ist auch mehr geworden. Daß der Turm vergänglich ist, wird gezeigt. Aber die Landschaft links ist üppiger geworden. Auf die Ruine fällt rechts wärmendes Licht, Sonne? Links eher Kühle und Schatten. Der Turm steht für Vergänglichkeit und Vergangenheit, das Land ist fruchtbar. Aussichtslos scheint es nicht. Babylon war im Jahre...

Abb. 8, 9, 10

Jean Ipousteguy: Alexander vor Ecbatane.
Berlin: Internationales Kongreßzentrum 1965

(26) vgl. Stichwort Ecbatane

Ecbatane ist eine persische Stadt aus mystischer Zeit. Alexander war zweimal in Ecbatane: als er im Jahre 330 Dareios III. verfolgte und als er im Jahre 324 zurückkam. Ein historischer Stoff. Die Alexanderplastik steht mitten in Berlin, vor dem Internationalen Kongreßzentrum am Funkturm. Ein historischer Stoff?

Die Geschichte lehrt, daß Alexander auf eine höchst komplizierte oder

Abb. 7: Pieter Brueghel, Der Turm von Babel, 1563

vielschichtige Art und Weise «der Große» gewesen ist, jedenfalls nicht nur im Sinne eines machtlüsternen Eroberers. Davon geht Ipousteguy, wie wir einem informativen Interview entnehmen können, aus: Alexander «war nicht nur ein Herrscher. Er kommt nach Ecbatane ohne kriegerische Absichten, und die Stadt öffnet ihm die Tore». Was für eine Stadt: «...eine bedeutende Stadt, die nach dem Geist der damaligen Zeit nach Zahlenableitungen aus dem Kosmos gebaut worden ist. Eine auf astrologischen Gesetzmäßigkeiten basierende Architektur einer Stadt, die er zu seiner Hauptstadt ernennt. Er lagert dort seine gesamte Kriegsbeute. Alexander lebt dort mit seinen Offizieren und verheiratet diese mit den dort ansässigen persischen Frauen. Ectabane wird eine Stadt des Dialogs und des kulturellen Austauschs.» Und eben das bezeichnet Ipousteguy als Thema seiner Plastik: «Ein Mensch in Beziehung zu einer Stadt, im Sinne des Zusammentreffens von einem idealen Menschen und einer idealen Stadt».

vgl. Ipousteguy-Katalog, Berlin 1979

Bilder nach Bildern? Wo kommen hier die Bilder für die Bilder her? Aus ganz verschiedenen Quellen: aus den historischen Quellen, die Ipousteguy ganz offenbar gelesen hatte, aus dem assoziativen Zusammenhang, der zwischen der alten Stadt Ecbatane und dem Bild von Berlin entsteht, das Ipoustegyu hat: «Die Stadt ist offen, man kommt und geht. Sie ist der Mittelpunkt für die Menschen. Der Mensch gestaltet die Stadt, aber er darf es nicht in einer so endgültigen Form machen, daß sich diese dann gegen die Menschen wenden kann». Berlin steht also auch für eine Vor-

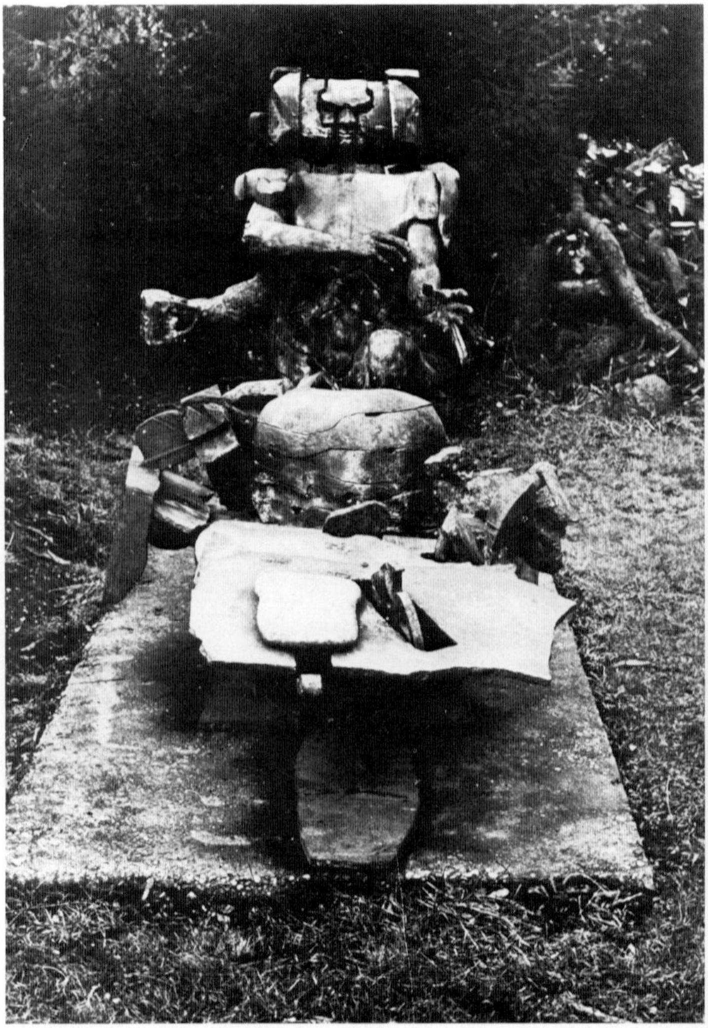

Abb. 8-10: Jean Ipousteguy: Alexander vor Ecbatane, 1965

stellung von großstädtischem Leben in hochindustriellen Gesellschaften. «Mein ästhetisches Problem war die harmonische Gestaltung der Beziehung zwischen der Stadt und dem Menschen in einem Kunstwerk ... Das Thema war, der Mensch umgeben von der Architektur: sein Dialog mit der Stadt».

In keinem unserer Beispiele ist wohl der Rückgriff auf alte Bilder so vielschichtig wie hier. Darin ist zugleich ein Hinweis darauf enthalten, daß die Beziehung zwischen dem vorhandenen und dem entstehenden Bild nie monokausal, linear oder sonstwie mechanisch gedacht werden darf. Die Bilder, von denen die, die Bilder machen, ausgehen, finden sie vor und tragen sie in sich, werden vermittelt, gelehrt, gelernt, entdeckt, erfunden ...

Bilder, die sich auf Bilder auswirken, sind immer auch Bilder im Kopf, sind Positionen, von denen her Bildinhalte, Themen ausgelegt werden. Auf die Frage, warum die Rüstung des Alexander aufplatzt, erwidert Ipousteguy, «ich denke, daß der Eroberer immer durch seine Eroberung verletzt wird. In dem Maße, in dem wir Macht erzielen, in dem gleichen

Maße zerfallen wir innerlich.» (ebd).

«Alexander enthüllt mit jeder neuen Interpretation ein anderes Wesen. Er ist es, und er ist es nicht, so wie er einerseits die Stadt betritt, indem er gerade dabei ist, seinen Fuß zurückzuziehen, gerüstet die Rüstung sprengt, mächtig ist und besiegt.

(28) Ruckhaberle

Die Macht zu hinterfragen, etwas Ordnendes über den Menschen und seine Kraft zu sagen, das Komplizierte nicht zu vereinfachen, Formen zu begreifen, gibt dieses einen Sinn?».

Wir wissen nicht einmal, ob es nur der Betrachter ist, der über den, über einen möglichen Verweisungszusammenhang nachdenkt. Steht die Plastik für das Herrscherthema, für das Kriegsthema, für das Siegerthema? Gibt das einen Sinn? Oder steht sie für die Chance zum Dialog?

Oder gibt der Rückgriff in die Geschichte nur den Sinn, über die Gegenwart, über Sieg und Niederlage nachzudenken, über die Formen, in denen gesiegt, geherrscht oder gedient wird – und was dabei verloren und gewonnen wird?

(29) Prechtl
Abb. 11

Michael Mathias Prechtl: Der Raub der Apostel.
Aquarell und Feder, 1978. 19,7 x 37,8 cm.

Links stehen die beiden Wächter, handlungsunfähig: Den einen haben sie mit dem Nürnberger Trichter lahmgelegt, den anderen mit einer Augenbinde und Leukoplast. Die Hände, mit denen sie sich befreien könnten, strecken die beiden mutigen Männer weit von sich. An die beiden schließen sich rückwärtig die vier Apostel an, und vor diesen stehen zwei mit Gewehren schwer Bewaffnete. Diese legen sie auf die Wächter an, im Ausfallschritt wie zwei Fechter. Die Schützen haben mehrfache Verbindlichkeiten im Bildbau. Kompositionell und farblich bilden sie sowohl eine Teilgruppe mit den Aposteln als auch mit dem vorsorglich hinter ihnen reitenden Anführer, der wie eine Mischung aus Räuberhauptmann und Operettengeneral aussieht. Er reitet auf einem Gaul, der wohl geradewegs von der Kirmes im Nachbardorf kommt, z.T. berädert. Bewaffnet ist der gute Mann mit einem Stab, an dessen einem Ende ein Kreuz steckt, am anderen so etwas wie ein Dreizack als verkleinerte Heugabel, mit der er auf das Bild, auf die rechten beiden Apostel also, losgeht. Rechts außen wieder ein Paar wie links, aber was für eins: eine am blau-weißen Strick Gehenkte, deren Röcke dem über den Kopf fallen, der gerade unten aus dem Bild herausrutscht.

Auf mancherlei Ungereimtheiten soll nur am Rande hingewiesen werden: Die beiden Apostel-Bildtafeln wachsen im unteren Bilddrittel unversehens zu einer zusammen – vielleicht aus Transportgründen? Woher die Hand kommt, die am Strick der Gehenkten zirpt, bleibt unklar; unter den Füßen der Schützen liegt einer; am deutlichsten ist dessen eine Hand auszumachen, damit der rechte Schütze drauftreten kann. Und was ist mit dem linken Fuß des anderen? Hat er keinen Schuh, oder fehlt ihm der Fuß?

Der in Literatur und Malerei bewanderte Fabulierer Prechtl ist für unsere Thematik der Rückbindung neuer Bilder an schon vorhandene in mehrfacher Weise ergiebig und aufschlußreich: Mit dem Titel fängt es an. «Der Raub der Apostel» – Striese läßt grüßen: «Der Raub der Sabinerinnen». Für die Apostel schafft Prechtl einen Handlungsrahmen, in dem er lokale, historische, landsmannschaftliche Anspielungen machen kann.In diesem Rahmen werden die beiden Dürerbilder ein Teil der Handlung, das corpus delicti sozusagen. Um nicht in den Verdacht authentischer Berichter-

Abb.11: Michael Mathias Prechtl, Der Raub der Apostel, 1978

stattung zu kommen, spielt er mit Widersinn und Rätselhaftigkeit, mit Ironie und Satire. Wo's martialisch wird, klingt es allemal bajuwarisch blauweiß an. Aber solange der Bierseidel am Säbel des Berittenen hängt, wird's so schlimm nicht werden. Ohnehin müssen seine Reitkünste bei dem Pferd auf Rädern füglich bezweifelt werden. Der Grund sieht aus, als ob die Szene auf einer Wiese und vor einer weißen Wand, also drin und draußen zugleich spielte. Und warum wird am Rande des Geschehens, sozusagen nebenher, rasch noch eine Frau gehenkt? Selbstironie eines spezifisch, bayerischen Hangs zum Raufen? Die am Seil klimpernde Hand spräche dafür. Es macht einfach Spaß.

Historische Reminiszenzen werden in einer folkloristisch ausgelegten Alltagsszene ausgelebt; das Historische ist doppelbödig, weil es die Bilder gibt, nicht aber die Geschichte, die von ihnen und dem Raub und dem *Maler* erzählt wird: «Albrecht schenkte der Stadt vier Apostel zum ewigen Gedächtnis. Die Ewigkeit dauerte ein Jahrhundert. Da kam im großen Krieg der Kunstsammler Max, drohte der Stadt mit Brand und Kontribution, forderte das Bild. A.D. drehte sich im Grabe, die Nürnberger waren froh, noch einmal davongekommen zu sein. Später stahl ein Kopist auch noch das Selbstbild aus dem Rathaus. Als man Dürers Grab öffnete, war es leer».

(30) Prechtl

Francis Bacon: Studien für ein Portrait von van Gogh. Paraphrasen über van Goghs «Der Maler auf der Straße nach Tarascon», 1888. Öl auf Leinwand, 48 x 44 cm.

Abb. 12-21

In der Vielzahl und Vielfalt der Bezugnahmen von Bildern auf Bilder, von Nachbildern und Zitaten, stellt Bacons Auseinandersetzung mit van Gogh einen Sonderfall dar. Bacon malt eine Serie von sieben großen Bildern. In vier Bildern ist die Beziehung zum Thema des van Gogh-Bildes offenkundig. In den drei anderen (Abb.19-21) entsteht der Korrespondenzzusammenhang nicht auf der Ebene des Bildthemas, sondern ist viel eher Pro-

Abb. 12: Vincent van Gogh, Der Maler auf der Straße nach Tarascon, 1888

dukt der Auseinandersetzung mit van Goghs Seh- und Malweise. Und diese sind an anderen Bildern und anderen Bildgegenständen, an Portraits und an Bäumen viel eher deutlich. Bacon setzt sich mit einem Maler und Zeichner auseinander, nicht nur mit einem Bild von ihm. Das führt eben deswegen nicht zu einem «Nachbild», sondern zu einer Bildreihe, in der sich weniger van Gogh als vielmehr Bacons Malerei in der Auseinandersetzung mit van Gogh verändert. Im Oeuvre von Bacon steht diese Bildreihe nicht ohne Grund verhältnismäßig isoliert; in der Literatur wird sie meist nur am Rande erwähnt wie ein Nebenweg vom Hauptweg.

(31) vgl. Ades; Forges

Bacon legt die Handschrift von van Gogh in seine Malerei hinein aus. In der Auslegung wird das Bildthema zugunsten der Seh- und Malweise immer unwichtiger. Oder es wird gesteigert, und dann entsteht die Korrespondenz zu anderen van Gogh-Bildern.

Abb. 13-16: Francis Bacon: Studien für ein Portrait von van Gogh, 1957

Abb. 17: Vincent van Gogh, Der Brunnen im Garten des Irrenhauses von Saint-Remy, 1889

Abb. 18: Vincent van Gogh: Bildnis des P.E., 1888

Abb. 19-21: Francis Bacon, Studien für ein Portrait von van Gogh, 1957

Konsequenzen in didaktischer Absicht

Wir haben in den voranstehenden Beispielen eine aktuelle Praxis der Bilderherstellung belegt. Sie beruht darauf, Bilder, Themen und Probleme als Grundlage für Bilder zu nutzen. Diese Praxis ist lehrhaft, indem sie auf die Verfügbarkeit der Kultur hinweist. Und sie ist lehrhaft, weil sie die Prozesse der Bildproduktion nicht vergeheimnist, sondern einsehbar macht und zum Nachvollzug anbietet.

(32) Lit. vgl. in Anm. 2 zu diesem Kapitel

Was geschieht, wenn Bilder den Status von Fundstücken bekommen?

Diese Praxis bricht mit zwei Momenten eines lange tradierten Selbstverständnisses von Kunst und Künstler und einer noch immer verbreiteten Erwartung an Kunst und Künstler.

Außer Kraft gesetzt wird zunächst ein Verständnis von Originalität, bei dem die Qualität des Werks an der Einmaligkeit und Neuartigkeit von Inhalt und Form gemessen wird – bei dem also genauso verfahren wird, wie häufig gegenüber Kindern und Schülern: Nur das Selbstgemachte, nicht das Nachgemachte oder Neugemachte zählt. Abzeichnen ist verpönt. Vom Künstler wird dann konsequenterweise erwartet, daß er aus sich heraus schöpfe, sich – nicht zuletzt auf dem Kunstmarkt – von allen anderen unterscheide. An die Stelle solcher Originalitätsansprüche, die nicht nur trivial sind, treten in unserem Material andere: die der phantasievollen Verwendung des medialen Angebots, der *Nutzung* durch Verfremdung oder Uminterpretation der Fundstücke, der Konfrontation von Geschichte (der Funde) und Gegenwart (der entstehenden Bilder).

(33) Zur Problematik des Abzeichnens vgl. in unterschiedlichen Zusammenhängen Hartwig

Ein Nebeneffekt dieses ersten angedeuteten Moments des veränderten Verhältnisses zur Originalität besteht darin, daß weder die Künstler sich weiterhin selbst, noch andere sie künftig für unwissend, unreflektiert, lediglich auf ihren Instinkt verwiesen beschreiben können oder dürfen. Solche Kunst operiert mit Bildwissen, sie hat eigene Rationalität und ein je spezifisches Verhältnis zum historischen Material.

Der andere heikle Punkt ist das Verhältnis zur Tradition. Der Künstler steht nicht mehr in *der* Tradition eines Stils, eines Jahrhunderts, einer Richtung, eines Meisters, einer Gruppe, sondern er steht in *Traditionen.* «Kunstsprachen sind heute jenseits nationaler Ausprägungen einem internationalen Austausch unterworfen, der eine einheitliche Haltung im Pluralismus und in der totalen Verfügbarkeit der Medien einschließlich der Kunstgeschichte ad absurdum führt».

(34) Mai

Was folgt daraus? Der Bildermacher bezieht sich heute auf das ganze Arsenal der ihm zugänglichen Bilder, die er kennen kann. Er kann sie nutzen, oder er kann es lassen. Aber es ist legitim, zu nutzen, was man kennt, was man kennen kann.

Bringt das Vorteile?

Zum einen sicher eine neuartige, eine produktive Aufmerksamkeit für den auf uns gekommenen und uns umgebenden Bestand an Bildern, für den Fundus. Darin – gewiß nicht immer gemeint und nicht immer realisiert – zugleich ein erhöhtes Interesse an der *Geschichte* der Bilder, an ihrer Produktion und ihrer Rezeption. Derjenige, der hier vielleicht am tiefsten gräbt, bis an den «Nullpunkt» (*Romain*), bei dem die Rezeption begann, scheint *Willikens* zu sein.

Mai verweist auf ein Phänomen, das überraschen mag: Im Realisieren der Rückgriffe sei auch eine «Rückkehr zu 'Malen' und 'Bilden' nach Material und Technik» zu beobachten. Auch das trifft gewiß nicht für alle, aber für viele zu. Offenbar stellt das Bild, auf das sich einer bezieht, auch seine aus seiner Herstellungsgeschichte kommenden unterschiedlichen Ansprüche. (35) Mai

Schließlich kann niemand, sollte niemand der historischen Dimension ausweichen, die ihm sein Bezugsmaterial eröffnet. Alte Bilder sind nicht das Arsenal, aus dem man die *Objekte* und die *Techniken* ihrer Darstellung holen kann, sondern sie sind das Arsenal von Sehweisen, von Haltungen zur Welt, zu denen der Stellung nimmt, der sich ihrer bedient. Das tritt derzeit auch bei der Nutzung von aktuellem Fotomaterial zutage. Vogelgesang nimmt Stellung, indem er nutzt und umnutzt. vgl. S. 161ff

Was heißt das für die Didaktik der Ästhetischen Erziehung?

Schluß mit der Tabuisierung der Mehrzahl alltäglicher ästhetischer Verhaltensweisen – wie abmalen, durchpausen, in Bilder hineinmalen und was es sonst alles noch geben mag. Wir haben in einem Seminar einmal in der Gruppe assoziiert: was man alles mit Bildern machen kann (Paper I) und wie man Bilder auslegen kann (Paper II).

Paper I: Über Bilder sprechen – Durch Bilder Bilder machen lernen
Was man mit Bildern alles machen kann:
– variieren
– paraphrasieren
– wachsen
– kommentieren
– verbrennen
– angucken
– lieben
– aufhängen
– abhängen
– ergänzen
– übermalen
– einlagern
– zerstören
– ablehnen
– ausdenken
– paralustieren
– umkehren
– zerreden
– übersetzen
– nachmalen
– nachspielen
– sammeln
– horten
– Gehorsam verweigern
– machen
– bezahlen
– in den Raum umsetzen
– umhertragen
– weitermalen
– anschreien
– anbeten
–
–
–

Was haben Sie davon als Schülerin/Schüler erlebt?
Was möchten Sie davon als Studentin/Student machen?
Was, wozu möchten Sie als Lehrerin/Lehrer anregen?

Paper II: Arbeitsformen, Arbeitsfelder der Bildauslegung – am Beispiel von Otto Dix: Die Eltern des Künstlers II (1924)

künstlerisch-praktisch
– Gegenbilder malen
– Bilder übermalen
– fotokopieren
– collagieren
– analysierend zeichnen
– nach Fotos zeichnen

sprachlich-klärend
– Erfahrungen mit Eltern erzählen
– Eltern-Kind-Situation vergleichen
– sich erinnern
–
–

Sammeln:
– andere Bilder von Dix
– Bilder von Dix` Zeitgenossen
– Bilder mit ähnlichen Konzepten
– andere Elternbilder
– andere Paarbilder
– eigene Elternbilder
– Abbildungen zur Wohnsituation 1924
–
–
–

Lesen
– über Dix
– über das Elternbild von Dix
– über die historische Situation, aus der das Elternbild stammt
– über Bildanalyse
– über Bildanalyse im Unterricht
–
–
–

Wenn das doch alles im Unterricht geschehe!

Die Ästhetische Erziehung und ihre Theorien müssen etwas nachholen. Sie haben sich in einer historischen Situation in den 60er und 70er Jahren mit viel Aufwand an Argumenten für alle Bildsorten geöffnet. Fotos, Filme, Bilder aus Tageszeitungen und dem Fernsehen neben Museumskunst, Cartoons ebenso wie Kriegerdenkmäler, triviale Bilder wie kunstverdächtige trifft man heute allenthalben bis in Lehrpläne hinein an.

Aber auf der Ebene der Verfahren der Bildherstellung hat sich die Ästhetische Erziehung nur nach der elektronischen Seite hin erweitert: Film, Foto und Video – wo die Mittel reichen. Notwendig ist aber ein prinzipielles Umdenken, bei dem man gewahr werden kann, daß das Bilder *nutzen* andere Verfahren bei sich hat und herbeiruft als das Bilder *erfinden*. Z.B.: vergrößern, verkleinern, alle Varianten der Foto- und Fotokopiertechnik nutzen; Farbe in Schwarz-weiß, Schwarz-weiß in Farbe umsetzen; nachstellen, nachspielen, nachbauen, in Handlung auflösen usf.

(36) vgl. einige Vorarbeiten in der Lit.

Daß auch diese Verfahren einem eigenen ästhetischen Qualitätsanspruch folgen, sollte man dazusagen; er muß legitimerweise erfüllt werden. Der zeitweilig weitgehende Verzicht auf ästhetische Qualitäten konventioneller Unterrichtsergebnisse hat das Vergnügen der Lernenden in der jüngeren Vergangenheit ja keineswegs erhöht.

Also: die didaktische Palette anreichern.

Abb. 22: Käthe Kollwitz, Klage (Trauer um Barlach), 1938

Dokumente aus dem Unterricht

Drei Unterrichtsdokumente schließen wir an die Belege für die Herstellung von Bildern unter Benutzung von Bildern, Bildanregungen und Bildfunden an.

Die Art der unterrichtlichen Bezugnahme – auf die Plastik des Laokoon, ein Relief von Käthe Kollwitz und auf ein Bild von Manet – ist ebenso unterschiedlich wie die Werke selbst es sind. Solche Vielfalt soll dem Verdacht simpler Übernahmen entgegentreten. Die didaktische Qualität des Unterrichtes erweist sich gerade umgekehrt darin, daß die Reaktionen auf die angebotenen Bildwerke bis in den Einzelfall ebenso einfallsreich und voll von produktiver Phantasie sind wie bei den Künstlern. Darin verbirgt sich keine fachtraditionelle Originalitätssucht, sondern der Anspruch, Subjektivität bei Schülerinnen und Schülern in Auseinandersetzung mit vorgefundenen Bildern zur Geltung zu verhelfen. Sie blockieren das Lernen nicht, sondern eröffnen, wie gezeigt werden soll, Räume gemeinsamen Lernens.

Käthe Kollwitz: Klage, Trauer um Barlach, 1938

Abb.22

Ästhetische Praxis als Medium der Themenauslegung; Arbeiten aus einem 12. Schuljahr

Der Unterricht in einem 12. Schuljahr, über den berichtet wird, läßt den Schülerinnen und Schülern Entscheidungsspielräume. Sie hatten eine Ausstellung im Darmstädter Landesmuseum besucht und sollten nun ihre «Erinnerungen und Eindrücke zum Thema 'Menschenbild in der Plastik' in eigenen Tonarbeiten festhalten». Vorgegeben ist also ein Rahmen, innerhalb dessen die Schüler sich für das entscheiden, was sie beeindruckt hat, was haften geblieben ist, was sie über den Museumsbesuch hinaus weiter interessiert. Die Mehrzahl der Schüler wendet sich der 'Gestaltung einer Geste' zu. Ganz offensichtlich wirkt die Betrachtung eines Reliefs von Käthe *Kollwitz* nach, vielen haben sich Formensprache, Gestus oder der Ausdruck eingeprägt. Die Arbeiten zeigen die «Rolle, welche Hände und Mimik in der Bildsprache von Käthe Kollwitz zukommt; (das) wurde in allen Schülerarbeiten der 12. Klasse klar erfaßt. Alle Tonarbeiten setzen sich in eigenen Deutungsversuchen zumindest mit den Ausdrucksmöglichkeiten der menschlichen Hand auseinander».

(37) vgl. Lenz-Johanns

(38) Lenz-Johanns

(39) Lenz-Johanns

Im Anschluß an eine sorgfältige Interpretation des Reliefs von Käthe Kollwitz beschreibt *Lenz-Johanns* die Unterrichtsergebnisse. Darauf wollen auch wir uns konzentrieren. Aus Beschreibung und Abbildungen ist die Intensität des Unterrichts spürbar.

Abb.22

Abb.23-27

«Zur Interpretation der Schülerarbeiten

Nicht die sklavische Nachahmung des in seiner Qualität ohnehin kaum einholbaren Kunstwerkes, sondern die eigene, kreative Auseinandersetzung mit dem Motiv ist hierbei besonders aufschlußreich. Erfolgt die Stimulation zur eigenen ästhetischen Praxis noch über die Konfrontation mit dem Kunstwerk, so bewirkt die eigene ästhetische Gestaltung doch immer auch eine Veränderung der Wahrnehmung.«Wir neigen dazu, auf das festgehaltene Bild Leben und Ausdruck zu projizieren und aus der Erfahrung hinzuzufügen, was in Wirklichkeit fehlt. Somit muß der Porträtist, der das Fehlen der Bewegung ausgleichen will, zuerst einmal unsere Projek-

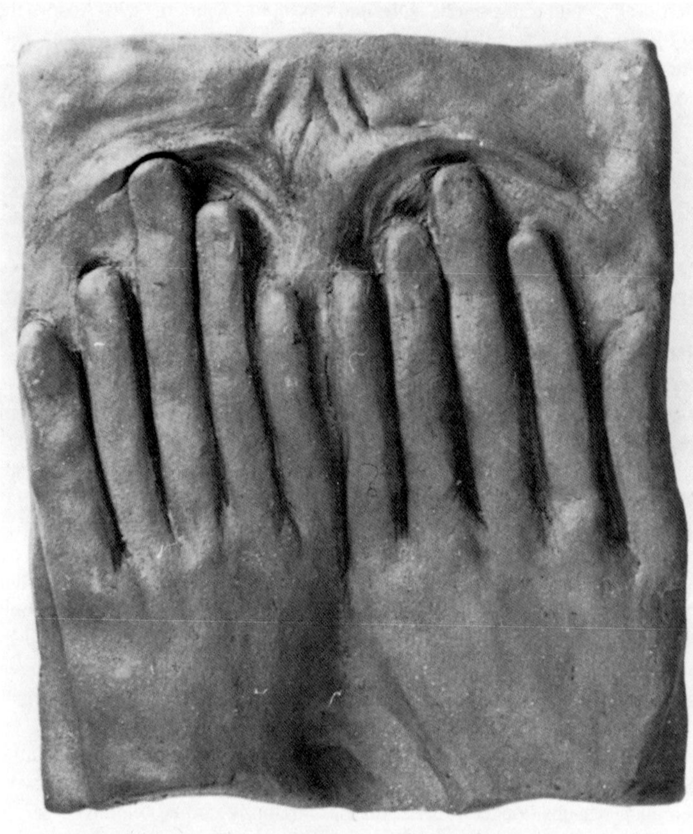

Abb. 23-27: Schülerarbeiten zu Käthe Kollwitz «Klage. Trauer um Barlach»

tion anregen. Er muß die Mehrdeutigkeit des festgehaltenen Gesichts so ausnutzen, daß die Vielfalt möglicher Auffassungen den Anschein von Lebendigkeit erweckt. Das unbewegliche Gesicht muß als Knotenpunkt mehrerer möglicher Ausdrucksbewegungen erscheinen», und je ähnlicher diese uns bleiben, «desto eher werden wir in der Lage sein, unsere eigene Muskelreaktion als Schlüssel zum Verstehen ihrer Stimmung und Emotionen zu gebrauchen».

(40) Gombrich

Diese Form des Erkennens als vermeintlichem Wiedererkennen eigener Erlebnisse vollzieht sich auch bei der Interpretation unseres Bildmotives, wenn wir etwa durch eigene, plastisch gestaltete Nachbilder herauszu-

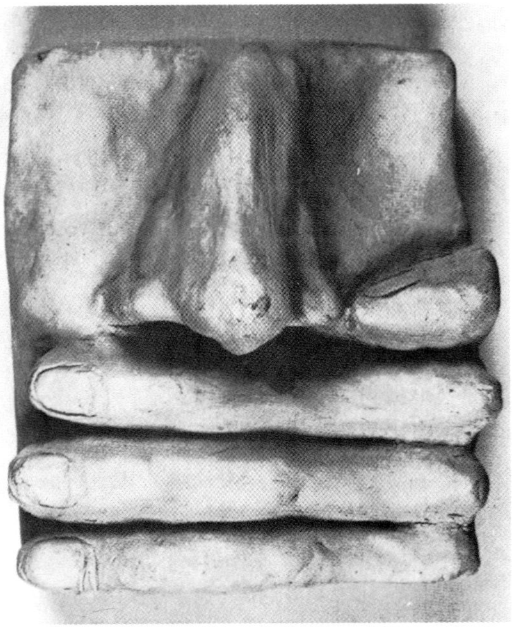

finden suchen, was auf dem Relief von Käthe Kollwitz dargestellt ist. (...)

Das Besondere des Reliefs liegt hierbei in seiner Verbindung von Körper und Fläche zu einer real wirkenden Plastizität. Die Schwierigkeit der Einlösung dieser ästhetischen Ansprüche steht hier nicht zur Debatte. Vom Prozeß der ästhetischen Auseinandersetzung her gesehen aber ist die Einbildungskraft der Schüler immer auch mit einem Lernen durch Nachahmung verbunden, denn man bildet sich etwas ein, indem man das Gesehene in sich nachzuvollziehen sucht. (...)

Eine ... präzise Vorstudie bildet jene Schülerarbeit, welche neben der Nase nur den Daumen und die drei Finger der linken Hand zeigt. Auch das *Abb. 26*

Bronzerelief zur «Klage» von Käthe Kollwitz bedurfte einer Reihe solcher Vorarbeiten.

Abb.27

Vergleicht man hingegen das etwas zyklopenhafte Auge und die deformiert wirkende Hand des Schülerreliefs einmal näher mit dem Werk der Künstlerin, wird deutlich, daß viele offensichtliche Ungereimtheiten dieser Tonplastik paradoxerweise gerade auf genauen Detailbeobachtungen am Bronzerelief beruhen dürften. So werden im Schülerrelief etwa die beiden aus der Vorlage erinnerten Hände zu einer einzigen Geste der rechten Hand verschmolzen, was zwangsläufig zu anatomischen Verunklärungen führen muß. Das im Relief der Künstlerin in seitlicher Ansicht gegebene, geschlossene Auge hingegen wird, wie das gesamte Gesicht, von den Schülern durchgängig frontal auf den Betrachter bezogen, und seine im Original ruhige und kontemplative Mimik ist in allen Schülerarbeiten mittels aufgerissener Augen, hochgezogener Brauen oder zerfurchter Stirnfalten dargestellt. «Bei Überraschung – (...) sind die rasch hochgezogenenen Augenbrauen charakteristisch. – Bei Furcht, Schreck und Angstgefühlen werden die Augen weit aufgerissen und der Mund steht offen. – «Trauer dagegen zeigt sich stets an den schräggestellten Augen», die meist geschlossen sind.

(41) Dreitzel

Abb.23

Abb.27

Auch in Abb. 23 wurde versucht, diese Gestik des Reliefs von Käthe Kollwitz wieder aufzunehmen. Dies spiegelt sich im stützend abgespreitzten Daumen ebenso wie bei Abb. 27, wo allerdings trotz teilweiser Frontalansichtigkeit selbst noch das Ohr erkennbar bleibt. Dies war freilich auch bei Käthe Kollwitz in der seitlichen Ansicht noch dargestellt. Daß bei dem in der Schülerarbeit nun in die Frontalansicht gedrehten Gesicht allerdings dann die neben der Nase liegenden Finger tief in die Stirn eindringen würden, wird ebenso zu einem genaueren zweiten Hinsehen führen wie die Beobachtung, daß kontemplative Gesten und Ausdruckshaltungen mitunter mehr emotionale Eindringlichkeiten besitzen als die im Material ohnehin zum «Standbild» erstarrenden Gebärden des Entsetzens. Zur Veränderung der Wahrnehmung wie auch zur Erarbeitung präziser Vergleichsmöglichkeiten leistet die eigene ästhetische Praxis hierbei wichtige Dienste. Bietet sie doch jedem Beteiligten ungleich mehr Ausdrucks- und Interpretationsspielraum, als jede verbale Diskussion dies könnte. Gegenüber sprachlichen Äußerungen liegt der große Wert praktischer Schülerarbeiten zudem in der simultanen Vergegenständlichung der Motivauslegung. Spiegeln sich Wahrnehmungen im Medium der Sprache nur im Nacheinander ohnehin definitionsbedürftiger Begriffe, so vergegenständlichen sich Beobachtungen im Rahmen der ästhetischen Praxis gleichsam zu einem Gesamtbild.

Unbewältigte Bruchstellen in den Schülerarbeiten dokumentieren hierbei häufig mehr oder weniger bewußt die Wahrnehmung genau jener Abstraktionsmomente, die im Kunstwerk durch gezielte Abweichung vom naturalistischen Vorbild erst die Qualität des Ausdrucks ermöglichen. Wichtiges Korrektiv für die vor dem Kunstwerk tatsächlich vermittelten Gegenstandswahrnehmungen sind oft gerade solche auffälligen und durchgängig zu beobachtenden Abweichungen zwischen Original und Nachbildern der Schüler. Eine solche einsichtstiftende Differenz zwischen Schülerarbeit und Bronzerelief ließ sich etwa aus der stärker in die Reliefﬂäche geklappten Komposition der Künstlerin oder aus der Beobachtung des motorischen Ausdrucks eines Gefühls in den Gesichtsmuskeln erschließen.

Gerade die vermeintlichen Bruchstellen in den Arbeiten öffnen dem aufmerksamen Pädagogen erst die Augen für jene Darstellungsmomente, welche es bei einer neuerlichen Betrachtung des Originals vielleicht noch bewußter und präziser herauszuarbeiten gilt. Bisweilen ermöglicht erst ein solcher zweiter Zugriff das Verständnis für das Zustandekommen der Ausdrucksqualität im Kunstwerk. Unschätzbarer Vorzug jeder ästhetischen Praxis bleibt zudem, daß die Schüler sich derartige Erkenntnismöglichkeiten über den Vergleich ihrer Nachbilder mit dem Original erschließen können. Unabhängig von jeder didaktischen Fragestellung und dem ästhetischen Wert der Schülerarbeiten bleibt diese Möglichkeit vergleichender Wahrnehmung immer gegeben». (39) Lenz-Johanns

Laokoon – zur Aktualität einer alten Plastik

Abb. 28, 32

Laokoon im Unterricht einer 10. Klasse

Dietrich *Grünewald* gibt im Vorspann zu seinem Bericht eine genaue Rekonstruktion der Plastik, der Geschichte ihrer Restaurierung und ihrer Verfälschung durch Restaurierung, ihrer Rezeption, der Parodien und der Zitate, für die sie herhalten mußte und muß. Er will mit dieser Analyse dem Lehrer verdeutlichen, was an der Plastik exemplarisch bewußt gemacht werden kann, «was aktuell und von weiterreichender Bedeutung ist, was gelernt/erfahren werden kann». (42) Grünewald (43) Grünewald

Abb. 28: Laokoon Gruppe, Restaurierungszustand bis 1960

Abb. 28: Laokoon, Restaurierungszustand bis 1960 — Abb. 29: Tizian, Affen-Laokoon, 1540

Abb. 30: Vonderwerth, Nikotinoon, 1977
Abb. 31: Titelseite von «Pardon» 1/1977

Abb. 32: Karikatur von Hartung («Die Welt» vom 15.12.1972)

Abb. 33: Laokoon Gruppe, Restaurierungszustand nach 1960

Er zählt auf, wofür die Beschäftigung mit Laokoon stehen kann:
- «als Exempel für Bedeutung und Wert antiker Kunst, für Kunst und Kunstverständnis in Europa,
- als Exempel für Kunst und Kunstkritik,
- als Exempel für die Form, Inhalt und Wirkung,
- als Exempel für die Bedeutung des prägnanten Augenblicks in der Bildenden Kunst,
- als Exempel für Wert und Wirkung von Ergänzung und Veränderung,
- als Exempel für den Vorbild- und Anregungswert eines Kunstwerks für die Kunst,
- als Exempel für Wirkkraft und Popularität von Form- und Symbolwert wie sie sich u.a. in Zitat und Anspielung zeigen»

(44) Grünewald

Daß dies nur das Potential des vom Lehrer für «relevant Gehaltenen» sein kann, ist klar.

Von einem Unterrichtsbeispiel berichtet der Verfasser sodann. Benötigt wurden neun Doppelstunden, denen etwa folgende Umrißplanung zugrunde lag:

(45) «Umrißplanung» vgl. bei Schulz

– In einer *1. Phase* erhalten die Schüler vier Kopien von Laokoon-Karikaturen: Vergleich und Analyse im Partner- und dann im Klassengespräch; Heraushebung von strukturellen oder inhaltlichen Besonderheiten durch farbige Markierungen in den Kopien;

Abb. 29-32

– in einer *2. Phase* erhalten die Schüler die Kopie eines Fotos der Plastik im restaurierten Zustand und im Verlauf des Gesprächs ein weiteres Foto dazu mit Restaurierungen aus einer früheren Zeit; die Unterschiede werden diskutiert und führen zu Vermutungen über Erklärungen für die Differenzen. Nach Bedarf hält sich der Lehrer für Informationen bereit; ebenso sind Kurztexte mit Sachinformationen für Arbeitsgruppen bereitgelegt.

Abb. 33

Skizzen werden angefertigt, die Gruppe wird nachgestellt, Fotos werden aufgenommen; möglich ist die Einbeziehung weiteren Bildmaterials, so z.B. des Laokoon-Motivs bei *El Greco* oder Rudolf *Hausner* u.a.

– In der *3. Phase* erhalten die Schüler ein Arbeitsblatt (DIN A4) mit einer Umrißzeichnung der Laokoon-Gruppe als Hilfsmittel für die Darstellung einer sie betreffenden, interessierenden inhaltlichen Problematik – unter Benutzung der Laokoon-Gruppe. Die Entwürfe unter Zuhilfenahme des Arbeitsblattes wurden auf Formate zwischen DIN A3 und DIN A1 mit Hilfe von Episkop, Rasterverfahren oder freihand vergrößert, farbig ausgeführt – die antike Plastik war farbig – und in der Schule als Diskussionsgegenstand ausgestellt.

Abb. 34

Abb. 35-37

Die knappe Skizze des Unterrichtsverlaufs legt in diesem Fall nahe – anders als bei *Lenz-Johanns*, vgl. S. 213ff – zum *Unterricht* und weniger zu den Ergebnissen Stellung zu nehmen. Der Unterrichtsprozeß hat eine Reihe von Merkmalen, die mit allgemeindidaktischen Kategorien beschrieben werden können:

– Der Unterricht wird in jeder Phase durch die Eingabe von Medien gesteuert: Bildmaterial, Arbeitsblatt, Malmaterial; die Medien sichern einen hohen Handlunganteil;

– der Arbeitsprozeß ist in jeder Phase durch Anteile von Analysen vorgegebener Materialien und durch Auslegungsschritte gegenüber dem Bildmaterial gekennzeichet;

– in jeder Phase mischen sich Information (oder Nachfrage danach) und Auslegung;

– der Unterricht endet mit einem «großen Produkt», das mindestens tendenziell an eigene Problemlagen der Schüler anschließt.

Unser Traum von der 'allseitigen' Bildung scheint erfüllt: kognitiv, emotional und praktisch-handelnd. Kompetenz kann erworben werden, und Autonomie wird immerhin in der 3. Phase, der längsten, ermöglicht. Daß der Lehrer die inhaltliche Entscheidung allein getroffen hat, daß sie also nicht Produkt einer Beratung mit den Schülern ist, wird man realistischerweise auch weiterhin in der Schule immer wieder aus ganz unterschiedlichen Gründen hinnehmen, vor allem aber begründen müssen. Hier hat es z.B. den Grund, daß das reichhaltige Materialangebot nicht aus dem Stand zusammengetragen werden kann. Der Lehrer hatte sich sehr viel früher für diesen Unterrichtsinhalt entschieden, als die Schüler es konnten. Aber die frühe Entscheidung des Lehrers hatte auch zur Bereitstellung von Materialien geführt, die den Arbeitsprozeß stimulierten.

(46) Zu den Leitkategorien Autonomie und Kompetenz vgl. Schulz

(47) vgl. die Literatur zur Vorbereitung

Abb. 34: Arbeitsblatt
Abb. 35-37: Schülerarbeiten

Abb.38: Raimondi, Kupferstich, Anfang 16. Jahrhundert

Edouard Manet: Frühstück im Freien, 1862/63, 214 x 270 cm, Paris: Louvre

(48) Den Unterricht gab K.H. Hoche

Bilduntersuchung und Umgestaltung in einem Leistungskurs, 13. Schuljahr

Abb.39

Abb.38

Von Manets Bild gibt es zahlreiche Umgestaltungen, z.B. von Picasso, von Jaquet oder von Wunderlich. Das Bild seinerseits geht auf eine Szene in einem Kupferstich von Raimondi aus dem Anfang des 16. Jahrhunderts zurück. Der wieder fußt auf einem Karton von Raffael.

Die von uns vorgestellten Unterrichtsdokumente zeigen den selbstständigen Arbeitsprozeß einer Schülerin. In einem Leistungskurs untersuchte jeder ein Bild seiner Wahl und beschloß die Untersuchung mit einer eigenständigen Verwandlung des gewählten Bildes, einer hommage, wie die Aufgabe lautete. Aber Grundlage der hommage sollte die Vergewisserung von Bild und Maler sein. Der Arbeitsprozeß wurde dokumentiert und kommentiert.

Abb.40

Die hier vorliegenden Abbildungen zeigen nur die Arbeitsschritte für das abschließende Bild; sie werden selten so vollständig dokumentiert und nicht immer so sorgfältig durchgeführt. Im oberen linken Bildfeld der Abb. 40 werden Hell-Dunkel-Verteilungen und Farbkompositionen erprobt, über das dunkle Bildzentrum wird, in einer gewissen Nähe zu Manet verbleibend, entschieden. Im oberen rechten Bildfeld (Abb.40) wird der Eingriff deutlicher. In der letzten der vier kleinen Skizzen (rechtes oberes

Abb. 39: Edouard Manet, Frühstück im Freien, 1862/63, 214 x 270 cm, Paris: Louvre

Bildfeld Abb. 40) steht an der linken Bildkante ein Auto, quer über das Blatt wird eine Wäscheleine gespannt, die von Dachschrägen überragt ist. In der Bildmitte ist die Figurengruppe als Gesamtform skizziert. Dieses Arrangement ist – mit Ausnahme der Wäscheleine – im linken unteren Bildviertel der Abb. 40 verdeutlicht. Die Farbskizze im rechten unteren Bildviertel (Abb. 40) greift die vorausgegangenen Skizzen auf, vom linken Bildrand wird entschieden in die Tiefe geführt, Wohnwagen geben die Fluchtlinie her, die Badende entfällt, die Aufmerksamkeit ist auf die Dreiergruppe konzentriert, an der unteren Bildkante begrenzt ein angeschnittenes Auto die zentrale Szene nach vorn.

Aufschlußreich ist nun, wie die endgültige Bildlösung die in der letzten Skizze entwickelte Bildvorstellung präzisiert und differenziert: Die linke Fluchtlinie wird formmäßig und farblich aufgelockert, ohne ihre raumbildende Funktion zu verlieren. Der weiße Wohnwagen steht nun scharfkantig vor dunklerem Grund. Das Eisschild ist in die Fluchtlinie gedreht. Auf der Wäscheleine sind die Wäschestücke so plaziert, daß sie über dem Mittelgrund den Blick freigeben, ihn dagegen rechts vor der Tiefe stoppen. Die rechte Bildhälfte ist in ähnlicher Weise geklärt. Von der Seitenkante auf der Höhe des ersten Drittels beginnt auch hier eine in die Tiefe führende Linie, die durch das hintereinander stehende Zelt und das Heck eines Autos gebildet wird. Aus dem neben dem Paar liegenden Picknickvorrat ist ein Abfallhaufen geworden, unmittelbar hinter der Gruppe steht eine Mülltonne. So wie auf der linken Seite der weiße Wohnwagen leicht aus der

Abb. 41

Abb. 40: Schülerarbeit, Entwurfsskizzen zur Umgestaltung des Manet-Bildes

Fluchtlinie heraus und in das Geschehen hinein gedreht worden ist, steht auf der rechten Seite der Fernseher gegen die Fluchtrichtung. Er weist damit in eine neu entstandene Bilddiagonale: durch die Personengruppe hindurch, der Geste des rechten Mannes folgend, in das Vorzelt hinein, unter dem ein weiteres Auto steht. Die zentrale Personengruppe sitzt auf dem Schnittpunkt zweier abgeflachter Diagonalen.

Der eigentümliche Bruch der gefundenen Bildlösung wird durch die in der Kostümierung des 19. Jahrhunderts verbliebene Gruppe ausgelöst. Und da wird Manet auf den Kopf gestellt, denn inhaltlich sind heute die wie verkleidet wirkenden Männer eher unangemessen als die nackte Dame auf dem Campingplatz. Die aber hatte im Pariser Salon einen Skandal ausgelöst – 1863. Aber die Sache ist noch verwickelter. Denn die Gruppe als Ganzes wirkt ja einerseits deplaziert und ist andererseits formal fest integriert. Aber wie, mit welchen Mitteln: Die bei Manet Anstoß erregende nackte Dame ist, den anderen Helligkeiten im Bild korrespondierend, ebenso sehr in den farbigen Gesamtrhythmus einbezogen wie die schwarz geleideten Männer Bestandteil des dunklen Bildgrundes geworden sind. So gesehen ist die Gruppe aufgelöst, weil die Frau und die Männer jeweils den bei-

Abb. 41: Schülerarbeit, Umgestaltung des Manet-Bildes

den äußersten Polen des Farbgeschehens und der Helldunkelverteilung zugehören. Die Konfrontation findet nicht mehr mit dem Betrachter statt, sondern ist Teil der Bildorganisation geworden.

Welche Fülle von Problemen: Auf der Ebene des Bildinhalts, im Blick auf die formalen und inhaltlichen Differenzen zwischen Manets Bild und der Arbeit der Schülerin, hinsichtlich des Wandels der Normen, die die Reaktionen auf das Bild bestimmten und betimmen.

Dieser Problemvorrat kann als Unterricht nicht antizipiert oder geplant werden. Er ist durch die Malerei der Schülerin in den Unterricht gekommen. Unterricht kann nur versuchen, Situationen zu planen, in denen die Chance besteht, selbständig, durch Untersuchungsschritte auf Probleme zu stoßen und sie gemeinsam, vor Augen gestellt in realisierten Bildlösungen, zu erörtern.

Das Ziel heißt dann: wahrnehmen lernen, auslegen lernen, was das Sichtbare bedeutet, was es bedeutet hat, warum sich Bedeutung wandelt, wie man beim Bildermachen Bedeutung verändern, Wahrnehmung steuern kann.

KAPITEL 10

ÄSTHETISCHES VERHALTEN LEHREN

Die Kuh
Zur didaktischen Begründung ästhetischen Verhaltens

o Entdecken, ausprobieren, Stellung nehmen: für ein Kind werden Autos zum Problem

Die aktuelle Frage nach dem Ästhetischen

o Unser Denken ist verengt

o Analogien in der Kunst

Das Ästhetische als vergessener Modus des Verhaltens

o Modefotos – über ästhetisches Verhalten, mit dem keiner mehr rechnet

o Der Zusammenhang mit dem phänomenologischen Denken

o Wissenschaftsbezug versus Lebensweltbezug

Eine Herkunftslinie für den Begriff ästhetischen Verhaltens

o Kronzeuge Kant

o Ästhetisches Verhalten als Erkenntnisform

Dem Anspruch genügen

o Bedingungen und Möglichkeiten ästhetischen Verhaltens

o Die Aufgabe der ästhetischen Erziehung

o Lernen in Institutionen

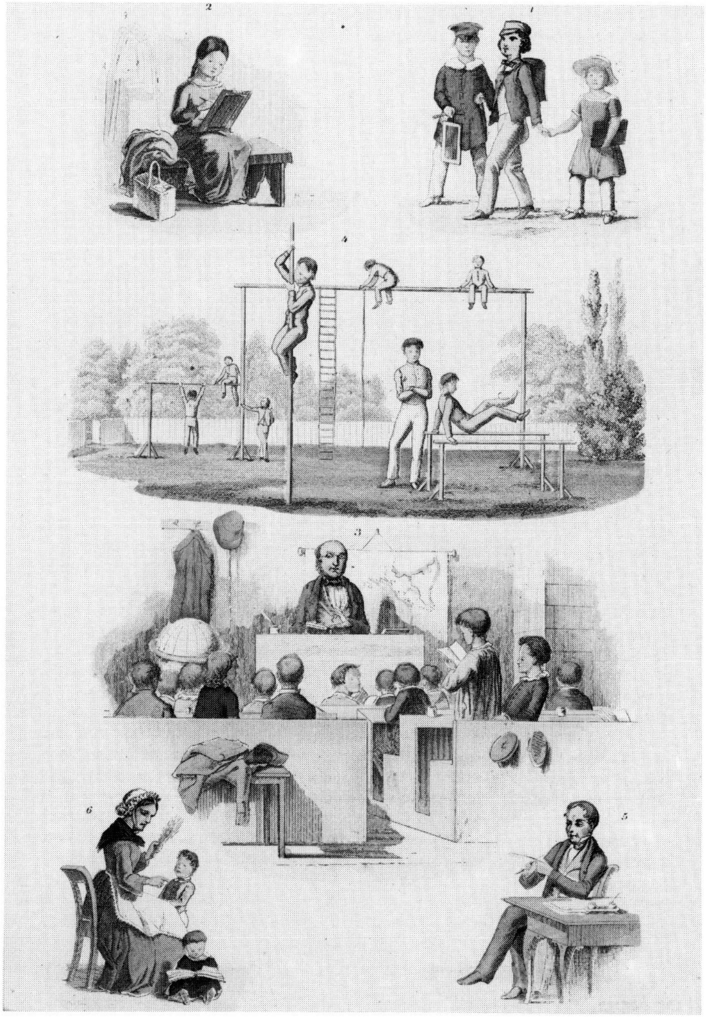

KAPITEL 10: ÄSTHETISCHES VERHALTEN LEHREN

Die Kuh

Einige Merkmale dessen, was wir im folgenden Kapitel als ästhetisches Verhalten ausführlicher begründen wollen, lassen sich an einem kleinen Gedicht von Kurt *Schwitters* vorstellen:

(1) Kurt Schwitters

Die Kuh
Die Kuh ist vorn zu
und hinten dicht an Lauf
da ist sie auf
die Kuh hat keine Ruh',
sie mümmelt immerzu.

Das Gedicht besteht aus lapidaren Aussagesätzen. Im Duktus der Unbestreitbarkeit vorgetragen, sind sie alle falsch: eine Kuh ist auch vorn auf und zuweilen hinten zu. Wenn sie auf ist, ist sie nicht am Lauf auf, sondern zwischen den Läufen. Die Kuh *hat* Ruh, deswegen mümmelt sie ja immerzu.

Wir nehmen also als erstes wahr, daß es sich hier offenkundig um etwas anderes als eine exakte Beschreibung, gar um eine wissenschaftliche Erfassung des Genus Tier in seiner Spezies Kuh handelt. So gesehen können alle Aussagen, die wir eben noch falsch nannten, andererseits als *möglich* gelten: ohne Anspruch auf allgemeine Gültigkeit oder auf Objektivität kann man sagen, daß eine Kuh vorn zu und hinten auf ist, und man kann ihr Mümmeln auch als Unruhe deuten.

Welchen Status haben diese Aussagen über Kuh? Sie sind subjektive Aussagen, die auf Akzentuierung, Verkürzung, z.T.Umkehrung oder Vertauschung realer Sachverhalte beruhen. Sie sind, was einem zu Kuh einfallen kann, wenn man auf der einen Seite des Zaunes steht und die Kuh auf der anderen: groß, stumm, glotzend, mümmelnd, den Schweif hebend. Sie sind Auslegung, nicht Beobachtung, Analyse, Klassifikation oder Systematisierung. Sie sind nicht objektiv, sondern subjektiv, sind subjektive Stellungnahme zu Kuh. Kuh ruft die Assoziation 'muh' hinzu. Es ist auch nicht von der Hand zu weisen, daß etlich Merkmale des Ereignisses Kuh nicht kuh- sondern sprachbedingt scheinen: Kuh-Ruh-immerzu.

Das heißt, wenn einer die Kuh anders anguckt, anders wahrnimmt, anders auslegt, in andere Sprache faßt – dann entsteht auf dem Weg über ein anderes Gedicht eine andere Kuh oder über eine andere Wahrnehmung von Kuh ein anderes Gedicht.

Das Gedicht ist von Kurt *Schwitters*.

Abb. 1

Um ein Gegenstück zu diesem Gedicht zu haben, stellen wir ihm die wissenschaftsorientierte Abbildung einer Kuh gegenüber. Unser Beispiel will darauf verweisen, daß man sich zu einer Kuh sehr unterschiedlich verhalten kann, daß es verschiedene Verhaltensweisen gibt:

o analytisch, nach Zusammenhängen und Funktionen forschend, das Überindividuelle suchend, also verallgemeinernd in dem Bemühen um objektive und nachprüfbare Aussagen intersubjektiver Art...

o oder so wie Schwitters...

Das 10. Kapitel dient dem Versuch, ästhetisches Verhalten als Basiskategorie der ästhetischen Erziehung einzuführen. Dabei gehen wir davon

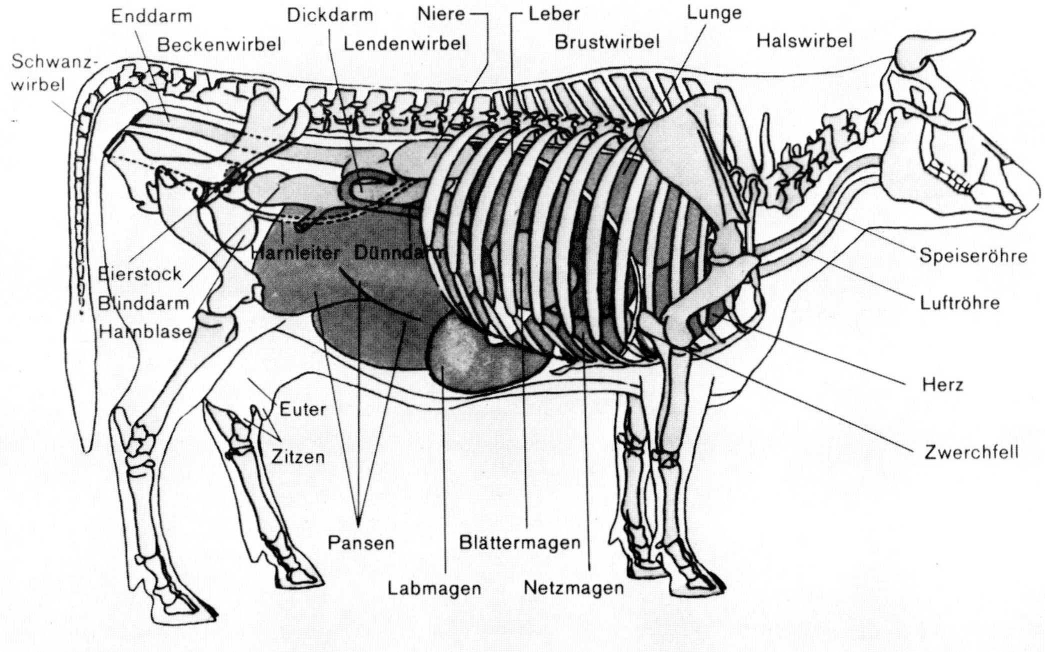

Abb. 1: Knochengerüst und innere Organe des Rindes – nach einem Biologiebuch

aus, daß die beiden Varianten des Verhaltens zu Kuh weder frei wählbare Alternativen noch gar wechselseitig kompensierbar sind. Sie sind gleichrangig und, weil sie von verschiedener Art sind, beide notwendig. Sie vermitteln unterschiedliche Erkenntnisse desselben Gegenstandes. Sie können zueinander im Verhältnis wechselseitiger Provokation und produkiver Störung stehen.

Zur didaktischen Begründung des ästhetischen Verhaltens

In diesem Kapitel soll die Theorie dessen entfaltet werden, was wir als Perzeptbildung und Kontextanalyse eingeführt, auf der Grundlage von Wahrnehmung in den Prozeduren des Sammelns, Sprechens und Machens praktisch gewendet und in Beispielen des Bildermachens und Bilderbenutzens als Auslegung von Bildern und in Bildern vorgestellt haben.

Unser Theorieangebot für ästhetisches Verhalten verstehen wir als Theoretisierung einer vielfältigen Praxis.

Deswegen folgt hier zunächst ein Beispiel für ästhetisches Verhalten eines Kindes zu einem Gegenstand, zu Autos. Sodann soll darüber nachgedacht werden, aus welchen Motiven mindestens in den letzten vierzig Jahren das Ästhetische herbeigerufen wird, und daß dabei auch Gefahren lauern. Das Nachdenken über ästhetisches Verhalten wird weitergehend in den aktuellen Kontext pädagogischen Denkens eingebunden und auf seine Herkunft befragt. Wir stoßen dabei auf Immanuel *Kant*.

Schließlich wenden wir die Erörterung wieder in die Praxis zurück, die in den Institutionen unseres Bildungswesens ermöglicht werden soll.

Entdecken, ausprobieren, stellungnehmen: für ein Kind werden Autos zum Problem

(2) vgl. Vorfassungen: Otto/Otto

(3) Zum Problem der Phasen und Funktionen vgl. Lit. in Anm. 3

Abb. 2

Die sieben Zeichnungen von Autos, die wir betrachten wollen, stammen von einem Jungen aus dem Zeitraum zwischen seinem fünften und neuntem Lebensjehr.

Zu Abbildung 2-4: In Abbildung 2 des sieben Jahre alten Jungen steht auf dem DIN A3-großen Blatt flächenbeherrschend, kontrastiv vor rotem Grund ein gelbes offenes «Rennauto» mit zwei Speichenrädern und einer deutlich ausgebildeten Windschutzscheibe. Das Auto fährt auf der unteren Bildkante entlang. Die Kotflügel sind als Linien gegeben, was der aufrißartigen Seitenansicht entspricht. In dem Auto sind die Schalt- und die Lenkvorrichtung erkennbar; dazwischengeklemmt der Fahrer mit Hut und erhobenen Armen. Oberhalb des roten Grundes, der das Auto steigert, ist ein blau-weißer Streifen zu sehen, der als eine Hauswand gelesen werden kann, vor der drei kleine menschliche Figuren stehen, die mit dem Bildereignis nur insofern zu tun haben, als sie kein Auto haben. Das Auto sprengt – rechts und links – die Blattbegrenzung. Für das zeichnende Kind hat das Auto die Funktion von Macht, von Kraft, von Großartigkeit. Deswegen muß es ein «Rennauto» sein und kein alltäglicher Personenwagen. Rennfahrer sein! Das Auto kann (in Kenntnis des Kindes) als Projektionsfläche für den Wunsch nach Ausbrechen, nach Erweiterung verstanden werden, nach dem Bestreben, Widerstände in der häuslichen Erziehungswelt zu überwinden. Und man traut dem Auto zu, daß es sich durchsetzt, daß ihm gelingt, was der Zeichner für sich will.

Abb. 4

In Abb. 4 des nunmehr acht Jahre und elf Monate alten Jungen steht mittig auf der DIN A4-großen Fläche die lineare Zeichnung eines Vokswagens mit Kofferbrücke. Die Zeichnung ist in einem einheitlichen Duktus mit schwarzer Kreide ausgeführt und erfaßt die Gesamtform des gemeinten Autotyps. Formale Unsicherheiten sind bei der körperlichen Darstellung der Kotflügel und der Kühlerhaube wahrnehmbar. Die schematische Behandlung der Räder bleibt hinter dem Formniveau der gesamten Zeichnung zurück. diese Zeichnung ist in einer benennbaren, konkreten Lebenssituation entstanden: die Familie steht vor dem Aufbruch in die Ferien, eine Kofferbrücke war einige Tage zuvor gekauft und montiert worden. Die Funktion, die das Auto in der Welt des Kindes hat, heißt «Reisen», viel Gepäck mitnehmen.

Im Unterschied zu Abb. 2 handelt es sich vor dem geschilderten Hintergrund um ein ganz bestimmtes Auto, um den Autotyp, der zu diesem Zeitpunkt, aus der Perspektive des zeichnenden Kindes in *meiner* Familie, zum Zwecke des Verreisens benutzt wurde. Ein VW älterer Bauart. Und die positiv besetzte Funktion, die *dieses* Auto für *dieses* Kind hat, erklärt den Wunsch nach genauer Wiedergabe: *unser* Auto. Das wirft Probleme auf, wo Spezifika nicht in «gekonnter» Aufrißzeichnung wiedergegeben werden können, bei den Kotflügeln und bei der Kühler-(Kofferraum-)Haube. Aus der Funktion *dieses* Autos für *dieses* Kind, zu *diesem* Zeitpunkt erwächst ein Darstellungsproblem, für das die bisherigen Mittel, (vgl. Abb. 2 u. Abb. 3), nicht ausreichen.

Abb. 3: Auto, 8; 0 Jahre
Abb. 5: Auto, 7; 1 Jahre

Zu Abb. 3 u. Abb. 5: Der Lebenszusammenhang, in dem das Auto in Abb. 4 für das zeichnende Kind eine Funktion hat, führt zu intensivierter Aufmerksamkeit für Konkreta, für Erscheinungsmerkmale des gemeinten Autos. Es führt auch zu der schmerzlichen Erfahrung, daß das vorhandene Repertoire für «Autozeichnen» (vgl. Abb. 3 u.5) nicht immer ausreicht,

Abb. 2: «Rennauto», 7; 7 Jahre

Abb. 3: Auto, 8; 0 Jahre

Abb. 4: «Reiseauto», 8; 11 Jahre

Abb.5: Auto, 7;1 Jahre

für *dieses* Auto *jetzt* nicht mehr ausreicht. Das vorhandene Repertoire wird in Abb. 3 u. 5 ablesbar – ein Zeichen, das über einen Zeitraum von etwa einem Jahr, (zwischen den beiden Blättern liegen etwa 13 Monate), immer verwendet wurde, wenn Autos gemalt oder gezeichnet wurden.

Abb.6: Frühes Auto, 5;3 Jahre
Abb.7: Flitzer, 6;0 Jahre

Zu der Bildfolge Abb. 6 u. 7: Die beiden Blätter liegen im Verhältnis zu *Abb. 4* vier Jahre und sechs Monate zurück. *Abb. 6* war die erste Autozeichnung dieses Kindes überhaupt, auf einem DIN A4-großen Blatt eine Pinselzeichnung mit Wasserfarbe. Für *Abb. 7* gilt das gleiche Format, gezeichnet wurde mit einem schwarzen Kugelschreiber. Im Gegensatz zu Abb. 4 richtet sich die Aufmerksamkeit bei beiden Blättern offenbar primär auf Funktionen, die der Gegenstand per se und nicht für mich hat: *Abb. 6* zeigt einen Kasten auf Rädern, in dem vorn rechts eine Person, der Fahrer, zu erkennen ist. Das sind, wie es in der älteren Literatur heißt, die konstanten und wesentlichen Merkmale, die der gezeichnete Gegenstand hat. Demgegenüber ist die subjektive Beziehung zu dem Gegenstand Auto in Abb. 2 ungleich dominanter, und die affektiv besetzte Funktion des Autos in der Lebenswelt, wird eher in Abb. 4 thematisch.

Zu Abb. 7 gibt es den aufschlußreichen Kommentar des zeichnenden Kindes «lauter Flitzer». Gezeichnet wird also eine beeindruckende, affektiv besetzte Funktion, keine des technischen Ablaufs, sondern etwas, was das Auto «kann»: Flitzen! Nicht, wie in Abb. 4,«mit *uns* verreisen», sondern: alle Autos um mich herum sind Flitzer, sie können viel schneller sein als ich.

Abb.8: Um die Ecke fahren, 9;9 Jahre

Zu Abb. 8: Fast diagonal auf dem DIN A4-Blatt steht ein von oben gesehenes, als Körper erfaßtes, mit farbiger Kreide gezeichnetes Automobil; die Diagonalstellung und die Schwunglinien auf dem Blattgrund unterhalb der Räder machen deutlich: das Auto fährt um die Ecke. Das ist das Problem! Wieder wird etwas, was das Auto kann, wahrgenommen; um es darzustellen, muß ein Modus gefunden werden. Das Zeichnen ist der Akt der Auseinandersetzung mit dem Um-die-Ecke-fahren. Denn dafür reicht wiederum der bisher geübte Weg der Autodarstellung (vgl. den Kommentar zu Abb. 3) nicht aus. In Abb. 8 wird es zum ersten Mal notwendig, das Auto anders als im Aufriß, anders als in Seitenansicht zu zeichnen, um zu vermitteln, was am Auto auffällig geworden ist. Die eine Entdeckung, die Lenkbarkeit

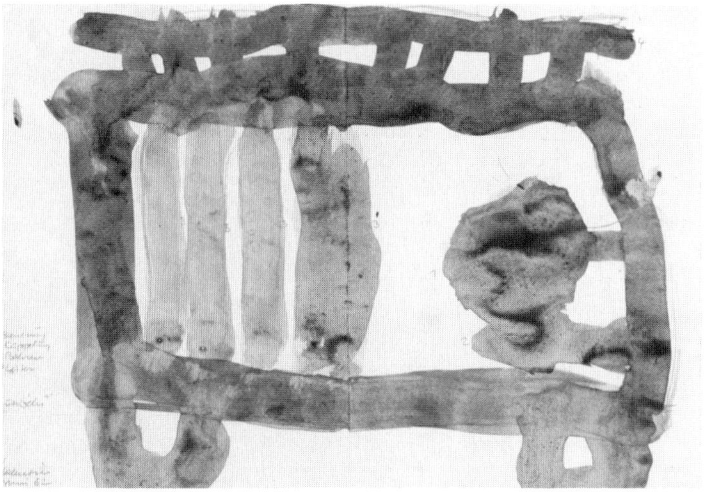

Abb. 6: Frühes Auto, 5;3 Jahre

Abb. 7: Flitzer, 6;0 Jahre

Abb. 8: Um die Ecke fahren, 9;9 Jahre

des Autos, erfordert die zweite, die adäquate Darstellungsform.

Zu belegen war – ohne jeden Anspruch, das Material erschöpft zu haben – die Behauptung, die Funktion sei beim Zeichnen wichtiger als die Rede von Gesetzmäßigkeiten. Dabei hat sich gezeigt, die Frage nach der Funktion beim Zeichnen ist doppelsinnig. Es kann um zweierlei oder um beides gleichzeitig gehen, was die Intensität des Zeichenprozesses vorantreibt: die entdeckte Funktionsweise des gezeichneten Objektes einerseits und die Funktion, die das gezeichnete Objekt für mich, in meiner Welt, in unserer Welt für unser gemeinsames Handeln hat.

(5) Über Funktionen vgl. bei Otto, G.
(6) Ähnlich: Seitz

Es wurde auch deutlich, daß die «Neuentdeckungen» am Objekt und die verändert wahrgenommene «Relevanz» des Objektes das Zeichnen des Kindes modifizieren, sein Zeichenrepertoire erweitern, verändern und damit seine Möglichkeiten erweitern, auf die Welt , in der es lebt, auf die soziale Welt, auf die gegenständliche Welt zeichnend zu reagieren.

In der Folgerichtigkeit, die in diesen Prozessen liegt, wird im Vorgriff auf die genauere Bestimmung im Abschnitt über das ästhetische Verhalten eine eigene Rationalität (ästhetische Rationalität) gesehen, keine begriffsgebundene, aber doch in sich schlüssig, keine verbal-diskursive, sondern eher durch Wahrnehmung und Handeln vermittelt.

Damit ist keine Kontrolle des Zeichenprozesses durch den Verstand gemeint.

Nimmt man Zeichnen und Malen, wie wir es in den Abb. 2 bis 8 kommentiert haben, als ästhetisches Verhalten gegenüber der Welt, dann ist dies eine Form sinnlicher Praxis, in der Erkenntnis gewonnen wird. Über diese Form muß gleichberechtigt neben den Bemühungen kognitiver Rationalität nachgedacht werden. Das ist ästhetische Erziehung.

Die aktuelle Frage nach dem Ästhetischen

Ästhetisches Verhalten wird hier als zentrale Kategorie nicht nur der zuvor ausgebreiteten Materialien und Dokumente, sondern für die Ästhetische Erziehung insgesamt in Anspruch genommen. Von *Verhalten* wird wegen seiner Offenheit geredet. Der Begriff bezeichnet, wie er von uns verwendet wird, «sinnvolle Handlungen des spontanen Lebens».

(7) Schütz/Luckmann

Dem gegenüber geht der in Didaktik eher geläufige Begriff des *Handelns* schon von einem Spezialfall des Verhaltens aus, vom Verhalten, «das auf einem vorgefassten Entwurf basiert». Handeln ist «vorentworfenes Verhalten». Verhalten schließt Handeln also ein.

(8) Schütz Luckmann
(9) Schütz/Luckmann

Notwendigerweise muß zunächst Ausschau gehalten werden, wo der Begriff ästhetisches Verhalten schon verwendet worden ist, welche «Geschichte» die Berufung auf das Ästhetische hat, und in welchem Kontext wir unser Programm heute entfalten.

(10) vgl. Staudte unter Berufung auf Wendt

Zeitlich vor der wissenschaftlichen Diskussion lag die politisch oder quasi-politisch motivierte Aufmerksamkeit. Die Dialektik allen Lebens scheine zu wollen, «daß in Zeiten der Zerfahrenheit und des Unbehagens die erhebenden und bewegenden Seelenkräfte als echte 'Antagonisten der Zeit' geweckt werden». Das schreibt Otto *Haase* in einem damals vielgelesenen Beitrag zur Fachdiskussion im Jahre 1951. Zwei Jahre früher hatte der Hessische Kultusminister Stein den ersten Kunstpädagogischen Kongreß nach dem Ende der Naziherrschaft in Fulda mit der Frage eröffnet, ob Kunst den Menschen die verlorene Würde wieder zurückgeben könne, ob sie ihn befähige, auf ein kommendes Neues zuzuschreiten, dessen Lebens-

(11) Haase

form wir noch nicht klar erschauten? «Vermag es die Kunst», fragt der Minister, «da die Wissenschaft uns zweifellos eine Antwort auf unsere gegenwärtigen Probleme nicht erteilen kann?»

(12) Hessische Beiträge zur Schulreform 1950

Ein angenommener Antagonismus von Verstand und Seele, von Kunst und Wissenschaft war die Grundlage, von der her seinerzeit versucht wurde, Perspektiven für ein neues Bildungssystem zu formulieren. Auf weiten Strecken berief man sich dabei auf *Nietzsche*. Das Ergebnis war damals ein konservativ-ideologisches Konzept musischer Erziehung, das eine didaktische Formulierung oder Interpretation ästhetischer Lernprozesse bis in die sechziger Jahre hinein verhindert hat – und stellenweise noch heute behindert. Die damaligen Thesen, die überdies von der Aufarbeitung der politischen Geschichte suspendierten, waren, wie sich gezeigt hat, keine Basis für die Etablierung des Ästhetischen in der Schule. Aufgabe der heutigen Diskussion muß es daher auch sein, mindestens implizit zu erweisen, inwiefern damals zu kurz gegriffen, zu umstandslos auf die Heilung durch Seelenkräfte vertraut worden ist. Aber auch aktuelle Kompensationsmodelle nach der Formel 'Wir denken zu viel und sehen zu wenig' legen falsche Alternativen nahe.

(13) Der gegenwärtige Forschungsstand läßt diese Berufung zweifelhaft erscheinen

(14) vgl. Haase; kritisch: Otto, G.

(15) Psychologie heute

Eine gern ins Feld geführte, dennoch unzutreffende Alternative ist auch ästhetisches versus politisches Verhalten. Die Vermittlung politischer Positionen *ist* ästhetisch und stimuliert ästhetisches Verhalten, das in concreto politisch zu reflektieren ist (vgl. Kapitel 5): z.B. bei Reden und Fackelzügen, bei Liedgesang, bei Massenaufmärschen, vor Transparenten etc.

(16) vgl. v. Hentigs Voten in den späten 60er Jahren

Unser Denken ist verengt

Zu entfalten ist die These: Es wird nicht zu viel gedacht, sondern zu verengt, zu linear, mit zu wenig Phantasie, zu wenig Alternativen, zu einseitig, zu unsinnlich – wir denken insofern zu wenig, weil wir den Modus des Denkens zu stark auf das sogenannte wissenschaftliche, auf das begriffliche Denken einschränken. Das hat Gründe, die in uns und in den Institutionen liegen. Mit *unseren* Ängsten vor den Welten, die uns unsere Phantasie eröffnen kann, korrespondiert die Vorliebe der Institutionen für jene Sorte des Denkens, die sich planen und kontrollieren läßt.

(17) vgl. Capra

Uns interessiert das Ästhetische als Chance für ein plurales Zusammenspiel verschiedener Rationalitäten. Diese Diskussion wird in der Pädagogik mindestens seit dem Jahrhundertanfang geführt, innerhalb und außerhalb der Erziehungswissenschaft, ebenso aber in der Bildungspolitik, und zwar erneut mit einiger Emphase, freilich mit höchst unterschiedlicher Absicht und Zielsetzung: In der Bildungspolitik immer noch mit einem mehr oder weniger verdeckten Kompensationsgedanken, in der Kulturpolitik und im Hinblick auf 'kulturelles Lernen' mit Hinweis auf die Alltagsorientierung eines erweiterten Lernbegriffs, in der Erziehungswissenschaft, besonders in der Schulpädagogik und der Fachdidaktik, in dem Bemühen traditionelle Muster des institutionalisierten Lernens aufzubrechen. Stichworte wie 'Denken und Machen', 'Praktisches Lernen', 'Mit allen Sinnen lernen', 'Am eigenen Leibe' oder 'Kultur der Sinne' verweisen darauf. Die Argumentation hat einen Schwerpunkt im Fach Ästhetische Erziehung, meint aber die ganze Schule, das Ästhetische als Anteil jeglichen Unterrichts. An die Beobachtung der Natur z.B. schließt Horst *Rumpf* seine nachdenkliche Befragung scheinbarer Selbstverständlichkeiten in unse-

(18) vgl. Flitner/Kudutzky; Lorenzen

(19) vgl. Musisch-kulturelle Bildung

(20) vgl. Zacharias; Otto, G.

(21) Legler/Otto u.a.

(22) Fauser u.a.; (23) Staudte; (24) zur Lippe; (25) Selle

rer auf 'Bescheidwissen' zielenden Belehrungspraxis an, «befallen von dem Verdacht, diese vorherrschende Art sich die Welt nahezubringen, könne sie geradezu zum Verschwinden bringen». «Wo, von wem kann man etwas erfahren über Vorgänge, in denen das scheinbar Vertraute unvertraut wird, und in denen die Routinen der Erledigung ihre Kraft verlieren? Eine Quelle, die zu solchen Aufmerksamkeiten hilft, ist die Kunst. Was Künstler machen, fällt ja nicht vom Himmel – sie knüpfen an bestimmte Erfahrungen von Menschen an, arbeiten sie aus und setzen sie ins Werk.»

(26) Rumpf

(27) Rumpf

In einer im erweiterten Horizont sozialwissenschaftlich geführten Diskussion ist die Bedeutung derjenigen Impulse unübersehbar, die hier nur mit dem Stichwort Postmoderne bezeichnet werden können und ihrerseits auf eine Öffnung des Rationalitätsverständnisses neuzeitlichen Denkens zielen. Der Herausforderungscharakter, der für die allgemeinen wie speziellen Didaktiken darin liegt, ist erst in Ansätzen erkannt. Im Kontext der Diskussion über Moderne, über das Ende der Moderne und über Postmodernität wird insofern ein Traditionsmuster wieder aufgenommen, als häufig mit *Nietzsche* argumentiert wird. Der Gehalt solcher Rückverweise auf den Anfang einer Rationalismuskritik soll an einem Schlüsseltext von Jürgen *Habermas* gezeigt werden. An *Nietzsche* rekonstruiert er, daß sich daß 'ästhetische Phänomen' im konzentrierten Umgang jener Subjektivität enthülle, die 'dezentriert', von den Allgagskonventionen der Wahrnehmung und des Handelns freigesetzt sei. Die subjektzentrierte Vernunft werde mit dem schlechthin Anderen der Vernunft konfrontiert.

(28) Diskussionsposition und -zusammenhang vgl. Anm. 28 und 29

(29) Lit.

(30) vgl. Mollenhauer

(31) Habermas

(32) Habermas

Solche, vom generellen Zweifel an cartesianischen Vernunftkonzepten genährten, auf die Kritik und die Suche nach Erweiterung unseres Rationalitätsverständnis zielenden Denkströme sollen schließlich noch mit wenigstens einem Hinweis in eine philosophische Traditionslinie bezogen werden. *Schnädelbach* fragt vor dem Hintergrund nicht der aktuellen, sondern der immer schon vorhandenen Gegenströmung, ob der philosophische Rationalismus überhaupt ans Ende gekommen sei. Zwar sei Rationalität nur ein Wort, aber es verweise auf eine Merkmalskette, die ein Gesamtbild nahelege – unter anderem: Mißtrauen gegenüber allem bloß Natürlichem, als dem Unkontrollierbaren, und das heißt für den Menschen: gegenüber den Gefühlen und Affekten... Die Analogien für die Schule als System, als Institution drängen sich ebenso auf, wie für Lehrgangskonzepte unseres Faches. Was es nun in der Krise des Rationalismus zu rehabilitieren gelte, sei: «Das Vernunftfremde, das 'Andere der Vernunft', vielleicht sogar das Unvernünftige.»

(33) Schnädelbach

(34) Schnädelbach

(35) vgl. z.B. Rutschky

(36) Neu

(37) Schnädelbach

Analogien in der Kunst?

Es böte sich an, die Geschichte der Modernen Architektur bis in die Gegenwart hinein fast wie einen Beleg solcher Thesen und Entwicklungen zu rekonstruieren. Das Bauhaus zum Beispiel wäre dann ein Höhepunkt der dem Vernunftprinzip folgenden Bauweise und Le Corbusiers Kirche Ronchamp der frühe Beleg für jene Architektur, die nicht mehr nur durch den rechten Winkel, sondern durch die Offenheit des Raumes für das Licht, für die Natur, aber auch für das Mystische, für die Gefühle und Affekte des Menschen bestimmt ist. Die Postmoderne fing in der Architektur an. Oder: haben Postmoderne und Moderne immer in der Kunst nebeneinander existiert?

Solche Verweise auf künstlerische Entwicklungslinien, die Reflexionen über einen erweiterten Vernunftbegriff entsprechen bis in die populärwissenschaftliche Literatur (mit Bestsellerauflagen) dem Zweifel an einer nur instrumentellen Vernunft, an cartesianischen Denktraditionen – cogito ergo sum –, an der Tragfähigkeit eines vorherrschend exakten, naturwissenschaftlichen Weltbildes. Dem scheinen aktuelle Aufmerksamkeiten der Erziehungswissenschaft für Phänomene wie Subjektivität, Leiblichkeit, Sinnlichkeit, Lebensweltbezug im Gegenzug zur Organisation des Lernens in Abhängigkeit von Wissenschaftssystemen zu korrespondieren.

(38) vgl. Enzyklopädie Erziehungswissenschaft, Bd. 3 und 4

(39) vgl. u.a. Gestettner

'Das Ästhetische' wird in diesem Diskussionskontext nicht oder nur ausnahmsweise als Inhalt des Schulunterrichts oder eines Schulfaches thematisch, sondern kommt im Sinne einer Erweiterung des Lernbegriffes ins Spiel, als vernachlässigter Modus des Erkenntnisgewinns: auf der Grundlage von Handlung, Sinnestätigkeit, Subjektivität und im Zusammenhang mit Reflexion. Die Darstellungsform solcher Theoretisierungsversuche ist – durchaus in Korrespondenz zur Inhaltlichkeit – häufig essayistitsch und nicht im strengen Sinne wissenschaftlich, eher narrativ als systematisch, nicht selten an die Form der Collage oder Montage erinnernd.

(40) Legler

(41) Pazzini

Nicht nur die essayistische Darstellungsform, sondern ebenso die Wahl der Begriffe und der Denkansätze führen zu der Frage, welcher Erkenntnisgewinn z. B. mit dem Rückgriff auf Momente des Collagierens und Montierens verbunden ist, dem sich konventionelle Wissenschaftssprache sperrt, weitergehend, welcher Erkenntniszuwachs durch die Wahl z. B. des Verhaltens- und des Lebensweltbegriffes möglich werden kann.

Die Antwort auf alle diese Fragen scheint uns in derselben Richtung zu liegen: die Collage läßt die Brüche, die Unverträglichkeiten und Inkonsistenzen von Lebenstätigkeit stehen und glättet weder in systematischer noch in generalisierender Absicht. Collage ist häufig eine Form der Deskription didaktischer Situationen und Prozesse, die selbst um den Preis wissenschaftlicher Verallgemeinerbarkeit der Aussagen sowohl die Nähe zum Lernenden wie zum didaktisch reflektierenden Subjekt zu erhalten versucht. Dies muß mindestens auf Zeit zulässig sein, wenn die Gefahr vermieden werden soll, daß die Lernenden in wissenschaftlichen Kategorien verloren gehen. In ähnlicher Weise erlaubt der Lebensweltbezug ein höheres Maß an Aufmerksamkeit für Handlungs-, Entdeckungs-, Erprobungs- und Lerntätigkeiten, die nicht durch vorgängige Theorie determiniert sind.

Ob der in der Lebenswelt Handelnde zum «Lerner» wird, bleibt allemal erst festzustellen; ob er es durch uns wird, ob der Begriff z. B. des «Lerners» wirklich ein Äquivalent zu dessen komplexen Tätigkeit ist, muß gefragt werden dürfen.

Das Ästhetische als Hinweis auf einen vergessenen (oder verlernten) Modus des Verhaltens

(42) Ästhetisches Verhalten/ Ästhetische Erfahrung/ Ästhetische Einstellung

Man muß sich zunächst klarmachen, in welche Richtung jemand die Aufmerksamkeit lenken will, der in Zusammenhang von Schule und Unterricht von *Verhalten* redet: primär wird die Aufmerksamkeit auf Subjekte und nicht auf Inhalte gelenkt, Subjekte, die sich verhalten, oder denen eine bestimmte Weise des Verhaltens neben anderen möglichen als aussichtsreich, hilfreich zur Lebensbewältigung, vielleicht auch genußvoll eröffnet werden soll. Sodann wird unterstellt, daß man Verhalten lernen, mindestens üben kann, vielleicht sogar durch Lernen oder Üben verändern kann. Unbeantwortet bleibt zunächst die Frage, wozu sich jemand verhalten soll. Das schließt auch gleich die Annahme eines behavioristischen Verhaltensbegriffes aus, der durch die Korrektur der Reize ein bestimmtes, erwünschtes Verhalten erzeugen will. Verhalten wird hier als Begriff eingeführt, der auf gemeinsam lernende Subjekte verweist; er geht von der prinzipiellen Stellungnahme, von der 'Relation zu' dem aus, womit Lernende konfrontiert sind.

(43) vgl. Hoffmann-Axthelm

(44) Watson

Wir konkretisieren hier noch einmal ästhetisches Verhalten mit Hilfe eines Beispiels, um zu verdeutlichen, wie es sich äußern kann, wie es von dritten ins Kalkül gezogen wird, worauf es sich richten kann. (Im Exkurs verweisen wir auf einige wichtige Belege aus der Geschichte des Begriffs.)

(45) Exkurs

Ein alltäglicher Bildfund

Wir stellen – erstens – einen alltäglichen Bildfund vor, erörtern den Kontext, in den er aktuell und historisch eingebunden ist, um daran zu konkretisieren, was *ästhetisches Verhalten* ist, was der Mangel dessen bewirkt. Wir wollen dann – zweitens – zeigen, welche Inhalte, welche Haltungen, welches Bewußtsein uns durch *Bilder* angesonnen werden, um schließlich – drittens – einer spezifisch ästhetischen *Erkenntnisweise* das Wort zu reden: das Ästhetische als in unserem Bildungssystem vernachlässigter Modus des Verhaltens und der Erkenntnis.

Uns fiel in einer Zeitschrit, im September 1986, ein Foto auf. Das Foto ist 8 x 11cm groß, linksseitig, freistehend reproduziert.

Abb. 9

Wenn wir unsere ersten Reaktionen zutreffend rekonstruieren, sind wir etwa wie folgt angestoßen: ein für eine – wie heute üblich – opulent aufgemachte Zeitschrift merkwürdig unscharfes Foto; ein Mädchen, eine junge Frau von großer Schmucklosigkeit; die Wirkung eher jugendlich, kühl. Durch den neutralen Grund, vor dem die Figur steht, ist sie aus allen Bezügen des Ortes, der Situation, der Zeit herausgenommen. Ihr Blick scheint einerseits Distanz zu einem nicht sichtbaren Gegenüber zu schaffen, andererseits wird etwas, was der Betrachter nicht sieht, fast starr fixiert; dem widerspricht aber die Reaktionslosigkeit im Gesicht. Überlegenheit?

Guter Auslegungstradition folgend, zieht man den Kontext heran, wenn die Quelle allein nicht weiterbringt. Unser Bild hat ein Gegenüber, ist Teil einer Doppelseiten-Komposition. Die Doppelseite stammt aus der Septembernummer der deutschen Ausgabe von 'Vogue'. Was nehmen wir im Gegenüber der beiden Damen wahr: die Rechtsstehende schafft durch mehr stoffliche Qualitäten eine größere sinnliche Nähe; ein helles Gesicht von dunklem Haar umrahmt, dunkle Augen, volle Lippen, ein stärker modelliertes Gesicht. Die Kleidung operiert mit Signalen, die auf Tracht verweisen: Brosche, Knöpfe, Litzen, Paspeln – die modische, also teure Variante eines Jankers.

Abb. 10

Abb. 9 aus: Vogue, September 1986 (deutsche Ausgabe)

Bei aller Verschiedenheit drängen sich Signale der Ähnlichkeit zwischen beiden Frauen auf: im Blick, in der Distanz, von der Art, die man heute cool nennt; und schließlich in einer Art vertrackter Gegenläufigkeit: die Schlichtheit der Linken ist rechts mit hohem Aufwand zum Mittel der Stilisierung geworden; die Attitude von Natur und Natürlichkeit, die dem linken Foto anhaftet, ist rechts in eher elitäres Understatement umgeschlagen. Überlegenheit signalisieren sie beide.

Die Doppelseite aus der 'Vogue' ist eine Mischform aus Plagiat und Paraphrase einer älteren Quelle. Die 'Originalfassung' stammt offenkundig aus dem Buch: Menschenschönheit. Gestalt und Antlitz des Menschen in Leben und Kunst. Ein Bilderwerk in sieben Schau-Kreisen, geordnet und gedeutet von Hans. W. Fischer unter Mitwirkung führender Lichtbildner. Berlin 1935, S. 164f. *Abb. 11*

In der Originalfassung ist dem linken Foto zweierlei beigegeben. Eine Bildunterschrift, sie lautet: Friesenmädchen; ein kommentierender Text, er lautet: «Den jungen Friesinnen und Schleswig-Holsteinerinnen ist eine herbe, oft ein wenig kühle Schönheit eigen; von ihrer hellen Erschei-

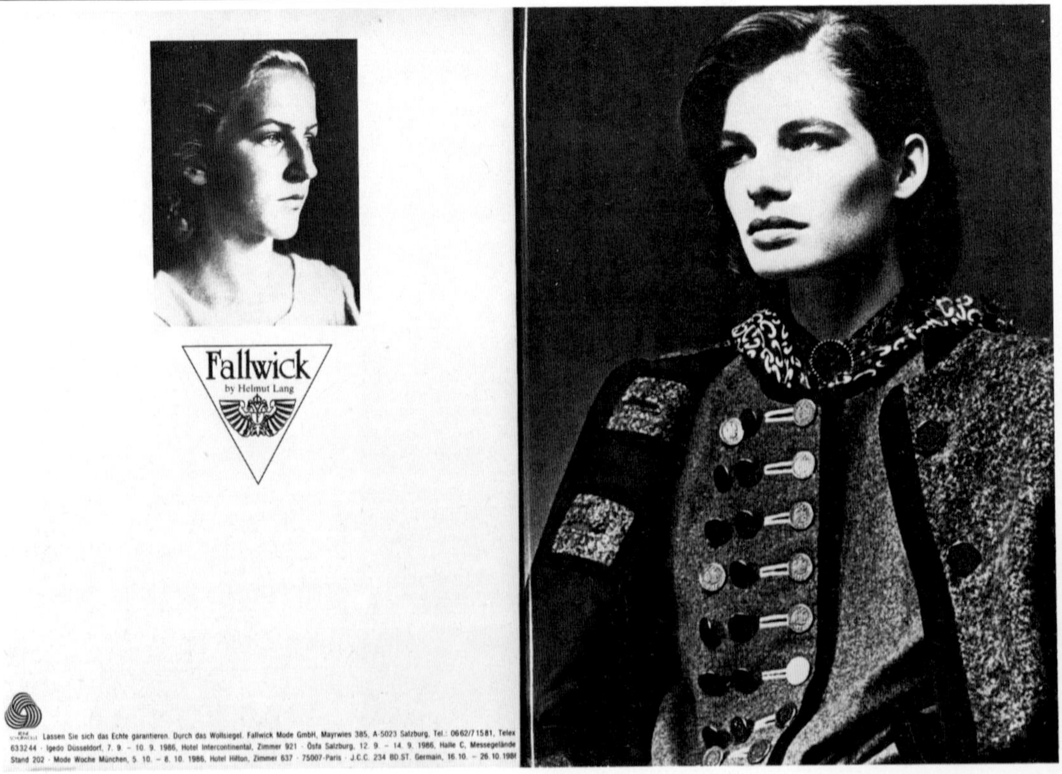

Abb. 10: Doppelseite aus: Vogue, September 1986

nung, an der alles leuchtet – Haut, Augen und Blondhaar – geht ein frischer und reiner Hauch aus, der Seewind, der über ihre Heimat weht. Diese Landschaft gewährt weiten Ausblick, sie liegt offen im Licht und duldet nichts Verstecktes. 'Rum hart, klor kimming' lautet der Leibspruch der Friesen, 'weites Herz, klarer Horizont' – und der der Niedersachsen 'Seeluft macht frei'. In eigenherrlicher Freiheit ruht ein stolzes Volkstum, das an Leib und Seele sauber ist».

(46) Fischer

Wir mußten umständlich bis zu diesem Punkt vordringen, um einen Verdacht formulieren zu können. Unser Punkt ist: Wir haben die *Bilder* wieder aufgetischt bekommen, wir müssen nun das Friesenmädchen als Gegenüber der pseudobayrischen Uniform aushalten – warum haben wir den *Text* nicht auch mitgeliefert bekommen? Unsere Hypothese ist: weil man unserem ästhetischen Verhalten, unserer Wahrnehmung, unserem Bildgedächtnis *nichts*, dem begrifflichen aber Kritik zutraut.

Sind wir ästhetische Analphabeten?

Wie läßt sich die vorgetragenen Hypothese in gebotener Kürze stützen?

Die 'Vogue' spricht anders als die 'Petra' oder 'Brigitte' ein ausgelesenes Publikum an: das können wir nun Trendsetter oder kapitalstarke Minderheit, Bildungsbürgertum oder Spitze der gesellschaftlichen Pyramide nennen; von allem stimmt etwas. Der Verlag signalisiert und verdeckt das in einm Zug: Natürlich ist 'international elitär'. Aber der Charme der Interna-

180. Friesenmädchen

182. Oluf Braren, Braut auf Föhr

Abb. 11 aus: «Menschenschönheit», Berlin 1935

tionalität des Titels 'Vogue' verdeckt, daß der Käufer eine für hiesigen Konsum produzierte Variante bekommt – mit nur in dieser Ausgabe anzutreffenden Abbildungen, die für den deutschen Markt gestellt, ausgewählt und nach aller Erfahrung für die Modefotografie hierzulande stilbildend sind. Internationalität und Provinzialität liegen dicht beieinander.

Vom Betrachter/Leser wird offenkundig angenommen: daß er bei der Bildwahrnehmung keine Erinnerungs- und Denkakte vollzieht, daß er weder ein ästhetisches Bewußtsein für die ihm angesonnenen Posen, die Lichtregie der Fotografen und die Attitüden der Modelle hat; unterstellt wird, daß er die Verknüpfung mit ästhetischen Repertoires der Vergangenheit nicht zu leisten vermag, daß er also auch kein Bewußtsein der politischen Fracht ästhetischer Muster haben kann. Das Defizit, mit dem offenbar gerechnet wird, nennen wir: uns fehlt von Sinnestätigkeit gesättigte ästhetische Rationalität.

vgl. Kap. 5

Was kann nun von den Machern, den Fotografen, den Layoutern der Journalseiten vermutet werden: daß sie genau mit dem Defizit der Rezipienten operieren. Denn – in unserem Fall – wußte ja der Layouter, was er für ein Buch als Quelle in der Hand hatte. Er geht, wie es scheint, davon aus, daß es keiner merkt. Geht er – im Interesse der auf Abbildung 10 signalisierten Wollsiegelqualität – auch davon aus, daß er sich ökonomisch chancenreich eines ästhetischen Repertoires bedient, auf das ein latentes politisches Bewußtsein positiv reagiert? Rechnet er mit Unempfindlichkeiten oder auch mit verdeckten Sehnsüchten?

Aber warum steht dann der Text nicht da, der doch alles beim Namen nennt? Eben deswegen. Der Text «in eigenherrlicher Freiheit wohnt ein stolzes Volkstum, das an Leib und Seele sauber ist» wird nicht deklamiert, weil man selbst bei Trendsettern oder bei Bildungsbürgern damit rechnen muß, daß ihr Verhältnis zur Sprache und Begrifflichkeit stärker ausgebildet ist, als das zu Bildern. Was den Rezipienten charakterisiert, ist ein Mehr – wir sagen nicht wieviel – an szientifischer, an begrifflicher, sprachgebundener Rationalität als an ästhetischer.

Mit diesem Gegenüber zweier Weisen der Erkenntnis und mit dem Vorrang des szientifischen gegenüber dem ästhetischen Verhalten haben wir nicht nur die Rezipienten von 'Vogue' – sondern unsere *Schule* von heute als Ganzes charakterisiert.

Der hier verwendete Verhaltensbegriff sieht nicht die Vermittlung der Problemlösung im unterrichtlichen Mittelpunkt oder im Zentrum von Rezeptionsprozessen, sondern die Erfahrung der Provokation durch Probleme. Ein solcher Verhaltensbegriff läßt noch offen, welchen Modus des Verhaltens ich wähle. *Mollenhauer* behauptet – freilich mit einer ungeklärten Qualitätsforderung an das Ästhetische verbunden – daß es gerade 'Ästhetische Produkte' seien, die zweierlei anböten: «sie provozieren nicht nur die Vernunfttätigkeit des Betrachters, Lesers, Hörers, sondern zugleich auch dessen Sinnestätigkeit.» Komplexität muß nun allerdings nicht nur auf der Ebene des Verhaltens und seinen konkreten Ausformungen in Kauf genommen werden, sondern auch auf der der erziehungswissenschaftlichen Reflexion: «Denn im Hinblick auf das Verhalten von Menschen in pädagogischen Situationen bewegt sich der Erziehungswissenschaftler im Schnittpunkt verschiedener Wissenschaften.»

(47) vgl. Bockemühl

(48) Mollenhauer

(49) Meyer-Drawe

Der Zusammenhang mit dem phänomenologischen Denken

Unsere weitere Entfaltung des Verhaltensbegriffes verlegt die Pointe entschieden auf den Zusammenhang mit der Tradition phänomenologischen Denkens und macht damit einmal mehr die Distanz zum Behaviorismus klar. Die Phänomenologie beginnt um die Jahrhundertwende mit Edmund *Husserl*. Seine Programmformel (der letzten Stufe phänomenologischer Erkenntnis) lautet 'zu den Sachen selbst'. Sachen sind Dinge, Werte, Phänomene, wie sie im menschlichen Leben begegenen. *Husserl* fragt nicht mehr nach dem *Was* des Gegebenen, sondern nach dem *Wie* des Erscheinens. Der Anspruch ist, die wissenschaftliche Sicht von Welt und Mensch zu relativieren, um der Gefahr zu entkommen, das in der jeweiligen voraussetzungsgebundenen wissenschaftlichen Betrachtungsweise ausgeblendete 'Andere' zu ignorieren. Die Psychologie gilt als Paradefall für durch Wissenschaft legitimierte Reduktionen, für die dadurch bedingte Ausblendung dessen, was *Husserl* 'Bewußtseinsleben' nennt. Neben 'Wesensschau' – worauf hier nicht eingegangen werden kann – sind Anschauung und Deskription die zentralen methodischen Zugriffe des Phänomenologen.

(50) vgl. genauer bei Hoffmann-Axthelm

(51) Jansen

(52) Phänomenologie und Erziehungswissenschaft

Verhalten zielt in phänomenologischer Sicht auf eine bestimmte Weise der Weltbegegnung, in der das bislang fraglos Hingenommene in der unmittelbaren Erfahrung zum Thema der Subjekte wird. Der verengte, präparierte Blick und Begriff sollen zugunsten subjektiver, vorwissenschaftlicher Zuwendung und Erfahrung vermieden werden. Dem entspricht die Auffassung von *Schütz*, unmittelbarer Erfahrungsgewinn geschehe immer

(53) Subjektbegriff

'polythetisch', d. h. mit allen Sinnen. Solche Erfahrungsprozesse nennt *Meyer-Drawe*:: doppelsinnig (ambiguos), zufällig im Sinne von nicht vorhersehbar, ereignishaft (kontingent), undurchsichtig (opak); sie fragen nicht nach 'letzten Antworten'. (54) Meyer-Drawe

Der schon weiter vorn angemeldete Zweifel am cartesianischen 'Einheitsstandspunkt des Denkes' wird hier pädagogisch gewendet: mit der Einsicht in die Unabschließbarkeit des Erfahrungsprozesses, mit der Erkenntnis des Ereignischarakters der Reflexion, mit dem Verlust des Vertrauens in 'Gegebenes' setze sich das Denken gegen die Abwertung konkreter Existenz zur Wehr, die in den Ansprüchen und der Vormachtstellung einer sich selbst für transparent haltenden Vernunft zum Ausdruck komme.

«Wahrheit ist nicht mehr das Absolute, sondern das Prekäre». (55) Meyer-Drawe

Wissenschaftsorientierung versus Lebensweltbezug

(56) im Sinne von Schütz/Luckmann

Plädiert man für das Zusammenspiel verschiedener Rationalitäten, dann heißt das unterrichtsbezogen, 'lebensweltlichen' Bezügen ihr eigenes Gewicht gegenüber wissenschaftlich-systematischen zu geben, man müßte ergänzen, gegenüber der Schulsystematik wiederzugeben; mit *Schütz/Luckmann* ist das ein Plädoyer für den nur in der Lebenswelt möglichen unmittelbaren, nämlich polythetischen Erfahrungsgewinn. Natürlich wird die Notwendigkeit wissenschaftlichen Erkennens im Hinblick auf kritische Erkenntnisprozesse damit nicht angezweifelt. Aber sie ist nur eine von zwei Erkenntnisformen. Dabei steht lebenweltlich für «vorwissenschaftliche Erlebnis- und Erfahrungsräume». (57) Lippitz Lebenswelt ist also keine 'Ortsangabe', sondern bezeichnet einen Raum gemeinsamer Erfahrungen, und zwar jenen «Bereich, den traditionelle Wissenschaft ... als unwissenschaftlich, subjektivistisch abqualifizieren und möglichst schnell mittels objektivistischer Verfahren zu verlassen versucht ... Ihr Merkmal ist nach *Husserl* die 'natürlich-personalistische' Einstellung der Menschen, die in ihr Miteinander kommunizieren und die mit den Dingen interessegeleitet und zweckgerichtet umgehen». (58) Lippitz Der Kern dieses Verhaltensbegriffes ist die dreifache Vermitteltheit zur Wahrnehmung, zum Denken, zum anderen, also zum Du hin. (59) Schütz/Luckmann Das 'Du' ist erläuterungsbedürftig: dem 'Du' begegnet der Wahrnehmende vermittelt, in den Objektivationen. Das gilt auch umgekehrt: das Ding ist nicht trennbar von dem, der es wahrnimmt; indem es «Ziel unseres Blicks und unserer sinnlichen Erforschung» ist, ist es Teil unserer menschlichen Existenz. *Merleau-Ponty* gebraucht dafür den schönen Ausdruck «Wir bekleiden es mit Menschlichem». (60) Merleau-Ponty

Nimmt man diese Prozeßstruktur pädagogisch ernst, muß auch im Blick auf Schule und Unterricht auf den Zusammenhang von Wahrnehmung und Denken im Verhalten zur Welt insistiert werden. Dann erhält das pädagogische Feld seine Struktur nicht nur durch die Institution und die vorgängigen Inszenierungen von Lehrenden, sondern findet «im konkreten Handeln selbst eine Kontur». (61) Meyer-Draw Damit ist der Anspruch an jene Planungsstrategien charakterisiert, die alternatives, entdeckendes, offenes Lernen stützen wollen, (62) Alternative Lernkonzepte Verhaltensweisen, die dem Bewußtsein nicht entgegengesetzt sind, sondern bewußtes Verhalten sind. *Waldenfels*, der Übersetzer von *Merleau-Ponty's* 'Struktur des Verhaltens', schreibt dem so verstandenen Verhalten eine Vermittlerrolle zu: zwischen Subjekt- und Objektwelt, zwischen Wahrnehmbarem und Denken des Wahrnehmenden. (63) In: Merleau-Ponty

Eine Herkunftslinie für den Begriff des ästhetischen Verhaltens

(64) Merleau-Ponty

«Sobald eine Existenz sich sammelt und engagiert in einem Verhalten, fällt sie unter die Wahrnehmung.»

Die umittelbare Verbindung von bewußtseinsgesättigtem Verhalten und Wahrnehmung, von Denken und komplexer Sinnestätigkeit, von Ich und Du im Kommunikationsprozeß, kann als Möglichkeit ausgelegt werden, den Verhaltensbegriff in Richtung auf 'ästhetisches Verhalten' *weiterzudenken*. Gleichwohl muß irritieren, daß es den Begriff des Ästhetischen als 'Sonderkategorie' – so weit wir sehen – bei keinem der Phänomenologen gibt. Warum nicht?

(65) Meyer-Drawe

Daß der Begriff des Ästhetischen in den bisher herangezogenen phänomenologischen Referenztexten nicht vorkommt, bedeutet nicht, daß es das Moment nicht gäbe. Einen ersten Hinweis liefert sowohl die stellungnehmende Qualität des Verhaltens als auch die herausgehobene Position, die Wahrnehmung, also aisthesis, als Erkenntnismittel hat. Erkenntnis ist leiblich unmittelbar, sinnlich und kommunikativ gewonnene Einsicht. Sie ist unabschließbar, ereignishaft und mehrdeutig, und sie ist subjektbezogen: auf Ästhetisches oder ästhetische Momente dieses Prozesses wird in der phänomenologischen Diskussion nicht verwiesen, weil sie dem Verhaltens– und Wahrnehmungsbegriff der Phänomenologen, wie wir meinen, inhärent sind.

(66) Der Anspruch von Theorieimporten

Gleichwohl käme die ästhetische Erziehung in Legitimationsschwierigkeiten – und fiele in alte Muster zurück – verwiese sie lediglich auf die Allgegenwart ästhetischer Prozesse oder Momente. Deswegen wird hier der Versuch unternommen, den Modus der 'ästhetischen Erkenntnis', des 'ästhetischen Verhaltens zur Welt' weiter auszugestalten. Im Rückgriff auf andere Herkunftslinien führen wir zunächst einen 'Kronzeugen' ein, um uns dann dem Verdacht beliebiger Anleihen zu stellen.

Der Kronzeuge heißt Immanuel Kant

(67) Paetzold

Heinz *Paetzold* hat das Verdienst, auf Argumentationslinien und Interpretationsmöglichkeiten der Ästhetik des deutschen Idealismus und in diesem Zusammenhang auf *Kants* Idee der ästhetischen Rationalität hingewiesen zu haben. Von der Didaktik der ästhetischen Erziehung ist die Chance noch nicht hinreichend rezipiert worden, die darin liegt, das Ästhetische als Modus der Rationalität auszulegen. Die bewährten Entgegensetzungen von rational und irrational, von vernünftig und vernunftlos, von Methode und Zufall verlören damit ihre Grundlage.

(68) Baumgarten

(69) Paetzold

(70) Paetzold

Unser Interesse muß bei Alexander Gottlieb *Baumgarten* einsetzen; er hat die Ästhetik im 18. Jahrhundert als philosophische Disziplin eingeführt und ihr zwei Problemkreise zugeordnet: die «Theorie sinnlicher Erkenntnis» und die «Theorie der Kunst». *Baumgarten* hat einerseits die «Wendung der Ästhetik zum Kunstwerk» gefordert; er hat vor allem aber den anderen Problemhorizont der ästhetischen Erkenntnis etabliert: die Frage nach dem «in den sinnlichen Erkenntnismöglichkeiten gelegenen 'Logos' nach der 'veritas ästhetica'». Die nachfolgende Ästhetikdiskussion in der Philosophie hat dagegen ihre vorrangige Aufmerksamkeit allein auf die «Theorie der Kunst» gelegt – mit Ausnahme von *Kant*.

Kant, der sich auf *Baumgarten* stützt, führt die Ästhetik als 'Kritik der Urteilskraft' ein. Hier liegt ein Ansatzpunkt für *Paetzolds* Interpretationsidee, für seinen Versuch der Konstruktion ästhetischer Theoriebildung. Seine Frage zielt auf das «Konzept der ästhetischen Rationalität als dem Inbegriff der in der ästhetischen Erfahrung, dem Kunstwerk und der ästhetischen Einstellung gelegenen Ratio oder Logizität». Er fragt danach, weil in der Philosophie der in der Kunst gelegene Modus von Erfahrung nicht als ein hinzunehmendes Faktum, sondern als ein *Problem* zu gelten habe. Er fragt vor dem Horizont der Totalität menschlicher Erkenntnis– und Daseinsvollzüge nach einem 'einsehbaren Ort' der ästhetischen Erfahrung und wie dieser sich gegegbenenfalls legitimieren lasse. Für ästhetische Erziehung, die sich als Erkenntnisweg versteht, ist das die Konstitutionsfrage.

(71) Paetzolds Reichweite

(72) Paetzold

(73) Paetzold

(74) Paetzold

Für *Kant* war die Irritationskraft des Gefühls als etwas, das sich der Herrschaft der Vernunft entzieht, das entscheidende Motiv in seiner Kritik der Urteilskraft. Mit anderen Worten beginnt die Diskussion über das Ästhetische bei der Natur des Menschen, bei seiner Leiblichkeit, seinen Gefühlen von Lust und Unlust.

Der Einwand der Inkompatibilität von phänomenologischem und *Kant*'schem Denken wird von uns nicht aufgenommen. In der Option für den sinnlichen Erkenntnisprozeß, im Gegenüber einer Theorie sinnlicher Erkenntnisprozesse und einer Theorie der Kunst ist eben jener phänomenologische Zug wiederzuerkennen, der sein Interesse allererst auf die Wahrnehmungsprozesse, auf die damit verknüpfte Reflexion lenkt, auf das *Wirken* und nicht, oder erst dann auf die *Werke*, die Systeme, die Theorien. In der Aufmerksamkeit für das Ästhetische als Modus des Erkennens mit ihm eigener 'Logizität' steckt die Frage nach einem anderen Weg als dem wissenschaftlichen, nach der Pluralisierung der Erkenntnisweisen, deren behauptete und beanspruchte «eigene Logizität» im Verhältnis zur wissenschaftlichen Rationalität natürlich genau der Stein des Anstoßes war und ist.

(75) vgl. auch Schütz/Lückmanns Begriff von Wirken und Verrichten

(76) Zum Verhältnis von Wissenschaft und Rationalität vgl. List

Läßt sich das über den Hinweis hinaus, den *Fink* zu den Verbindungslinien zwischen *Kant*'schem und phänomenologischem Denken gibt und über die mehrfachen Verweise von *Merleau-Ponty* hinaus erweisen?

(77) Funk

(78) Merleau-Ponty

Kant unterscheidet zwischen ästhetischer und szientifischer (also wissenschaftlicher) Rationalität. Dieses seien zwei Verhaltensweisen des erkennenden Subjekts: die subjektivische, ästhetische und die auf die Objektstruktur zielende wissenschaftliche, begriffliche.

(79) Zum Gegenüber von Lebenswelt und System vgl. Habermas

Ästhetisches Verhalten als eigene Erkenntnisform

In der ästhetischen Erkenntnisform geht es nicht um die 'Bestimmung des Objektes', und nicht um die Zuordnung von Begriff und Empirie, sondern darum, daß sich das Subjekt und die Gefühle des Subjekts verständlich machen. Die ästhetische Rationalität zielt nicht auf eindeutige begriffliche Fixierungen. Ästhetische Rationalität ist reflexiv. Reflexion kann als ein Nachdenken über sich und über ein Anderes verstanden werden, als «Thematisierung», als Auslegen. Reflexion wird bei *Kant* immer auf Objekte als Gegenüber des Subjekts bezogen, keineswegs nur auf Kunstwerke. Tendenziell können wir uns der ganzen Welt gegenüber sowohl ästhetisch als auch szientifisch verhalten. Indem das ästhetische Verhalten vom wissenschaftlichen abgehoben wird, kommt ihm die Qualtiät einer anderen, einer eigenen Erkenntnisform zu. Sie ist subjektzentriert und

(80) Paetzold

(81) Reflexion ist eine Form des ästhetischen Verhaltens

kann vieldeutig, mehrwertig sein. Paetzold faßt die Form der ästhetischen Reflexion so zusammen: Sie bringe genau das Schwebende eines kognitiven Zustands zum Ausdruck, also z.B. die von Wahrnehmungen gesättigten Spannungszustände, in denen man gewissermaßen vor der Schwelle begrifflicher Fixierung stehenbleibe.

(82) Paetzold

Von der ästhetischen Rationalität und dem ihr korrespondierenden ästhetischen Verhalten ist damit zweierlei für den Lernprozeß anzunehmen: zum einen kann diese Art des Erkennens von Welt der begrifflichen vorgelagert sein, als eine subjektive Erfahrungs- und Erkenntnisstufe. Zum anderen aber ist ästhetisches Verhalten ein qualitativ anderes Verhalten mit eigener Rationalität, insofern es nicht auf Begriffsbildung, Theoretisierung oder Systematisierung zielt.

(83) vgl. Gniffke

Paetzolds Fazit seiner Untersuchung des ästhetischen Verhaltens klingt denn auch, als sei es von einem Phänomenologen formuliert: «In der ästhetischen Einstellung durchbrechen wir das Universum szientifischer Rationalität. Das Ästhetische eröffnet eine neuartige Haltung der Welt gegenüber. Der Funktionskreis der instrumentellen Vernunft wird transzendiert...».

(84) vgl. Paetzold

Am Beispiel ästhetischer Erfahrung, die angesichts neuerer Entwicklungen der nichtabbildenden Kunst, möglich und nötig werden, konstatiert *Paetzold den* Typus von 'Erfahrung überhaupt', insofern Wahrnehmung in der ihr eigenen Leistungskraft erfahren werde, mithin also ein Vorgang sei, der angesichts anschaulicher Gegenständlichkeit immer auch reflexiven Charakter habe, ohne daß diese Reflexion sich in Eindeutigkeiten von Begriffen auflösen lasse. «Der Rezipient verflüssigt seine festgewordenen Reflexionspotentiale.»

(85) vgl. Erfahrungsfelder bei Meyer-Drawe

(86) Paetzold

Wir stoßen hier auf einen Reflexionsbegriff, der dialektisch mit dem Wahrnehmungsbegriff vermittelt ist. Das gilt selbst dann, wenn man im Akt oder Prozeß der Wahrnehmung präreflexive und eher reflexive Momente annehmen kann. Ästhetische Rationalität scheint in ihrem Verhältnis zur Sprache, zur Reflexion als ein Mischverhältnis, das jede Formulierung und begriffliche Fassung im Status der Annäherung belassen muß.

Vielleicht kann das helfen, einzusehen, daß es nicht nur ein unangemessener Anspruch, sondern auch letztlich aussichtslos ist, «in pädagogischen Prozessen ... *eine* bestimmte Wissenschaftsmöglichkeit» – oder eine bestimmte Lesart – «an aus dieser Sicht Unwissende heranzutragen». Vielmehr haben wir «uns als Lehrende auseinanderzusetzen ... mit einer uns zum Teil fremd gewordenen Gestalt von Rationalität, die wir durch unsere historisch bedingten Denkgewohnheiten vergessen haben».

(87) Meyer-Drawe

Dem Anspruch genügen

Wir unterbrechen an dieser Stelle den Gang der Argumentation noch einmal und rücken einen Abschnitt Unterrichtsbeschreibung aus der Grundschule ein, um die Forderungen einerseits zu konkretisieren und andererseits ihre Erfüllbarkeit zu belegen.

(88) vgl. Grundschule 7-8/1986; vgl. zum Thema Familienbilder auch Kap. 4

Ästhetisches Verhalten am Beispiel 'Familienbilder'

...Die Schüler haben die Bearbeitung des Themas mit dem *Sammeln* begonnen. Jeder hat inzwischen eine Mappe mit Ausschnitten aus Illustrierten, Urlaubsfotos und von Familienfesten; viele haben ihre Eltern über Fo-

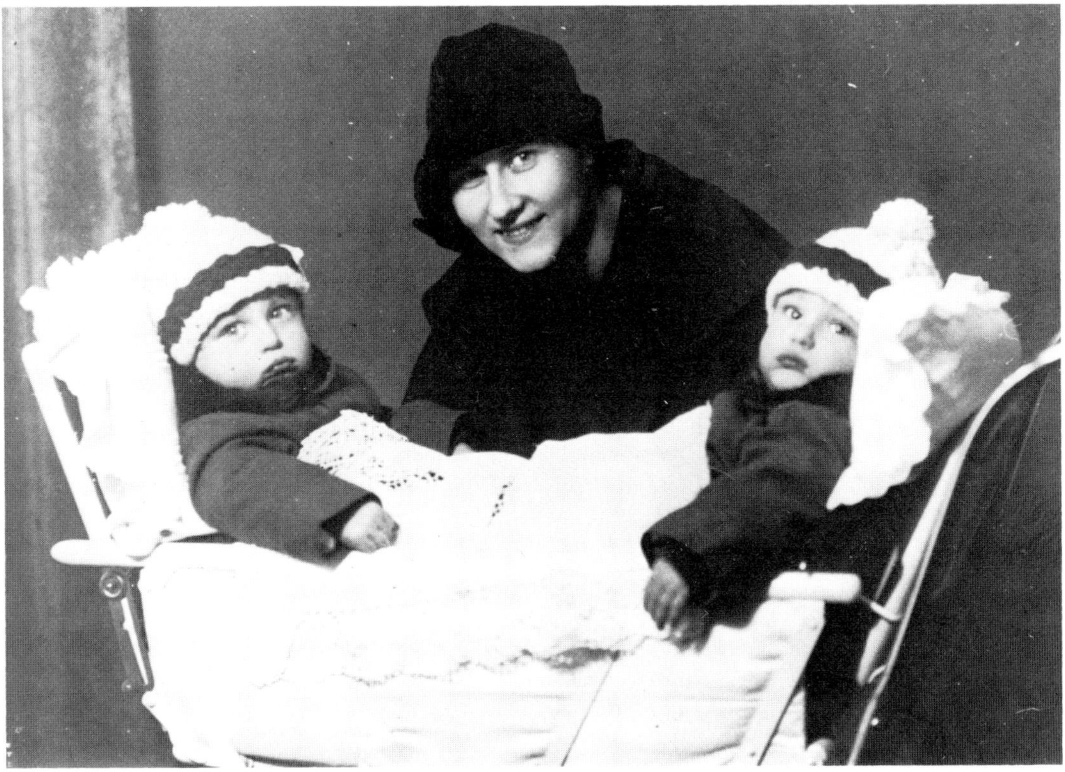

Abb. 12: Der Großvater im Alter von zwei Jahren (mit Bruder)

tos ausgefragt, «wer ist das», «was habt Ihr da gemacht», «warum lacht der Dicke so»?

Einige haben ihre entfernteren Familienmitglieder überhaupt erst kennengelernt und bringen Fotos von Onkeln und Tanten, von Vettern und Cousinen, Anzeigen, Postkarten usw. mit. Auf einmal entsteht ein neues Unterthema: wie die Urgroßeltern, die Großeltern, die Eltern als kleine Kinder (vgl. Abb. 12) aussahen. *Abb. 12-18*

Besonders die vergilbten Abzüge der Urgroßeltern rufen großes Interesse vor. Viel ist in den Familien zu Hause über Fotos gesprochen worden: das Urlaubsfoto vom Strand aus dem letzten Jahr, die ganze Familie beim Skikurs, alle zusammen vor dem Weihnachtsbaum...

Auf den Zeitungsausschnitten sehen die Familien ganz anders aus: schöne Werbeeltern, mit fröhlichen Kindern, alle lachen; Stars mit ihrem hoffnungsvollen Nachwuchs, Königspaare mit Prinzessinnen und Prinzen – natürlich Charles und Lady Di und die schwedische Sylvia mit dem traurigen Gustav ...

Unterricht ist mehr als *Sammeln*. In der nächsten Phase wird das Material *ausgebreitet*. Arbeitsrichtungen entstehen jetzt aus dem Bildmaterial der Kinder. Schwerpunkte werden gemeinsam gefunden:

o Die Heilige Familie auf der Postkarte – eine Nachwirkung vom letzten Weihnachtsfest;
o die englische Königsfamilie im Urlaub – ein Illustriertenfoto (vgl. Abb. 13); *Abb. 13*
o die Großeltern;

Abb. 13: Die englische Königsfamilie im Urlaub

Abb. 14

o Filmstars mit ihren Kindern (vgl. Abb. 14).

Wieso sehen die eigentlich alle so anders aus als wir? Im Blick auf Einzelbilder oder auf kleine Bildgruppen denken wir gemeinsam nach, Unterschiede werden ermittelt und belegt. Wohin fährt die Queen im Urlaub? Offensichtlich auf eines ihrer Schlösser in Schottland. Hintergründe kommen zur Sprache. Wie sehen wir im Urlaub aus (vgl. Abb. 15)? Woran kann man auf einem Foto sehen, daß einer im Urlaub ist, heute, früher? Wir *werten aus*, halten fest, vergleichen.

Abb. 15

Alle malen ihre Familie

Der nächste Schritt: alle malen ihre Familie im Urlaub. Wir *machen* Bilder. Alle Ergebnisse werden aufgehängt.

Nicht alle Kinder sind mit den Bildern zufrieden, die sie gemacht haben; nicht jedem ist gelungen, das *auszurdrücken*, was ihm wichtig war. Ein Mädchen erzählt, daß es während der ganzen Ferien immer nur mit seiner Schwester, aber nicht mit dem Bruder gespielt habe. Leider könne man das im Bild gar nicht sehen. Wie man das denn auch machen sollte, wollen einige wissen. Tatsächlich stehen die Familienmitglieder ja alle bei den Kindern immer nur nebeneinander (vgl. Abb. 16). Die Mutter neben dem Vater, rechts und links die Kinder, oder der Vater eröffnet die Reihe, Mutter und Kind folgen von links nach rechts abwärts wie die Orgelpfeifen (Abb. 17).

Abb. 16

Abb. 17

Aus dem, was die Kinder gemacht haben, aus den Gesprächen darüber, lassen sich ihre Problemstellungen und ihre unbeantworteten Fragen heraushören. Daraus wird wieder der nächste Arbeitsschritt entwickelt.

Rembrandts Familienbild

Was liegt näher, als Antworten auf die Fragen der Kinder in *Bildern* aufzusuchen! Wir greifen hier – in unserer Sprache formuliert – die Frage nach der Darstellung von Beziehungen zwischen Familienmitgliedern auf. Wie hat z.B. *Rembrandt* das Problem in seinem «Familienbild» (aus dem 17. Jahrhundert) gelöst? Alle betrachten das Bild (Abb. 18), das sich jemand,

Abb. 18

Abb. 14: Romy Schneider mit Familie

der darüber Unterricht machen will, vorher freilich selbst sehr genau angesehen haben sollte. Überraschend bleibt dann immer noch, wieviel mehr, was alles anderes die Kinder in Bildern entdecken. Aber über das Bild, über den Maler und über die Zeit muß der Lehrer etwas sagen können – nicht vorweg, sondern im Gespräch. Als kompetenter Gesprächspartner, der den Kindern gegenüber den Vorteil hat, daß er (hoffentlich) nicht zum ersten Mal im Leben ein Bild von *Rembrandt* betrachtet, der früher als die Kinder wußte, daß er das Bild in den Unterricht einbeziehen will und dem mehr Informationsquellen zur Verfügung stehen als den Kindern.

Im dem sonst eher dunklen Bild tauchen die hellen Gesichter der Familie auf. Der Kopf der Mutter neigt sich dem kleinsten Kind, das auf ihrem Schoß sitzt, zu. Die dunklen Augen ruhen verträumt und liebevoll auf der Kleinen. Das Gesicht der Mutter ist heller und sorgfältiger gemalt als die anderen Gesichter; es scheint, als leuchte es von innen heraus. Die Konzentration führt von dem geneigten Kopf über den angewinkelten Arm mit der haltgebenden Hand zu dem Kind hin. Formal betrachtet bilden Mutter und Kind eine (dreieckige) Einheit, eine Teilform im Bild. Der Körper des Kindes ist der Mutter halb zugewandt, seine rechte Hand sucht Halt an ihr. Aus den Augenwinkeln schaut es den Betrachter an. Ein niedliches Kindergesicht ist das nicht, eher ein kleiner Erwachsenenkopf. Der Kopf der Schwester daneben ist rosiger, viel kindlicher, und, obwohl sie die Ältere ist, sie wirkt mit ihren Pausbacken viel jünger. Sie lächelt die nächstgrößere Schwester an, die mit dem Blumenkorb neben ihr steht. Von dem kleinen Kind und der Mutter sind die beiden Größeren einerseits durch eine für dieses Bild ungewöhnlich scharfe Linie am Kleid des Kleinen entlang und andererseits durch die veränderte Farbigkeit getrennt. Die Kleider der Mutter und des kleinen Kindes sind rot, die der älteren Schwestern grünlich. Oder blickt das mittlere Kind auf die kleine rote Blume in der Hand des Vaters? Die ruht auf der Schulter der Schwester und verbindet die Köpfe der Mädchen mit dem des Vaters wiederum zu einem Dreieck als zusammengeschlossenem Bildteil. Der hinter seiner Familie stehende Vater bildet mit seinem Kopf den im Bilde höchsten Punkt.

Abb. 15: Julia hat ihre Familie gemalt (Grundschule)

Abb. 16: Unsere Familie (Vorschule)

Läßt man den Blick so von der Mutter über die Kinder zum Vater gleiten, spürt man die natürliche Zusammengehörigkeit und die unverkrampfte Nähe innerhalb der Gruppe. Die Personen werden zur Einheit, aber sie sind auch als Einzelne wahrnehmbar in ihrer Hinwendung zueinander. Formal hat der Maler das Problem durch die Anordnung und die Farbigkeit gelöst. Die Köpfe sind auf der steigenden bzw. der fallenden Diagonale angeordnet. Mittelpunkt ist der Kopf des Kleinsten, sein Körper markiert die Mittelachse des Bildes.

Wer so genau hingesehen hat, kann Fragen stellen, inhaltliche Fragen:
– Wer hat was mit wem zu tun?
– Wer kümmert sich um wen?
– Wer ist das «Oberhaupt»?
– Wer steht im Zentrum?

Woran sieht man, was man behauptet? Der Verweis auf das Bild und die

Abb. 17: Rembrandt, Familienbild, 1668

vereinbarte Regel, Behauptungen, Antworten, Meinungen aus dem Bild heraus zu begründen, verhindern Beliebigkeit in der Auslegung.

Ästhetisches Verhalten ist nicht nur ein Problem der Schule

Ästhetisches Verhalten kann gar nicht allein von der Schule verordnet werden, noch beginnt es dort erst. «Spielzeit», die Einbeziehung «lebensgeschichtlicher Hintergründe», «freie Aktivitäten» oder «selbstentwickelte Regeln» (Wallrabenstein 1986, S. 35) sind oft genug nicht das, was Eltern von der Schule, in die ihre Kinder gehen, erwarten.

Nicht selten wird «Ästhetische Erziehung» als Erziehung zum Schönen, als zwar wünschenswerter, aber folgenloser luxurierender Umgang mit Kunst abgetan. So was tut, wer sich's leisten kann. Diese Betrachtung trifft man auch in der Schule, z.B. in der Hierarchie der Fächer oder Lernbereiche. Ästhetisches Verhalten lehren ist aber weder lebensunpraktische Schöngeisterei, ineffektiver Luxus noch überflüssige Zutat. Es bezieht sich auch nicht *normativ* auf Kunst. Kunst ist eine Dokumentation besonders intensiven ästhetischen Verhaltens zur Welt und zum Menschen und Dokumentation des Verhältnisses, das Menschen zueinander und zur Welt haben. Aber der Gegenstand des ästhetischen Verhaltens in der Schule sind nicht primär diese Dokumente, ist auch mehr als mein und dein Leben, ist «die Welt unserer gemeinsamen Erfahrungen» (Schütz/Luckmann), ist der Alltag, die Welt der geliebten, der gefürchteten und der unerklärlichen Dinge um uns, ist das Verhalten der Kinder zur Welt, in der sie leben, aus der sie kommen und die wir ihnen aufschließen und selber entdecken helfen wollen. Dazu gehört dann natürlich auch die Kunst.

Für den anderen Aspekt, für ästhetisches Verhalten als Lernziel, das an Lerninhalten und Themen planmäßig angestrebt werden soll, gelten überall beobachtbare Schwierigkeiten. Wie soll man etwas, was so subjektiv ist, so viel Emotionalität enthält, kaum in einem gesicherten Lehrplan aufgereiht werden kann, oft auch kontrovers und vieldeutig ist, wie soll man das in die Bahnen geordneten Unterrichts hineindirigieren?

Diese Spannung zwischen Ereignishaftigkeit und 45-Minuten-Takt, zwischen subjektiver Verhaltensintensität des Einzelnen und der in jedem Unterricht gebotenen Intersubjektivität des Lernens, diese Spannung muß in der Einübung des ästhetischen Verhaltens ausgehalten werden. Und Schule muß so sein, daß die Spannung bearbeitet werden kann, für Lernprozesse fruchtbar gemacht werden kann. Das ist nicht unmöglich: in vielen Grundschulklassen kann man am optischen Erscheinungsbild, an der Raumorganisation, an den Wänden wahrnehmen, wie die Akzeptanz des ästhetischen Verhaltens das «Schule halten» verändert.

Bedingungen und Möglichkeiten des ästhetischen Verhaltens im Unterricht

Die didaktischen Möglichkeiten, die die Aufmerksamkeit für ästhetisches Verhalten eröffnet, verändern nicht nur den Unterricht, sondern vor allem auch bereits die Planung des Unterrichts. Mit der «Offenheit» des Unterrichts, der Eröffnung von Erfahrungsräumen für die Schüler durch Unterricht, mit der Gewöhnung an selbständige und mitverantwortete Lernprozesse der Schüler wird erst Ernst gemacht, wenn Unterrichtsplanung zwischen der institutionellen Bindung der Lehrerinnen und Lehrer, zwischen Lehrplänen, Stoffplänen und den Fragestellungen der Schülerinnen und Schüler vermittelt. Das kann so aussehen:

Für allmählich größer werdende, von den Schülern übersehbare Zeiträume werden Unterrichtsthemen «in der Klasse veröffentlicht». An der – in *jeder* Klasse unentbehrlichen – Pinnwand oder Wandzeitung hängt z.B. ein Zettel «nach Ostern Familienbilder», darunter ein Foto von einer Familiensituation oder ein Foto von ganz früher oder ein Familienbild von *Rembrandt* oder von *Picasso* oder von *Goya*, oder etwas ganz anderes, was Fragen nach der Familie auslöst. Das heißt, die Lehrerin, der Lehrer, lenken die Aufmerksamkeit der Schüler auf ein Thema – und sie tun von nun an etwas dafür, die Aufmerksamkeit planmäßig zu erhalten. Mit dem Anschrieb allein ist es nicht getan. Wir legen jeder – auch die Lehrerin – eine Sammelmappe an – für Familienbilder, von uns, von anderen, von früher, aus der Zeitung. Wir – wirklich: *wir* – bringen, z.B. in der Grundschule, alle ein Foto mit und unterhalten uns eine Viertelstunde darüber: Bilder, über die wir besonders gelacht haben, von denen einer sehr viel erzählt hat, die von vielen mitgebracht worden sind, hängen wir an die Pinnwand. Unterrichtsvorbereitung ist *Sammeln* (vgl. Kap. 5). Sammeln von Ideen *aller*, ist, über die Sache im Vorfeld reden, eine Voreinstellung schaffen, Vorwissen aktivieren, vorhandenes Material *ausbreiten*. Bald wird man eine regelmäßige «Planungszeit» reservieren müssen, und unmerklich geht die Planung in die Arbeit über. Aber jeder hat dann ein Vorverständnis dessen, worum es gehen kann, eine Erwartungshaltung, die auf entstandener Nähe zur Sache beruht. Wir haben mehr Fragen gefunden, als alle zusammen bearbeiten können. Wir müssen bald Gruppen bilden:

○ Was sieht auf alten Fotos anders aus als bei uns?
○ Woran kann man die Väter auf den Bildern erkennen?
○ Wir wollen uns gegenseitig von zu Hause erzählen und bringen unsere Fotoalben mit.
○ Im örtlichen Museum hängt ein großes Familienbild, und wir waren noch nie da; wer hat es gemalt, ist es anders als unsere Bilder, unsere Fotos?
○ Wir sammeln die Geburtsorte aller Kinder der Klasse, aller Väter und aller Mütter. Wir kommt es, daß wir gar nicht alle aus dem Schulort stammen?
○ Mit dem Kassettenrekorder interviewe ich meinen Großvater: wo er war, was er gemacht hat, als er so alt war wie ich.

Um Antwortlisten festzuhalten, brauchen wir mehr und mehr Platz auf der Pinnwand.

Natürlich braucht man Zeit dazu – aber schon weniger, wenn nicht alle alles oder immer alle dasselbe machen. Natürlich braucht man Platz dazu, um die Ergebnisse, die Entdeckungen der Kinder für alle zugänglich und zum andauernden Gegenstand von Gesprächen zu machen. Natürlich ist das immer wieder auch: Lernen, was früher war, Lernen, zu vergleichen, Aufschreiben, Erzählen. Ästhetisches Verhalten wird nicht isoliert, sondern stimuliert das ganze, ungeteilte Lernen. Das gilt für alle Schulstufen.

Die Aufgabe der ästhetischen Erziehung

An die theorieorientierte Entfaltung der Kategorie ästhetischen Verhaltens soll die Frage nach ihrer Relevanz für die Praxis der ästhetischen Erziehung angeschlossen werden. Aus der Theorie des ästhetischen Verhaltens lassen sich Forderungen, Aufgaben herauslesen, die für die ästhetische Erziehung zu formulieren sind:

— Ästhetische Erziehung soll zum Zusammenspiel differenter, historisch und traditionell vermittelter Modi von Rationalität beitragen, mit deren Hilfe die Lernenden sich in ihrer natürlichen Einstellung orientieren.

(89) Zur natürlichen Einstellung vgl. Anm. 42

Das heißt: Ästhetische Erziehung soll grundlegende und unterscheidbare Alternativen zur wissenschaftsorientierten Rationalität und zur Alltagsrationalität einführen, einüben und reflektieren.

(90) Zur Alltagsrationalität vgl. Habermas und Anm. 19

— Ästhetische Erziehung soll ästhetisches Verhalten und die daraus resultierenden Lernformen in ihrer subjektbezogenen Vielfalt als Erkenntniswege bewußt machen.

Das heißt: Ästhetische Erziehung soll Lernwege von den Subjekten, von den *Wahrnehmenden*, von den *Akteuren* her in Richtung auf 'Gegenstände' ihrer Lebenswelt, z.B. gegenüber der Lehre von Sehschulen, Gestaltungslehren oder Standardinterpretationen priorisieren und auf diesen Wegen die Erkenntnisqualität subjektiver, problembezogener Zugriffe in ihr Recht setzen.

— Ästhetische Erziehung erweitert in diesem Zusammenspiel der Rationalitäten die Varianten des Lernens durch die Möglichkeiten ästhetischen Verhaltens zur Welt, durch Vermittlung und Einübung von Verfahren der sinnlich fundierten Tätigkeit und der Reflexion darüber.

Das heißt: Ästhetische Erziehung soll (auch) instrumentelles Lernen als Lernen von subjektiv notwendigen 'Instrumenten', als Angebot von Möglichkeiten des Erkennens und besonders des Auslegens von Welt durch reflektiertes, problemorientiertes Handeln vermitteln.

Der Anspruch an Unterricht

Ästhetisches Verhalten ist aus der Entgegensetzung von 'ästhetischer Rationalität' und 'szientifischer Rationalität' entwickelt worden. Damit wird Rationalität auch für die ästhetisch-motivierte Zuwendung zur Welt in Anspruch genommen. Diese Wendung enthält eine Forderung an Unterricht. Ästhetische Erziehung kann von dieser Position aus nicht als Kompensationsveranstaltung zum begrifflichen Lernen oder zum Intellektualisierungsauftrag der Schule etabliert werden. Ästhetische Erziehung ist nicht «gefühlige Praxis», sondern nimmt Gefühlsbezüge, Affektivität der Lernenden und deren sinnlich praktische Zugriffe auf ihre Lebenswelt als Erkenntniswege ernst. Das ist ihr Auftrag. Der Auftrag ist umso gewichtiger, als wissenschaftliche Zugriffe ihren Schule und Unterricht allein normierenden Anspruch zunehmend verloren haben. Aber die aktuelle Vernunftkritik darf sich nicht (wie z.B. in den 50er Jahren) in der Zurückweisung der Wissenschaft gefallen, sondern muß die bisher übersehenen und vernachlässigten Möglichkeiten des Lernens, des Erkennens, anspruchsvoll, gehaltvoll in ihr Recht setzen.

(91) vgl. u.a. Langeveld

Aus der Wahl des Verhaltenskonzeptes folgt die Grundannahme, Lernen geschehe immer im Modus des Verhaltens *zu etwas*, und das Lernen aller darf nicht in diesem Sinne gewaltförmig auf *einen* Modus reduziert werden. 'Verhalten zu etwas' im Sinne von 'Wahrnehmung von etwas' geschieht in der natürlichen Einstellung der Lebenswelt, in der Zeit, im Raum des sozialen Zusammenhangs gemeinsam gemachter Erfahrungen. Die Ergebnisse solcher Prozesse werden als «Typen» im Wissensvorrat sedimentiert und bilden den Grundstock an Voraussetzungen, unter denen neue Wahrnehmungen/Erfahrungen gelingen können.

Natürlich heißt das auch: mit Inhalten konfrontieren, das Verhältnis zu Inhalten klären und bearbeiten. Aber es heißt eben auch, daß es keine für alle Lernenden gleichermaßen allein «gesellschaftlich» oder «traditionell» legitimierten Inhalte geben kann. Damit wird der Streit um die Favorisierung der Massenmedien zu Ungunsten der Kunst oder umgekehrt auf dieser Ebene nachrangig. Entscheidend ist weder das quantitative noch das strukturelle Verhältnis der Objektklassen zueinander, sondern die Frage danach, wie sich Lernende den Objekten, die in ihrer Welt vorkommen, zuwenden, wie sie das, was im Raum potentiell gemeinsamer Erfahrung ist, wahrnehmen, wie etwas durch die Weise des Wahrnehmens, Stellungnehmens thematisch werden kann, wie ein Problem entsteht und wie es über Entwurf und Entscheidung zum Handeln anleitet. Darin liegt die Pointe der mehrfachen Vermitteltheit des Verhaltens – zur Wahrnehmung, zum Denken, zum Handeln – und zum Du, zum Gegenüber hin.

Lernen in Institutionen

Das heißt nicht, die Aufmerksamkeit für das ästhetische Verhalten trete an die Stelle von Lehrplänen und Curricula. Vielmehr heißt es: Lehrpläne sind ein Moment der Lebensweltbestände derer, die unter institutionellen Bedingungen gemeinsam Erfahrungen machen und zu immer mehr und immer differenzierterer Erfahrung fähig werden wollen. So gesehen, ist der Lehrplan – analog das Schulbuch, der Beschluß der Fachkonferenz, das Kursthema – ein Objekt gemeinsamer Auseinandersetzung von Lehrenden und Lernenden. Der Kern dieser Auseinandersetzung ist die Spannung zwischen dem, was andere für relevant halten – die Lehrer, die Gesellschaft, der Staat – und dem, was für die Lernenden bisher relevant war. Die Schülerfrage: «Wofür kann ich das brauchen», bezeichnet die häufige Unklarheit darüber ziemlich deutlich. Die Aufgabe des Unterrichts entsteht aus der Spannung zwischen 'staatlichen' Relevanzen und 'Schüler'-Relevanzen. Nur was für den Lernenden 'relevant' ist oder gemacht werden kann, kann zum 'Thema' seines Lernprozesses werden. Didaktisch formuliert heißt das: zwischen dem, was andere für mich oder von mir wollen, und dem, was mich interessiert, liegt die Bedingung für die 'kognitive Dissonanz', die den Lernprozeß auszulösen vermag. Das mag wie gegen die Intention von Festinger gedacht klingen, heißt aber im Zusammenhang mit Schütz/Luckmann, daß das Uminterpretieren auch Neuauslegung ist und zur Sedimentierung von Typen führt.

(92) Schütz/Luckmann

(93) vgl. Festinger

Methoden der sinnlichen Erkenntnis – sei es beim Auslegen von Bildern oder in Bildern – sind Hilfsmittel, die zur Beantwortung vorhandener oder im sozialen Zusammenhang des Unterrichts stehender Fragen dienen. Der Akzent wird dabei verschoben. Aus «ich denke, also bin ich» wird «ich sehe, und ich denke»: an die Stelle von «cogito ergo sum» tritt «video et cogito».

(94) vgl. Rudel